錢穆作品精華

錢穆

世界局勢與中國文化

東大圖書公司

序

本書彙集作者散篇論文共二十題二十一篇，擇取其中一篇題名世界局勢與中國文化作為本書之書名。其中最早兩篇，一在民國三十一年，一在民國三十五年，距今已及三十年前後。此外起民國四十年，距今亦踰二十年以上。今天的世界，不斷在變動。五年一小變，十年一大變，二三十年前的文字，目前讀來已如明日黃花。但其大趨勢依然沒有變。亦可說當前世界此一大變，已開始，未終了。回讀二三十年前舊文，有些話到今正可說依然有徵驗。何況文化大統有其變，更有其常。二三十年的距離，恰如一瞬。惟個人學養，二三十年未能有大進步，茲應郵政總局之請，彙集此二十題二十一篇文字。而統合觀之，則甚感慚怍而已。

中華民國六十四年十一月錢穆自識於臺北士林外雙溪之素書樓時年八十有一

本書再版，又增稿十篇，遂成今目。

民國六十五年十一月穆又識

世界局勢與中國文化

目次

一　漫談歷史與盱衡世局

民國四十二年

漫談歷史，盱衡世局。

歷史只是許多人事之叢集，此一件件的人事，即成為歷史之內容，亦可說即是歷史之本身。除卻人事，將不復有歷史。

人事之主動，在人不在物。物可以為人事之限制，乃及人事之誘導，但決定一切人事之動向者，則在人心的某些願欲與想望。人之智慧與意志，則追隨於其所願欲與想望而使用。

每一件人事之活動，必有少數之領導，多數之附和。從事於此同一事件中之羣眾之心願與想望，則必大體略相同。亦有少數倡導者，揣摩多數心理，偽造口號，以資煽動。或多數附和者，假裝服從，別具期圖。要之，非有大體可相會通的心情，決不能創出羣眾團結的事業。

只待某一些願欲與想望，在某一時期獲得多數人之響應與團結，而形成為一事件。此一事件即成為當時歷史之動力。換言之，此一事件，將會推進歷史，依隨其事件所內包的人心之願欲與想望而前進。

此一動力，有時並會吸引乃至裹脅其他動力之屈服與合作，使許多動力追隨趨附於某一大動力之下而會合向前，這便成為此一時期歷史之主流。

此一動力，若非遇有堅強不可克服之阻礙，勢必逐步前進，到達其所欲達之目標。此謂之歷史之趨勢。故歷史上某一事件之開始，早有其情勢上內在必然之演進。中國古語說，觀微而知著，又說履霜堅冰至。為虺勿摧，為蛇將若何？此等皆人事必然可有之經驗，依據於此等經驗，乃可對歷史趨勢，有一種大體近情之推測。

然歷史絕非依循某一條線路為單軌之前進。同時必有許多事件，頭緒紛繁，各自向前。有時此許多事件，各有進程，互不相犯，有時則滙成一流，有時又互相抵拒。力大者壓制力小者，使力小者之進趨，終於阻礙而至於消失。有時雙方勢力不相上下，而在極端衝突之情勢下，激起了戰爭。

中國人應付人事，向主從人類心情之願欲與想望方面作根本的調解。其中如道家一派，每主謹小慎微，於事態初兆端倪時，即設法予以融釋與消散。故曰，為無為，圖難於其易，為大於其細。若失此一機，事態演進，已達相當堅強與顯著時，便不主張用強力來抵壓。他們卻想因勢利導，任其更益向前，到達於自趨崩潰破裂之階段，乃徐起而乘其敝。

此因歷史上任何一事態，其所資以向前推進之動力，決非單純而和協。往往由於多種的願欲與想望，因於某些機緣而偶然湊集，暫時合作，成為一大力量，及其到達某一階程時，此種合作將會解體。又某種願欲與想望，亦可因於某一部分之滿足，而失卻其鼓舞向前之強力。故道家常主避其鋒銳，乘其怠疲。甚至於將欲歙之，必固張之。這是中國道家深翫人心秘竅以後，所主張的一些權謀與術數。

若論儒家觀點，則與道家絕不同。儒家信仰人類之性善論，以人心相同為其一切理論主要之出發點，認為人類心理種種願欲與想望，其最後無不可以相通而相成，在根本上，不會有大衝突，故儒家宗旨重在教導與感化，在一種更高道義標準之下，使人類一切事件，到達於終極的融和。天下一家，中國一人，道並行而不相背，萬物並育而不相害。因此天下太平，世界大同，遂成為中國儒家對於歷史演進最後的大理想。

上述中國人的歷史觀，我們暫可說其是一種東方型的柔道的歷史觀。若論西方歐洲人態度，似乎有些和東方不相似。首先說到希臘人，他們似乎尚未深入認識到人類歷史演進可能到達某種嚴肅慘酷的境界，因此他們常沉溺於現前之喜悅與愛好，體驗了人生之光明面，沒有警覺到人生之黑暗面。

羅馬人無疑看重在權力。因此憑藉他們的組織與統治，形成了大帝國。他們所努力者，在把一個力量來控制領導其餘一切力量。這一努力，也可使歷史獲有某一時期的光榮與昌盛。然而到底則不可久。

蠻族入侵，帝國崩潰，繼之而起者為基督教。基督教帶有一種極深的人類原始罪惡的觀點，因此由於基督教所形成的感化與教導，不幸在其終極精神上，常易偏向於出世。基督教的指導理想不在歷史，而在天堂與神國，因此有時不期而然的會遠離了人心。這是基督教與中國儒家之相歧點。

我們也暫可說，西方人的歷史觀，較之東方，是一種剛性的，強力的。此則證諸近代西方歷史之演進而更可見。

中古時期基督教會統治的歷史，也可說是一種剛性的，因其太過低壓了現實的人生，於是而有文藝復興與宗教革命之繼起。其時人所最先憧憬者，厥為一種希臘型的人生之復活。由於個性自由與現世福利之追求，而有中產階級之崛起，繼之有民主政權之爭取。但近代歐洲，又不能長久停留在古代希臘型的人生境界裏，其最大理由，厥為新科學之發現。

近代科學最先用心，本為接替宗教來究探宇宙之秘奧。但在其演進中途變了質，由於科學方面之應用，而更激起了人類追求現世福利之信心與熱忱。由於有新科學而有新工業，與新商業。於是歐洲現代國家，其內部核心雖為希臘型的民主，而其向外發展，則成為羅馬式的帝國。

近代歐洲營建帝國，向外殖民的歷史，更不能不說是一段剛性的強力的歷史。即就民主政治言，西方民主政治的基本理論，一向重在個人之自由與平等，不重在羣性之融和與協調，也仍可說是一種剛性的，強力的。

剛性的歷史演進，顯白言之，只是一種強力爭取的程度逐步趨向于激烈。近代科學，鼓勵了強力爭取的興趣，又加深了強力爭取的信心。而這一趨勢，也終于招來了近代西方歷史轉入悲劇的命運。

最先是帝國與帝國間向外殖民爭奪的鬭爭。第一次世界大戰，可說是此項鬭爭最後之一幕。隨之而起者，在內部的口號是打倒資產階級，在外面的口號，是打倒帝國主義。這兩個口號實際上仍還是沿著近代歷史之大趨勢演進，而只是主客的形勢倒轉了，遂成為第二次世界大戰乃及今天的形勢。

正因為近代西方民主政治的基本理論，建築在個人自由上，由於資本主義之出現，而一般對此潮流未獲滿足者，遂改走階級鬭爭的路。若進一步分析，階級鬭爭是手段，個人自由還是其目的。

也正因為近代西方民主政治的基本理論建築在個人自由上，於是工商業先進的國家，即科學發達走上前面的國家，其國內政治雖是民主的，而此種政治之轉向於國際間，則終不免要變為帝國的。

我們若明白得這兩層，則階級鬪爭與打倒帝國主義之兩種口號之必然相因而俱有，也就不難得理解。

若我們在大體上，認定近代歷史之演進軌程所由達於目前之形態者，其主要在於強力爭取之一途，則此種強力爭取，有會合人心處，也有違逆人心處，其一切得失強弱之形，都可由此來闡尋。

我們暫分當前的世界為兩面，一是爭取而已得的，一是爭取而未得的。爭取而已得的，處在保守方，爭取而未得的，處在進取方，這是人心之大趨，不易輕有所改變。當前民主自由方面的國家，以美國為代表，主要的理論和精神，多偏近在保守。今天鐵幕後面的國家，以蘇維埃為領袖，我們也可說他們是爭取而未得的。他們主要的理論及精神，則多半屬進取。

此處所謂保守與進取，並與分辨是非善惡不相干，保守的不必非，進取的不必是，但進取的常在撥動，在闖進。保守的則只求安撫，求防堵。因此進取的總是搶先了一步，總在積極地主動。保守的總是落後了一步，總在消極地應付。

凡屬站在保守一面的，總希望維持現狀，相安於無事，但進取一面，則正為其於現狀有不滿，因於不滿現狀而產生的反動，如何仍可以此現狀來消弭。如是則此種衝突之解消，決然不在於保守現狀，其理不煩言而定。

而且站在保守一方的，其內心信仰，也仍還是一種強力爭取的舊傳統。他們似乎認為只要強力優勢常保在我一邊，則對手方終於會不敢動。此純就強力觀點論，也不是沒根據。但對方心理則正在爭取此強力，只要此種爭取強力的心理一日不解消，其勢仍還在爭取。如是永遠的強力爭取，結果必然會落到強力的決鬥上。雙方將來的勝敗，是一件未定的事，而現狀之不可久保，則是歷史趨勢的大傾嚮，早已揭露不容再否認。

第二次世界大戰將臨結束之際，出現了原子彈。最近原子彈之飛速進步，又出現了氫彈。然而一樣無所挽救於世局之動盪不平靜與不安和，這就足證明了我上面之所說。

然則人類當前歷史，是否仍有其光明的一面呢？淺言之，即就今天的和平局面言，是否仍可保持呢？站在保守方面的人，又寄望於進取方面內部有了出人意外的突變。歷史上突變的事也常有。例如史太林忽然死去了，貝利亞忽然被清算，東德波蘭捷克一些鐵幕裏面的衛星國家忽然起騷動，那都足以引起保守方面種種的幻想。但歷史上早已顯露的大趨勢，決不能從這些突生事件來衡量，來推測。這些突生事件，最多可以使歷史趨勢受頓挫，但歷史趨勢顯已成形了，而且其勢又不可侮。若求此種趨勢之確實轉向，則決不在於此等突生偶發事件上。

即如第一次世界大戰以後俄德皇室之崩潰，第二次世界大戰以後德意極權政治之消滅，豈非同樣不能挽救近代歐洲歷史悲劇性的應有的演進？則更何論於如當前那些突生偶發的事項？

如此則當前歷史光明面，究竟在那裏？若純從理論立場看，只能依隨著歷史大趨勢的，便是歷史的光明面。所惜者，是目前的兩大對壘，只是或多或少地把捉了此一歷史的大趨勢，同時又是或多或少地違背了此一歷史大趨勢，複雜的人心。糾結成複雜的世局。於是此種對壘抗衡，遂驟難獲得一項平易近人輕鬆的解決。

讓我們平心說，當前保守方面，已往一切既得權益，多半還是由強力所爭取，到底不免於所謂帝國主義，資本主義的，這已引致了人心絕大的不滿。若一意堅決地要保守這一些既得的權益，則悲劇性的歷史，無論如何，仍會變形地演進。再就進取方面言，他們種種黑暗殘酷，究也把捉了這一時期悲劇性的歷史演進中一種反動的力量。換言之，他們之所以站在求爭取的一面者，正為有大批不安的，不滿足的人類心理做後盾，遂能乘機煽動和裏脅。就已往歷史言，也從沒有全違背了歷史潮流而能形成一股反動威脅的力量。

若如上所指述，已往帝國主義的殖民權益必然得放棄，人心所向的個性尊嚴，與人類自由平等的內心要求必然得暢遂與滿足。對內固須爭取政治的民主，對外也須爭取民族的自由，此是近代歷史兩大潮流，而所惜的只在尚未獲得一個合理的配合。在複雜的事變中，未能紬繹出一條眾所歸往的大趨向。於是顧此失彼，齊固失之，楚亦未得，形成了一種僵持的局面。若我們仍還遵循著以前武力爭取，剛性歷史的老路向，似乎這一段的歷史悲劇，未必即是再一番世界大戰便可徹底地消弭。

物極必反，又是中國人深透人心，妙觀歷史的一句古格言。當前保守方面似乎有一些決策人，卻像要走上中國道家所主張的將欲歙之必固張之的舊權術。這是很值得我們深細體味的一會事。我們看慣了向來西方那一段剛性的歷史，對於最近那一套，不免要失望，要詫怪。其實當前歷史，早已主客倒置了，不該仍把舊傳統來推究新形勢。近代的帝國主義者卻會轉到懷柔一方面去。不論是有意，或無意，像慕尼黑與雅爾達，也可說讓他喫了些甜頭，到後嘗苦味。中國道家那些權謀術數是深沉的，讓他喫了些甜頭，必然到後會嘗到苦。但這些權術，用在一向是柔性歷史的演進中，為害或尚少。若誤用到一向是剛性歷史演變到大鬭爭的局面像今天般，虎兕出柙，究竟是大危險。天地不仁，以萬物為芻狗，存心不仁的，不惜以別人作芻狗的，究竟喚不醒當前歷史的噩夢。

儒家理論即在中國，一向也見譏為迂濶而不切於事情。然即以兵爭論，攻心為上，便是儒家的精義。無論近代的冷戰或熱戰也同樣少不了宣傳。試問除卻經濟數字，戰場火力，那些科學的精密計算之外，若能加上些深入人心的宣傳與號召，豈不同樣的有用？否則火海縱能堵塞住人海，物力豈能盡勝過心力。三年來使用著聯合國名義的大軍，到今天，也僅能在韓戰場取得如此一個光榮的和平，這還不是當前一現實教訓嗎？若許我們仍說一些中國儒家的迂濶話，今天所缺乏的，到底不在強力上，而在道義上。強力感太敏銳，道義感太模糊。這是今天悲劇性歷史主要的成因。即就強力論，今天世界大多數人類所想望的，豈不還是儒家所說的一種仁義之師嗎？

東面而征西夷怨，南面而征北狄怨。簞食壺漿以迎王師，若大旱之望雲霓，今天我們設身處地，親嘗了其中的滋味，纔知道那些話，有深入人心的真切處，並不太荒唐，太幻想。扭轉歷史的，有時不盡在強力。人類若無新理想，很難開展出新歷史。人類若無新號召，很難激發出新力量。歷史的動力在人心，這是一條再也顛撲不破的大道理。即使原子彈氫彈，一切由新科學所發明的新物力，只要違逆人心，依然解決不了人類歷史的真命運。此刻那邊在說反帝國，反資本。這邊在說反極權，反鐵幕。老實說，人心並不完全在某一邊。老是如此般兩兩相反，却喚不起一個涵蓋雙方的正面的更高理論來。這便告訴了我們今天人類尚未走盡幾百年來歷史潮流轉進到悲劇命運的唯一的理由。

世界命運係於這一點，中國命運也同樣係於這一點。今天須有大智慧，大仁慈，大勇敢，纔能抉發出人心之所同然，來領導歷史脫離悲劇從新演。否則以暴易暴，如水益深，如火益熱，亦運而已矣。老像這幾十年來的翻身和轉側，終於得不到安寧。這大家回頭一想便可知。

我並不想復古，但人類智慧總有限，往往只能從舊東西上來變出新花樣。此後的中國人，似乎仍還只有讓別人牽著鼻子走。我暫不想多說話，我願試為領導世運的西方人姑爾借箸一籌。一張一弛是天之道，他們儻能稍偏近東方柔道一邊來，或許會好一些。或許憑藉他們現代的科學進展，再回頭到希臘的人生，莫再迷戀在羅馬的帝國形態上。或許憑藉他們傳統的宗教信仰，能設法運化進中國儒家的觀點，莫再把上帝太遠離了人心。如此般努力，或許不失為人類最近當前可有的一種新祈嚮。世界的大火焰，到處在蔓延，誠然少不得需要焦頭爛額的人，但大火未到處，也仍還得要曲突徙薪的。因此我這些陳舊的迂濶談，也不妨姑妄言之了！

二 和平與鬥爭——兩世界勢力之轉捩

民國四十四年

一般的看法，總認為世界是分成為兩個了，一個是自由世界；而另一個則為鐵幕世界，極權世界，即不自由的世界。人類又誰不想自由呢？如此看來，好像不自由的世界，應該斷不能與自由世界並立為敵。然使我們真肯面對現實，當知此一看法，實在太皮相，太膚淺。若真據最近趨勢言，不僅這兩世界，儼然可以並立，成為敵體，而且自由世界一邊，往往像是屈居下風，不斷有捉襟見肘，招架不迭之象。這又是什麼理由呢？

若我們肯換一種看法，當知人心斷無不喜自由的，然而爭取自由，則可採兩種不同的方式。一種是憑仗個人才智，分別來爭取自由。另一種則是憑仗團體，集合來爭取自由。若我們肯改用如此的看法，則憑仗個人來分別爭取自由的，應該不會比憑仗團體集合來爭取自由的更強些。若我們肯如此來看當前的世界，便會使我們減少樂觀的成分了。

近代所謂個人自由那一派思潮，興起在西歐，旺盛於北美，他們是爭先一步，攫得了世界之霸權。然而因於一部分人之站在自由之優勢上，而使另一部分人轉逼到自由之劣勢方面去。那站在劣勢一邊的，固然涎羨這一邊的個人自由，然而形勢逼人，逐漸引他們認知要爭取自由，卻非結成堅強的團體不可。為要結成堅強的團體，逼得他們甘心暫時犧牲個人自由，來貢獻於此堅強團體之凝成。即如以前希特勒，能在德國建立起一個擾動世界、威脅自由的極權政治，何嘗不是把握到這一種心理呢？

這一種堅強團體之凝成，大體不外利用幾種心理。一是階級的，一是民族的，一是宗教的。蘇維埃共產主義，並不全仗全世界無產階級共同團結鬪爭的一口號，而使其堅強不可破。它一面還是有民族心理作後盾，以大斯拉夫主義作為其背後暗藏的另一股鼓動與團結的力量。他們這幾十年來，馬克思列寧，已崇奉為一種宗教迷信的對象。因此在蘇維埃內部，是階級心理，民族心理，宗教心理，三者混合利用，而纔始建立其今天之對內獨裁，對外侵略，那一股力量的。

至於蘇維埃思想之對外滲透，亦是三方並進，只看隙縫在那一面裂開，他們便向那一面滲進。就宗教言，今天全世界尚有兩三個以上的大宗教分立著。信奉耶穌教的各民族，比較已獲得自由的分數多了些，信奉其他各宗教的各民族，難免多少都有些被壓迫之感。他們會感到，在他們同宗教的各個人間，本已無多少自由可言，不如集合著向外爭取。而蘇維埃在這上，正願冒充為他們之同情者。

民族集團和宗教集團，有時分不開，同一民族，往往信奉同一宗教。一民族可以自覺地集合起來向外爭取自由，而幾個民族又可集合在同一宗教的陣線下面來向外爭取自由的。

階級的分別，本來在各民族的內邊都可說有其存在的。但若換一看法來看，世界上顯有某幾個民族，現擁有過多的資產，而某幾個民族，則從大體比較上來說，如近代之所謂落後民族，便即是無產民族了。如是則在打倒帝國主義，取消殖民政策之號召之下，儘可形成各宗教各民族，乃及此各民族中之各層階級，暫時都團結起來，而向已先占得自由優勢者來爭取他們之自由。

所謂已先占得自由優勢者，無疑就目前論，只屬信奉耶教的西歐北美幾個民族了。但他們，個人主義之色彩太濃重。國內政治，取決於個人從違之多少數，而國際外交，也不免各顧各的利害，各守各的自由，而難於形成一致的力量。而且，正因為他們是佔到自由之優勢者，因而其意態亦偏在消極方面，只求各自保其所已得之自由而止。這就遠不如那一邊之站在主動積極進取鬪爭方面之團結更有力量了。

若如上所分析，則所謂自由世界，其實只在保守其已得之自由，而其所謂已得之自由，又是分屬於個人的。而所謂極權世界，其中亦有許多意向乃在爭取未得之自由，而其爭取之手段，則憑仗於集體的團結，如此說來，則強弱之形，顯會顛倒過來，而勝敗之預測，也很難說勝利定在先占優勢的一方！

今天所以世界像若形成兩個對立，而一時未見勝敗之誰屬者，則正為尚有許多站在中立界線上，而猶豫未決定其投向那一邊之故。但此許多站在中立線上者，其實也都是站在自由劣勢一邊的。只他們一時尚不肯犧牲個人自由理想來從事團體結合作鬪爭而已。若他們的個人自由理想，終於得不到，或是愈見減縮了，則他們也會翻然變計來改站在集體鬪爭的那一邊去。到那時，中立分子少了，兩方強弱勝敗便會立刻而判了。

我敢正告站在自由世界這一邊的人，你們當知，自由是真理。但向你們來爭取自由，同樣是真理。自由是該屬於個人的，但向你們爭取自由者，卻結成了大團體。這卻又是個別力量所難抵擋的！

若自由世界，昧忽了這一真理，因其自己站在自由優勢之地位，而傲視自由劣勢者，舉例言之，如帝國主義者之傲視其殖民地羣眾。又如國際間之背棄其自由友邦，而來討好極權強敵。則正可證明自由世界並不重視別人之自由。則有志爭取自由者，自會另尋道路。循此以往，世界終有大轉變之一天。

今天國際間，正喧嚷著和平共存的聲浪。但自由劣勢者，顯已與自由優勢者不平等。不平等引起不和睦，不和睦即到底會引起鬪爭，而陷致於不共存。蘇維埃帝國主義，正存心等待此一情形之逐步轉進，而已占自由優勢者，則只求暫時目前確保其優勢。當知兩大之間，縱可和平共存，而眾小被壓迫者，則必自擇所趨。今天世界動盪之關捩，則正在此眾小間。即如當前中東與北非情形，豈不明白易覩了嗎？

我以上這些話，並不是危言聳聽。為要求世界人類和平自由之幸福，繼長增高，莫使人類陷入大災禍。則自由世界一邊，正須大大改變其以往乃及當前之態度。國際間當以正義相號召。當以平等相對待。切莫太重視了各自獲得的那一分自由優勢，而忽略了站在自由劣勢中之各宗教各民族各階層之絕大羣眾。若天天只注意於和蘇維埃帝國謀和平，而不惜犧牲弱小，當知世界之各弱小，亦無不希望其各自之自由。自由世界若有意犧牲了他們，正好給蘇維埃帝國主義者之煽動與利用。如是則只要在兩大和平共存之現狀下，一面會坐大，一面卻會坐小，其勢顯然，不待多久，我言必驗。

我亦並非幸災樂禍，希冀戰爭。只是提醒自由優勢一面，若不講正義，不尚平等，僅與強敵謀求和平，則當知今天的世界，實並非兩大壁壘之對立，而尚有多數弱小者之游移中立的那一分力量，實為兩大互爭勝利所首當角逐而爭取。

言及中國，正是站在劣勢弱小羣之中。中國人要想爭取自由，分別著個人來爭取，其勢也會一無所得。今天的自由中國，莫仗謂站在自由一邊，站在真理一邊，勢不至敗。當知自由世界一邊，如我以上所分析，正多弱點，此層不可不警惕。而自己之弱小劣勢，則更當加倍警惕。若求善處之道，仍莫如自己團結，以團結的力量來加進自由世界，求其先為不可侮，以使人之莫能侮，則庶乎是立國之道，亦是吾中華民族爭取個人終極自由之惟一正道也。

三 一個世界三個社會

民國五十年

因於科學之發展，交通之便利，工商業機構之活潑而龐大，當前的世界儼然真像是一個了。所不幸的，在一個世界裏，同時分裂成三種不同的社會而存在著。一是自由資本主義的社會，二是共產主義社會，三是所謂的落後社會。此三種社會之分別，其實亦只就於經濟之立場與觀點而分。因而在此三種不同社會裏，却藏有其關於經濟上的一種共同的趨嚮。

請先言自由資本主義的社會。此種社會，乃由近代西歐文化中產生，而今天的美國，則成為此種社會中最前進最標準者。今天的美國社會，可謂已達人盡其力財盡其用之一境。除卻年老者被迫退休，年幼一輩，尚無需參加充分工作外，今天美國的中年男女，幾乎盡趕上了工作的前線。但他們的工資所得，卻很快地都化用了。不是消費，便是由種種途徑重投入金融大鑪之內又化為資本。甚至今天收進，明天支出，更甚的是寅喫卯糧，幾月幾年以後所得收進的，亦早在本年本月預先分期付出了。因此美國社會人人有工作，家家無存款，生活儘富足，卻不能讓你閒下慢慢去享受。

此所謂人盡其力財盡其用，亦是互為因果，遞相為用的。苟非人盡其力，便也不能財盡其用。因不能充分供給勞力，錢財便不能大量運化為資本。從另一面說，苟非財盡其用，便也不能人盡其力。因資本不雄厚，亦無法容納此大量的勞力。而美國社會今天所以能達此境界，則正為有一個資本主義的力量在背後作鞭策。

今天美國社會的資本主義，已和馬克斯當時所想像的資本主義大不同。馬氏認為資本主義的社會，必然是一個貧富不均的社會。彼不知資本主義同時可有兩趨勢。在資本之運使上，自必求其大量集中，而後可以發揮更大的效能。但在生產所得之分配與消費上，則必求其更普遍更廣泛，然後其資本始可有繼續向榮之望。否則社會貧富對立愈尖銳，消費範圍愈促狹，將使資本主義之生機亦隨之愈萎縮。今天美國社會生活之普遍繁榮，漸趨於貧富均等之階段，則正是資本主義社會所正常應有的現象。

其他西歐如英法意西德，東方如日本，雖其社會經濟之前進程度，有快慢，有先後，有順遂與曲折，但其憑藉於各自具有的一股資本主義的力量來誘導社會驅促社會，走向人盡其力，財盡其用之一大目標，則與美國如同一轍，殆無二致。

其次說到共產主義社會那一邊，其實他們之所想望而求能急速完成者，亦正是此人盡其力財盡其用之一境。只因他們社會經濟落後，沒有這一股資本主義的力量來督導來鞭策，於是遂改用一黨的極權與專制來強迫社會走上此道路。只看蘇聯，他們每常自誇，再過若干年，他們的生產，便會超過了美國。中共也如此般自誇，再過若干年，他們生產，便會超過了英國。可見共產主義只是一種變相的資本主義。因於他們沒有自由資本，遂用一種強迫資本來替代。他們嘴裏呼喊的乃是反對資本主義，而他們內心所欣羨的，則正是那一套資本主義社會之遠景。雙方只是方法不同，而目標則一。所以共產主義者常自誇說，看誰的一套能使社會經濟更繁榮，人的生活更富足。

今天的共產主義，也和當時馬克斯所想像的大不同。馬氏認為資本主義愈前進，共產主義在此社會中長成的可能愈接近。但今天的共產社會，卻生產在經濟落後，距離資本主義愈遠的那些社會中。他們並不是來摘取資本主義之果實，乃把資本主義的新枝硬接上它的老幹，來求造變種。

今若問：憑藉極權政治，組織強迫資本，是否能走上自由主義社會所到達的道路。這一問題，非本篇範圍所欲論，但有一點可在此指出者，當資本主義在西歐諸邦開始萌芽時，他們都曾借助於帝國主義與殖民政策之向外攘奪與剝削，來培育此資本主義之茁長與成熟。此乃歷史事實，無可諱飾，而今天的蘇維埃則正亦走此路。那些環繞著蘇俄的大批衛星國，則正是蘇俄變相的殖民地。若果蘇俄沒有這一批變相的殖民地供其吸收與搾取，則蘇俄的社會經濟決不能有如今天的成就。

在西方自由資本主義社會中，有不少人抱著一種樂觀的期望，他們認為只要蘇俄社會內部生活水準逐步提高，也如西方自由資本主義社會之生活水準般，到那時，蘇俄人民的革命情緒，將會沖淡，而自由要求將會增強，如是則兩個不同性質的社會，仍會走攏靠近，不復像今天般有嚴重的衝突。此一想法，未始無理，但強迫資本之效用是否真能追上自由資本，此是一大問題。而且強迫資本是否能自然地溶解為自由資本，而其目前所用以培育此強迫資本的一種赤色帝國主義之變相殖民政策，是否能功成身退，無疾而終，此又大成問題者。故自由資本主義社會此種樂觀的想法，實未免太過於樂觀。

最後講到所謂落後社會之一面。其實所謂落後社會，只指的是經濟之落後。若我們單站在經濟一角度來看，則自由資本主義社會，固是最前進，而共產主義社會則已然是落後了，而被稱為落後社會者則更落後。共產社會正為經濟落後，纔逼出他們這一套強迫資本之替代方法來，好盡力地向前進的自由資本主義社會作掙紮而奮鬪，而所謂落後社會，則尚未能有此一套強迫與掙扎之努力與表現。兩者間之分別，如是而已。

在當前共產社會與資本社會持死角逐互爭雄長之際，而被稱為落後社會者，轉若在此兩大陣容之對立間，具有舉足輕重之勢，而為此兩大陣容所刻意求爭取。於是此兩大陣營對于此舉足輕重之落後社會，乃不免有其各自之看法與想法。

從共產社會方面言，他們為經濟落後纔採用那套強迫資本的辦法，於是他們想凡屬落後社會，必然會是他們的同路人。既屬同樣沒有自由資本可憑藉，則勢必同樣想到以強迫資本來替代。若要在落後社會中，憑空培育出一宗自由資本，其事難。由一黨極權來強力製造出一宗強迫資本，其事易。故共產主義者認定落後社會必然會倒向他們那一邊，而最後勝利，無疑必屬於他們。

自由資本社會方面則抱異樣的想法。他們認為落後社會缺乏資本，可用貸與及贈予的方式補助之。資本主義社會方面的經濟能力，遠勝於共產社會，則落後社會之所樂意仰靠者，自必在此不在彼。若使在落後社會中能培植出自由資本，則共產主義方面之宣傳，自將失效，而勝利仍屬於此方。

然此仍不免有過分樂觀之嫌。資本社會之形成，有其必備之條件，並須深長的歷史淵源，其事非咄嗟可冀。惟美國地大物博，得天獨厚，只其本身西部開發之一段，不待向外，已走上了資本主義之康莊。其他如西歐諸邦，如東方之日本，他們都曾配合上帝國主義向外殖民，乃始有資本主義之成就。第二次大戰以後，此諸邦經濟，一時均陷困境，獲得美援，轉瞬即告復生，此因其社會內部早有資本主義之基礎，故能如此。若論那些落後社會，豈能僅靠外援，急速間便能進入資本主義之理。據眼前事實言，資本社會接濟落後社會，乃憑藉於雙方之政府。於是落後社會之當政者，狡黠的則標榜中立，兩面伸手，左右逢源，多多益善。暴戾而抱野心的，則乘機崛起，以能於一夕間出現強迫資本為快。在此等心理、此等情勢下求於落後社會裏醞釀出資本主義來，豈不近於一廂情願。

然則是否共產社會方面較易與落後社會合流呢？是亦不然。當知民族覺醒，乃是此下世界趨勢一條大主流。帝國主義與殖民政策，已在逐步急速崩潰中，凡屬已往落後的，被壓迫的，受控制的民族都想站起來，而且也都會站起來，此乃人類歷史當前一新潮流，世界將由此變成一個新世界。此種趨勢，誰也阻不住，而蘇維埃偏偏要縱身逆流赤色帝國主義，戴著一副更猙獰之面具而出現。鐵幕內的衛星國，如幾年前之匈牙利與波蘭，均曾拔刀相向，南斯拉夫則早已脫籠。最近所謂中俄共思想分歧之爭，均足證明此違抗歷史大流之赤色帝國主義之美夢，終難圓成。即同屬共產社會，尚不免有分崩離析之虞。謂落後社會甘願自投羅網，殆無其事。

唯一般落後社會，其對已往之帝國主義殖民壓迫，固所深惡，而對資本社會之生產富足，經濟繁榮，則亦不勝其艷羨。今者驟脫羈勒，其事若易。而求臻安富，則其事實難。仇恨與妒羨之情相交織，自尊心自卑感更生迭起，又經共產主義者不斷從旁慫恿攛掇，以如此複雜之心情，處如此複雜之環境，究將如何疏導而使之安帖下來，驟然間恐不易覓得此方案。

如上分析，舊帝國主義之宿孽，尚難刷清，而新帝國主義之罪惡，又繼續塗上，又值此人類歷史進程之轉捩點，人心動盪，茫然不見前途歸宿之所在，人類悲劇，難保不就此演出。今所當特別指出者，當知今天世界之種種動亂，其背後乃有兩股力量在指使，在領導。一股力量是舊傳的，即是帝國主義與殖民政策，尚未徹底消散，而主要的則在唯物的經濟的無限向前。這一趨勢，仍在風靡著全世界。其另一股力量，則是新興的。民族覺醒與落後社會之爭求解放與上進。此一股力量，其背後乃有各民族相異的文化傳統，以及人類心理在物質生活經濟條件之要求之外的其他要求在支撐，在鼓盪。

針對此兩股動力，我們首先當知，所被稱為落後社會者，其實亦僅是經濟生活之落後。一個社會經濟落後，未必即是樣樣落後。而一個社會之經濟前進，亦未必即是樣樣前進。即就美國言，少年犯罪，已成為一嚴重問題，而其中年男女之夫婦婚姻關係之不穩定，其老年人之被棄置，被冷藏，在美國社會中，其主要家庭一環，已然暴露出甚深弱點與病象。而共產社會則更是變本加厲，扼殺人性，不顧一切，專一只注意在大力生產上，乃至殘暴恫嚇狡詐欺騙，不論對內對外，無所不用其極。然則人類社會在當前階段中，除卻經濟一項像是前進外，其他恐亦無前進可言。無疑的，當前的世界正在走上一條極端唯物主義的路，一切惟以經濟問題為主，其餘全成為次要，甚至被視為不要。當前世界種種病痛，此是一大癥結。人類此下種種災禍，均將由此一大癥結而導演，而終於將使人類會感到此一導演乃無法去防止。

經濟發展，重視過於人文陶冶，外面物質生活之改進，重視過於內心精神生活之提高。一切人羣向前的道路，背後都操縱在關於資本與利潤的種種打算與要求之下。一切全在物質生活上作考慮，這不是今天這世界的實情嗎？若循此方向前進，縱使世界每一社會都能人盡其力，財盡其用，但我們還得問，人盡其力，究竟這些力用向那裏了。財盡其用，究竟這些財又用向那裏了。試問果使人人有一輛汽車，家家有一口電冰箱，一架電視機，如此等等，盡如人意，人類社會是否便可從此相安無事，不再有問題，不再有嚴重的問題呢？抑且如目前般，大家競向這一方向而角逐，大家全在物質生活上用心眼，到底也達不到能使物質生活盡如人意之一境。要之，重物不重人，這是當前人類社會共同一大病痛。不論自由資本社會，或是共產社會，或是所謂落後社會，風氣所趨，羣相感染，總是全向著外面物質條件上來競賽，爭持，而把人類本身自己那一面忽略了。無論如何，這不像一條前面可望有平坦的通路。

是否在此三種社會之外，能有一個理想的新社會出現呢？這一個理想的新社會，其惟一特徵，將是重視人勝過於重視物。一切物質條件，全為著人類自身另有一個理想的前進目標而存在。一切經濟生產，牠們都將為奴不為主，牠們只能為人類追求其前進目標供驅使，牠們不該本身自成為目標，轉回頭來驅使人。若使此一理想社會真能在現世界出現，庶乎可以轉換當前世界人類之視聽，解消其唯物氣氛之蒙蔽，感召人從物質生活之沉溺中振拔起來，大家改走一新方向。果能如此，當前人類具有之一切物質經濟條件，牠們也會趨奉人意，另換出牠們一番新意義來對人類作一番新貢獻。

但這一理想社會，又如何來促其實現呀？說到這裏，我們當知當前所被稱為落後社會的，有的或許會距此理想社會的道路更近些。那些物質生活經濟條件更前進的社會，有的或許會距此理想社會的道路更遠些。此因人類美德易於接近此理想社會者，或許保留在那些落後社會中的，會比保留在經濟前進社會中的更多些。而且，落後社會在經濟問題上之種種纏縛與顧慮亦比較少，或許會走向此理想更易些。

這些，都像是想像之辭，但我知，東方中國社會則早就朝此方向而努力。已往表現在歷史過程中的中國社會，可說甚為接近此理想。此因中國文化傳統，其特徵即在於重視人勝過於重視物。中國人從不曾把物質經濟條件看作社會中主要的條件。中國人從未在此上過分地來督促人，或過分地來鼓勵人。中國社會一向所鼓勵督促人者，多是與物質經濟比較疏遠，或竟是漠不相干的其他人類之美德。但比較說來，中國社會之物質經濟狀況，一向也不見甚落後。把歷史過程中各時期中國社會物質經濟狀況，來和同時代其他社會相較，常見為有過無不及。只是中國人認為物質生活經濟條件遇到可滿足時即該知滿足，不宜再無限地向前，因此中國社會也從不曾走上資本主義的路。這該是中國社會所以能悠久維持，廣大擴展之一原因。不幸是這一個半世紀來，驟然和西方資本社會接觸，而相形見絀，處處被攘奪，被剝削，而陷於落後社會之困境中。更不幸的，是其由落後社會而終於被關進了共產社會之鐵幕。

若使此一社會，還能保留牠一向的傳統理想和典型，而又能在不損傷其本有原則之上，善巧地採用近代科學發明，來保護牠的物質經濟，使不致過分落後於西方。若果如此，正值當前世界人心惶惑，道窮思變，而又不知所變之際，有此一個具體榜樣存在，正可發生重大影響，給人啓示。而惜乎此種機緣，現在是失却了。要在今天來闡述中國傳統社會之原有理想及其種種美德，則只有從歷史記載上作證明。然而中國社會緜歷了三四千年以上，一部二十四史，從頭說起，那何容易。縱使說來，也僅是少數人注意的一項專門學術性的研究而已了。

話雖如此，一個偉大而悠久的文化傳統，斷不能就此斷絕。讓我姑就眼前事例，如最近所傳中俄共的思想分歧，舉世屬目，人人知曉者，來試作一說明。當知中共在大陸所作之宣傳，其最易激動人心者，並不在其建設共產社會一口號上，更要的乃在其打倒美國帝國主義及解放全世界被壓迫民族此兩口號上。此因中國社會，一向重視人文理想勝過於物質經濟方面之現實條件。因於人心所重而對之作宣傳，非如此，則不能收鼓動與團結之效。就中國文化傳統意識言，建設一共產社會，其事僅像是一種手段，而打倒帝國主義與解放被壓迫民族，則其本身即是一目標。在中國，苟非有一種精神的、理想的、道義的、超現實的，可以不計成敗利鈍，而只是理該如此的，如此一類的號召，則決不能激起人心，發揮出大作用。在西方人看來，中國人此等情緒，似乎不可解。此種宣傳，若用之於西方社會，亦將引不起同情。遠的如匈牙利事件，近的如西藏事件，自由資本社會方面，用此作宣傳，終像不夠勁，終苦於激發不起公憤，喚不起相互間同一的步調。此因他們的傳統觀念上，太顧慮現實，太計較利害了。所謂人道與正義，乃須在不妨害其各自眼前具體利益之上而始作考慮。故在資本社會方面之種種宣傳，則永遠是被動的，消極的，招架防禦的，解釋辨白的。偌大一個世界性的大爭端，在資本社會方面，好像並沒有一個積極嚮往之目標為他們所必爭。他們所給予別人的影像，似乎始終以保持自己既得權益為前提。他們間所誠心一致期望者是和平。所謂和平，也是現實的，他的一份既得權益可在此現實和平下保持。

但共產社會之起因，則正為要改造現實，俾可從落後社會之地位崛起，以與資本社會相抗衡。尤其是蘇維埃，正在憑藉其赤色帝國主義之向外攘奪來培養其強迫資本之成長。保持現狀的和平，豈其所真願。但蘇俄究竟亦隸屬在西方文化之同一傳統下，故赫魯曉夫亦懂得在其內部經濟生活稍向寬裕時，提出此和平共存之口號，對內可以撫慰其國內之人心及東歐各衛星國，對外可以麻痺自由資本社會方面之警惕心與敵愾心，並渙散其團結。此則仍是一種西方宣傳，亦本於西方文化傳統而來。

即在馬克斯列寧當時，他們所唱導之共產主義與世界革命，亦只認為此乃經過一種科學的辨證法而證成人類歷史演進之必然如是，此是一種冷酷無情之鐵律。但共產主義流布到東方，東方人並不真能欣賞此種冷酷無情之科學辨證法與歷史唯物觀。在東方人之一般意識下，無寧認為共產主義乃人道所當然，正義宜如此。大多數的東方人，乃在被騙中激出義憤來，如抗美援朝，即其一例。故中國文化傳統，雖與共產主義本質不相容，而竟亦捲入此旋渦，實由另一種宣傳而來。若中共方面，亦採西方現實路線，向蘇俄屈服，只叫和平共存，則今天的中國大陸，早已陷入無衣無食之境，其政權之崩潰，早已企足可待，試問憑何與人共存。故不得不採此向外點火之一著。而西方資本社會方面，則始終不瞭解此一層，認為中共政權必有其向外點火之一筆資本存在。故中共愈喊打倒美國帝國主義，而美國人卻愈想和它打交道，此等亦只是西方心理只從現實打算之一貫習慣而已。

至於其他落後社會，不在西方文化傳統之下，又未被關進赤色帝國主義之鐵幕者，其內心亦多同情中共宣傳。打倒帝國主義，正是現世界民族覺醒一大趨勢大潮流之下，為彼輩所急切需要者。若僅言和平共存，好像只是保持現狀。落後社會正是不滿現狀，則此種和平，終亦打不進他們心坎深處。中共正為挾著此背景，故得與蘇俄分庭抗禮，堅持而不讓。

就目下大勢言，蘇俄口說和平，而時時挑撥著落後社會之不滿與擾攘，來向資本社會施其恫嚇與敲詐。資本社會方面則心希和平，僅求現狀保持，而有時不免想犧牲落後社會向蘇俄求妥協。而問題則將永遠出在此種唯物的不合理的現狀之終難保持，而常此動亂不得安定上。現在的局勢，則只是一個拖。其原因是不得不拖。一切拖的方法，最多則只是一個防，而又是防不勝防。主要則在當前人類，除卻唯物的經濟的打算之外，更沒有一種明朗的積極的理想來領導。

今天世界之惟一希望，則希望西方資本社會方面，能擴大心胸，放開眼光，知道世界尚有許多不同傳統之文化，尚有許多不同心習之民族，能瞭解所謂落後社會者，除却經濟落後外，未必全落後。而人類社會之前進，亦並非全在物質生活經濟條件上求前進。眼前種種問題之起因，主要還有心理的因素，並不專為是他們之貧。而解決此等問題，亦不能全賴於我們之富。至於因富得強，而強力不能解決人類問題，更不待言。主要是在今天富強的一方面，深切瞭解此意義。能轉移目光，改從全世界人類共同方面之人道立場與正義立場作號召作奮鬪。則人心所歸，目前那一般違抗歷史大流的赤色帝國主義，亦實無可深懼了。然而此一想法，則仍是沉浸在東方文化傳統下面人的想法，西方一般人將仍難瞭解。本文作者不得已姑此提出來，向全世界凡具高深智慧而有意為世界和平人類幸福前途努力的志士仁人們作呼籲。

四　世界暴風雨之中心地點——中國

民國四十年

一九〇〇年，即前清光緒二十六年，義和團事變時，美國國務卿海約翰曾云：

「全世界的暴風雨之中心地點，目前業已轉移到中國去了，所以任何人士儻能從社會政治經濟宗教各方面瞭解中國，便可預測此後五百年的世界政治局面的變化。」

這是海國務卿對此後五百年世界歷史所作一個偉大的預言。到今恰祇五十年，僅當他預言的十分之一過程，海氏的預言價值，已逐漸爆著。但海氏的預言，卻已為世人所忘棄。

羅斯福總統因為不瞭解中國，不瞭解中國在此後五百年世界歷史上所應佔有之地位與比重，始與史太林訂下雅爾達協定，強迫中國放棄外蒙，出讓旅順大連，並山海關外九省的一切重要權益，削弱了中國在東亞乃至世界國際上的地位，在此五十年來中美傳統友誼上投下一個其深無比的黑影。

其次是馬歇爾，在中國調解國共失敗，一氣回國，規劃了一個重歐輕亞的新政策，把中國問題擱置腦後，一筆勾銷。杜魯門艾契遜遵循著這一政策，直到發表白皮書，對中國政治社會一切大變動，他們決心袖手旁觀，熟視無覩，只靜待著中國自身，看其變出甚麼一個樣子來。

此刻是五十年後第二次義和團事變重演了。中共的人海，正面對著世界十四國聯軍在南北韓旅進旅退，杜魯門馬歇爾艾契遜依然是決心拖，決心靜待中國自己之變。其他則一無辦法。他們這一姿態，正為是不瞭解中國，不瞭解中國在此五百年世界史上所佔有之地位與比重。

只有麥帥，可說是美國自海國務卿以來第一個瞭解東方，瞭解中國的人。他最近在國會發表演說，曾謂：

「吾人在估計現在亞洲現在局面之前，吾人必須瞭解過去亞洲及其演變至現在情形之多次革命，不能獲致社會公平，個人地位，或較高水準之生活。所謂殖民主義國家，經有長期之剝削。亞洲人民發覺過去在戰爭中之機會，尋求脫離殖民主義之桎梏，並希望新機會之曙光。此方面人民，佔有全世界一半之人口以及百分之六十的天然資源。此等人民，現在迅速結集其新力量，精神與物質，以提高生活水準，及為其本身之顯著文化環境而作現代化之設計。此係亞洲進步之方向，及不能被阻止者。在此局面中，吾人之國家，應要根據此種基本發展狀態，而修正其政策，勝於盲目遵循其已成過去之殖民時代之途徑。而亞洲人民現正集中力量於改善其自由命運。彼等所需要者，為友好之指導、諒解、及支持，而不是專橫之訓示。」

他又十分致慨於最近美國縱容中國共產主義在增長其權勢之無能表現，而說：

「由海約翰，搭虎脫，伍德，威爾遜，史汀生，及吾國（指美國）之太平洋政策各大建築師之一切經營，均因此舉而推翻淨盡，余（麥帥自指）相信此為一根本錯誤，吾人在此一世紀內，將須自食其報。」

麥帥這兩番話，可算已極深切著明。然而若使我們不能瞭解五十年前海國務卿的那番話，及其對將來五百年的預言之內在真理，我們仍將無從瞭解麥帥這兩番話，以及其所指出的一百年的預言真理。自從麥帥撤職，美國內部掀起了對其外交軍事方略的供辯大瀾。這一爭端，明明是面對著中國問題而發。但美國政府自杜魯門馬歇爾艾契遜以下，卻偏不承認是一個面對中國的問題，而硬說是一個面對蘇聯的問題。他們全神一志，只注意著蘇聯，而忽略了中國。這已夠十分證明今天的美國當局，其心目中並沒有中國，並不感到在當前的世界風雲中，中國也有它的地位和比重。因此他們內心蔑視中國，既不屑與中國為友，也不屑與中國為敵。他們一筆勾銷了中國，也一筆勾銷了五十年前他們海國務卿的一番預言，則麥帥之撤職，自屬勢所必至，理所當然。

但今天美國的執政當局因於估計錯了中國，也終於要估計錯了蘇維埃與史太林。史太林雖同樣地不能瞭解五十年前海國務卿那番五百年的預言的深意，但就中國在當前世界風雲中之地位和比重言，在史太林心目中，卻並未輕估了。要征服世界，須先征服中國，列寧史太林這一觀點，卻不能與日本田中義一之類的狂想，相提並論。何以故？就日本的地理位置言，要征服世界，自必先征服中國，那是不足為奇的。在日本人心目中，也從未高估了中國。但列寧史太林便不然。今天是美國向西方防禦，史太林卻向東方進襲。在美國看，是西方重過東方，在史太林看，則正一相反，毋寧是東方更重過西方。這是史太林高估了中國。美蘇兩邊的看法，誰錯誰準，卻不待五百年以至一百年，在最近將來，便可判決，便可證實。

惟其美國當局，在其內心輕蔑了中國，因此不願把中國問題當作一真問題，卻只幻想著有一天中共政權會變成狄托，那豈不是中國問題不解決而自解決了嗎？但他們並不覺悟史太林對中國，並不像美國那樣的輕視。惟其史太林懂得重視中國，他纔費盡心機，強制著中共，逼得他們不能成狄托。同時就使美國現當局這一套幻想，終於沒有實現的希望。

我們若為中共打算，他們自攫得了大陸政權，第一上策，應該是急速獲取國際間的同情與承認，加進聯合國。只要他們在國際上正式爭得了代替國民政府的地位，他們的政權，自然就將日趨穩固。但中共政權日趨穩固，便有轉身變成狄托之可能。這一點，縱使中共本身無此想，然史太林對此則萬不放心。美國當局輕看中國，所以纔輕易讓中國產生出中共政權。史太林並不像美國當局般輕看中國，那肯輕易讓中國產生狄托呢？伍修權到成功湖，那時的聯合國，豈不早已抱著重演慕尼黑的決心？蘇聯亦那有不知？若果蘇聯誠心希望中共加入聯合國，伍修權不致空手而歸。

中共加不進聯合國，他的第二中策，應該急速運使全力解決臺灣；若使中國只存了一個政府，他們的政權也可逐漸穩定，但這又為史太林所不樂。因此中共自攻下海南島，卻反而進兵西藏，來毀裂他們和印度的友誼，支援越南，來製造他們和法國的敵對。更進而把人海橫潰過鴨綠江，浸淹到南北韓，來正式向聯合國十四國聯軍大膽挑戰，卻把臺灣輕輕擱置在一邊。杜魯門馬歇爾又看錯了，急忙飛派第七艦隊來保持臺灣之中立。其實史太林又何嘗肯支持中共取臺灣？美國這一舉措又落空了，成為無的放矢。

中共不能進取臺灣，還有他們第三步的下策，便如去年七月毛澤東宣言，裁軍復員，閉起大門，整頓內部，先求恢復社會秩序，安定人民經濟，像史太林當年在蘇聯驅逐托洛斯基後的作法，那仍不失為穩固其自身政權之一道。但仍為史太林所不願，所以纔逼得他們如瘋狂般向西藏，向越南，向北韓，挖空了自己心臟，來向外面四方遍覓敵人。

只為美國看輕中國，因此無誠意來扶植中國。惟其史太林看重了中國，纔要處心積慮破壞中國。這一點，美國當局決不瞭解。中共人海淹過了鴨綠江，美國當局便在提心弔膽，防著下一步是蘇聯的大量飛機與坦克之援助，要把美國趕出釜山港。其實史太林又何嘗作此想？若果中共獲得蘇俄的真心支援而成此偉績，毛澤東在東方亞洲的聲望，無疑將激劇上升，韓共日共越共印共，東南一切共產勢力，因地理人文種種關係，都將集向毛澤東，史太林亦復無法與之相爭。這將成為中共失計中之意外得計，無策中之無上上策。但史太林並不那樣蠢，第二次世界大戰，美國曾盡量援助了史太林，最後更增添一個雅爾達協定，遂致形成今天的局勢。史太林決不肯再蹈此覆轍，在未打垮美國以前，却親手來造成東方一強大的中國。

馬歇爾艾契遜在參院的供辭，他們一面說只要美國軍力一達到中國大陸，陷下泥足，正為蘇俄所期望，但一面却又說，只要美國軍力一著到中國大陸，蘇俄便將遵守中蘇條約出面應戰。此項意見，恰恰正相反抵銷，這仍足以證明了美國當局對中蘇關係之沒有正確的認識。仍只有麥帥，有他一針見血的解答：他說：若使蘇俄認為發動大戰於彼有利，它自會主動地發動。若使蘇俄認為發動大戰於彼無利，他何至為著中國發動大戰呢？不錯，史太林是懂得看重中國的，但史太林並不是在愛護中國啊！

史太林對中國的策略是顯然的，第一在把中國和民主國家隔離而使它孤立；第二是使中國走上不安的路。從此兩著棋上史太林便控制了中共。史太林固然不輕易讓毛澤東做狄托，但也決不肯讓毛澤東做另一史太林或是史太林第二。這一態度，在內心輕視中國的美國當局，那能瞭解呢？

史太林還是舊日的史太林，他曾反對過托洛斯基，今天他卻在鼓勵和督促毛澤東來當托洛斯基。現在是東方托洛斯基和西方史太林合唱雙簧。中共推奉史太林，認為是他們的革命導師，但史太林卻嗾使中共做當年史太林所反對做的事。試問史太林何嘗是在愛中國？又試問中國人會不會真受史太林這樣稱心的指揮呢？今天泛濫過鴨綠江的中共人海，他們的浪濤呼嘯，是「抗美援朝，保家衛國」，並不是說為共產主義來完成其世界的革命。他們的領導精神，還是五十年前的義和團，並不是馬克思和托洛斯基。這已經麥帥的慧眼看準了，史太林豈有不心中雪亮？然而正為中共要驅策人海繼續泛濫過鴨綠江，因此逼得他們不得不在國內大陸放手屠殺，加緊恐怖鎮壓，如是則國際上既使中共和聯合國為敵，國內又使中共與人民為敵。留下可作中共唯一靠山的只有蘇聯。史太林的魔掌如此般抓緊了中共，使之更難狄托化。至於此人海的嘯聲，說要美國貢獻出臺灣，並要美國恭請如儀地讓中共昂首大踏步走進聯合國，這一半是中國人民五十年前的義和團精神，再一半則是史太林用來做愛斯基摩人引誘他們的馴鹿拉車前跑的那塊可望而不可即的懸掛車前的肉。好在史太林已覷破了美國的弱點，只要有東方托洛斯基在帶領，又何必反對這一種保衛國家的義和團呼聲呢？

於是我們將回頭來談到中國人的本身。說也慚愧，這五十年來，最不瞭解中國的，正是中國自己的所謂知識分子和其統治階層。海約翰五十年前的那一番預言，在中國智識分子的意識裏，是絕未接受的。此五十年來，中國智識分子，只想瞭解西方的，外國的，社會政治經濟宗教各方面之一切，卻決不情願回頭瞭解中國自己。這是長期在西方帝國殖民主義壓迫下所醞釀出的一種自卑心理。今天的中共，便是此五十年來這一種自卑心理之透骨表露。中共一攫到政權，便立刻宣布他們的一面倒。他們的革命成功，自認是全由于史太林之偉大。頌讚之為可愛之鋼，可愛之太陽。把自己的血，和民眾之希望擁戴，一筆勾銷了。他們知道中國民眾可利用，但絕不信中國民眾可依仗。他們知道中國社會政治經濟宗教一切該推翻，絕不信此等該瞭解。試問這樣的心情，又那能成狄托？此五十年來的中國，不斷有兩條相反的潮流在相激相盪。一條是潛伏在下層的，便是中國民族由于其五千年來的傳統文化之積累，遭受西方殖民帝國主義之長期壓迫，而不斷尋求掙扎的那種自覺自尊的激情。另一條是顯露在上層的，便是中國智識分子與其統治階層之對其祖國傳統文化之絕端的不自信，極度的自卑心理，與向外依存精神。他們只肯盲目地崇拜西方，而不肯回頭瞭解自己。他們對中國社會政治經濟宗教各方面之一切，變成了西方帝國殖民主義者的代表人。他們亦常憑藉國內民眾之不滿的激情而乘機攫得政權，但在他們既得政權之後，其對國內民眾之態度，也一樣的像麥帥所言，不是友好之指導，諒解，及支持，而仍是一種專橫之訓示。他們憑藉西方教條，來訓示中國民眾。今天的中共，只是其中走到最極端之一例。只有　孫中山，是中國這五十年來惟一理想的領導人，然而　孫中山也抵不住這一潮流，未獲竟其所抱負。

今天的中國智識分子，因為他們的一雙眼睛，太多看了西方，而忽略了自己。今天的西方人，又因為常把今天中國少數的智識分子和統治階層來代表全中國，而誤會了中國人之真相與真情。今天的史太林，卻想巧妙地同時運用此兩潮流，指導中共一面倒，既滿足了他們的自卑心理，同時又嗾使中共發揚義和團精神，來向外發洩。然而這一巧妙，不霎時早已破綻畢露。中共今天對國內民眾之加緊鎮壓與屠殺，便是此種捉襟見肘之窘態之真實作供。

今天的世界風雲，已使人們不敢作五年以外的推測，那一輩主持世界外交軍事的大人物們，他們盡已在五月乃至五天的短暫目光中絞腦汁。我忽然提起五十年前一位美國國務卿對於將來世界五百年事變的預言，似乎是太迂濶了。然而此五百年的預言，卻已有五十年來的歷史事實作證明，又有最近麥帥的百年預言作參考，我願大家注意此兩番預言中所含蘊之真理，不要再在此短促打算中來加多製造此下五百年的人類浩刧。

我站在中國人的立場，自覺十分慚愧，同時也十分悲痛，來訴說這些話。一個民族，要逼得他們使用義和團精神和人海戰術來掙扎出路，那還不可悲嗎？一個民族中的智識分子和其統治階層，至於對其自己本國文化傳統，社會政治經濟宗教各方面之一切，到達一種全不瞭解的地步，那還不可愧嗎？若我們只用平面現實的眼光來看當前的中國，那中國確乎是好像無足輕重。然而我敢正告全世界，中國民族究竟佔了全世界人口四分之一的數量，中國民族究竟有他五千年連綿不斷的優良文化作背景，試問當今全世界那一民族，就其歷史傳統言，有中國民族那般的光榮？近代兩百年來西方帝國殖民主義的好運，早已過去；像中國，就再不該沒有它全世界人類中所應有之地位。而且我敢正告全世界，只有中國文化，是完全站在人類道義立場經歷幾千年的長期培植，而形成的一種真實愛好和平的文化。這一文化之內在含蓄，實在足以啓示將來世界人類一條新生路。這決不能專就目前國力的貧富強弱來衡量。若使中國無出路，世界暴風雨將永難休止。若使中國文化被毀棄，將成為世界人類一莫可計量之大損害。若使日本人先瞭解這一點，第二次世界大戰或許根本不興起。若使羅斯福總統以及承繼他的美國的當局們深切瞭解得這一點，也不會有今天的局面。今天是人類走上了一條文化絕續人類絕續的交叉點，決不是專憑飛機大砲坦克原子彈所能勝任解決的，也不是專憑國際間的縱橫捭闔，陰謀詭計，只論目前利害，不問人道正義，所能勝任解決的。也決不是專憑經濟貨幣財富數字所能勝任解決的。更不是身負政府重任的大人物們，運用幾許傲慢輕薄尖刻譏諷的辭令來撕毀了國際間的尊嚴與相互敬意所能領導世界挽救危局的。我們還是應該放遠眼光，纔能應付當前。

我再敢正告全世界，只要對中國五千年的傳統文化，略有瞭解，只要對近五十年來深藏在中國四億五千萬人民心坎裏的真切要求，略有見識，他們將決不會相信，中國真個會變成一個信奉馬克斯主義的共產國家，更不會變成一個蘇維埃的尾巴衛星國家的。若把今天一時得志的中共政權來誤認為是代表著中國的全民意，那決然將加深中國之悲劇，決然將轉成為世界人類更深更大的悲劇。世界問題還得從人道正義立場，大家肯虛心接受各民族傳統文化教訓，從相互間的瞭解與尊重來求出路。

我對於中國的智識分子們，還要垂涕陳辭。我們是負擔著自由世界人類文化歷史所僅有的綿延了五千年不輟的傳統文化之應予重新發揚與光大的大使命，我們是負擔著在近代史上長期遭受帝國殖民主義所非分壓迫下的佔有全世界人口四分之一大數量的一個民族之內心鬱結所急應善為宣導，而令其得在世界人類中獲有其應有的地位，善盡其應盡的責任之大責任。我們今天既然只知道西方人的話是值得重視的，故而我揭出五十年前美國海國務卿以及最近麥帥的兩番話來促起我們自身的反省和努力。

五　世界局勢與中國文化

一

復興中國文化是我們當前的責任，而世界局勢則又是我們今天大家擔心的一件事。

今天的世界，可說是一個大變動的世界，而且正在變動之開始，急切盼望不到能安定下來。若我們問，此下如何變，要變向何處去，便該先問從前如何變，變從何處來。明白得變從何處來，始可推測變向何處去。此事應放開眼光從遠處看，源頭處看。若只在目前薄薄浮面的一層上來注意，則把握不到變的大勢所趨，將徒見其波譎雲詭，難可捉摸。

一兩百年來，這世界，完全由歐洲人宰制分割，那時是帝國主義與殖民政策的橫行時代。勢力所到，幾若無可抵禦。亡國滅種，接踵而至。到後來，歐洲內部勢力衝突，終於引起了世界大戰，此乃今天世界之變之開始。第一次世界大戰後，又賡續引起第二次世界大戰。範圍更擴大，影響更深廣。從兩次世界大戰後，整個世界顯然變了。今天之一切變，都從此兩次大戰中引生。

在第二次世界大戰時，昆明西南聯合大學有幾位教授出了一本雜誌，取名戰國策。他們認為當時世界大勢，正和中國先秦戰國時代一般。七強相爭，後來成為兩帝，東齊，西秦，終於秦併齊而統一。他們認為當前一邊是美國，一邊是蘇維埃。將來演變所及，世界亦必歸於統一，只是歸美，抑歸蘇，他們未下斷語。

我在當時，曾反對此說，在民國三十一年五月，在某雜誌寫了一篇論文，題名戰後新世界，後來此文又收入在重慶出版的教育與文化一小書中。書中所收，全是抗戰時期我在川滇兩地各報刊雜誌上所發表過的一些短篇小文，現在此書已不易得。我手邊僅有一冊，乃是來臺後一友好所贈。（此書刻已再版印行。）

我在此論文中，提出我對戰後世界之看法。我認為此下世界，應是一個由合而分的局面，決不是一個由分而合的局面。從前為歐洲帝國主義殖民政策所吞併並支配的各民族各國家，均將在戰後獲得解放，重歸自由。故我又為此第二次世界大戰定名為解放戰爭。事隔三十多年，究竟算是說中了。戰後新興國家，如雨後新筍，不斷產生，已超過一百數十個。只看目前的聯合國，豈不足以證明我說。

但世界尚在混亂中，究不知將到達若何地步。目前的聯合國，則並不能解決問題，此亦盡人所知。今且問：今天的世界，究竟問題何在，癥結何在？該向何方面去求解決？我試仍本我三十多年前那篇文章的一些意見來重加闡申。

二

首先我該指出，目前世界問題最重要者仍為一民族問題，一切糾紛，追根究柢，仍多在民族問題上。

如說共產世界，中國大陸與蘇俄分裂，此顯是一民族問題。此下演變，無論如何，中蘇兩民族有分無合，是斷然的。東歐諸邦，對蘇俄都抱離心態度，此下也只有愈趨於分，不能轉趨於合。馬克斯的唯物史觀，只注意在經濟問題上，絕沒有注意到民族問題。他似乎瞭解到農民與工人間有區別，卻沒有瞭解到民族和民族間更有區別。他要聯合世界上無產階級來掀起世界革命，卻不懂得無產階級之背後，尚有一民族界線。許多異民族到底不能形成一個真實堅強的無產集團。

又如中東以色列與埃及乃至其他阿拉伯國家之間，也是一民族之爭。印度巴基斯坦乃至孟加拉之間的糾紛，也是民族之爭。從前的帝國主義與殖民政策，認為一民族可以壓制消滅另一民族，此項觀念，現已不能再存在。

在當前，糾紛最大，癥結最深，非獲解決，則此世界斷難和平安定，厥為把一民族用外力強分為二，如東西德、南北韓、南北越，皆是受第二次世界大戰影響，勉強分裂。韓戰越戰震動了全世界，繼之苟安言和，斷非可以長久。東西德為現實形勢所逼，互認獨立，此也只是一時之計。

尤其是我中國，蘇俄扶植共匪，攫奪政權，政府遷來臺灣，也成一分為二之勢。此與韓越德三國一般，皆違背了世界向前之大趨勢。在我固必以反共復國為大目標，在韓越德三國，若非重歸合一，亦仍必引起糾紛，使世界其他問題連帶不能有解決。

要之，必須世界每一民族，各自獲得其內部完整之自主，而後可以希望其相互間之和平與合作。

其次要說到經濟問題。今天世界棣通，天下儼如一家，經濟問題密切相關。民族界線不可不分，而經濟流通則已難隔絕。乃今天世界，分成了極權共產與自由資本之兩大壁壘，此乃今天世局一切糾紛之第二主要來源。

先言共產主義。貨求其通，此是人類從來經濟發展一大趨勢。今天共產國家高築圍牆，限制國外通商，逼得國內經濟形成一潭死水，此是第一大病。在國內生產分配上，定要取消私有方式，此是第二大病。人類因有了私有財產，纔可有私有生活。如何能在共通的公有財產之下來完成各自的小我私生活，此事遠在將來，是否有此可能，尚屬未可預卜。共產主義違逆了人性之私要求，又違背了經濟發展之大原理。此一主義斷不可久，事象顯然，不煩多論。

但自由資本主義也同樣有其內在之病。馬克斯即是在倫敦目擊當時資本主義之病害而激起其共產主義之想法。一百年來，資本主義內在病害，愈益曝露。最主要的是貧富不均。無論在國際間在民族相互間，因於貧富不均而易啓糾紛。經濟上的落後國家，落後民族，易於歸向共產隊伍。在同一社會裏，過富易生驕縱，過貧易生憤恨。一面引起奢侈，一面激動罷工。此兩者又是相引而長。生活奢侈，永難滿足，不斷罷工，自會使資本主義趨於崩潰。

三

歸結言之，世界問題其實只是一人生問題。人生應分兩方面，一是物質人生，即經濟的人生。一是精神人生，即心靈的人生。亦可謂兩事屬一事，但仍不妨分兩面看。最應知者，物質方面易變，而心靈方面則不易變。由於氣候相異，物產不同，引生出各地居民間各種區別。自然影響與歷史積累，久之而形成各不同的民族。民族形成之主要因素，偏在心靈一面，不在物質一面。如宗教，如文學藝術，更要的在其內在之性格，愛好，與娛樂方面之情感意向，顯然互有不同，很難融和合一。縱使在同一物質人生下，亦驟難泯滅其心靈人生方面之鴻溝。

如非洲黑人到美國，已有兩三百年的歷史，但依然有黑白距離。此下縱在法律上教育上力求調和平等，恐此一距離終不易消失。中國人在南洋僑居，為時亦越兩三百年，但馬來人印尼人與中國人中間之界線，仍然存在。

近代西方人，過分看重了物質人生，看輕了心靈人生。他們把物質生活來作衡量人生之標準，而高自位置，養成一種民族自傲心理。不知物質經濟上之優越條件，並不能來領導人生乃至支配人生。在人類精神心靈生活方面，惟一正道，乃求各自獲得其個性之發展。每一人各有個性，每一民族，亦然。尊重個性，對每一人每一民族，務求各自獲得其高度圓滿之發展。而在個性發展中，乃有其相互間之融通協調，此始為人類邁向世界大同一條惟一的正道與坦途。

中國古人，早抱此一種理想，而提出一仁字來。仁是一種人與人相處之道。但雙方必各自保有其個性。其人沒有個性，決不能是一仁人。不知尊重對方他人個性，也決不能是一仁人。故真是一仁人，必會尊重自己個性，也同時尊重對方他人個性。孔子曰：為富不仁，若太過專重於在物質生活方面著想，打算，則必然會忽略了對方他人個性，而連帶忽略了自己內在個性。總之是為了物質人生而損害了心靈人生。而人生正道則必然要以心靈人生為主，物質人生為副。今天世界人類，乃反其道而行。中國古人所謂以心為形役，正可為今天世界人類生活寫照。這是今天世界人類一切糾紛一切禍難之總病根。

四

根據上面所說，我們可以預測世界此後之趨勢，亦可明瞭我們當前的責任。

遠在一百年前，西方帝國主義經濟勢力洶湧東來，先有鴉片戰爭，後有五口通商，中國成為西歐經濟侵略最後最大一目標。吾國人創鉅痛深，如夢初醒，奔走呼號，羣以保國存種為迫不及待之急務。這時國人思想，大要不出兩派。一是太看重在物質條件上，主張人家以機關槍來，我亦以機關槍去。另一派則更看重在精神條件上，認為自己百不如人，中國不亡是無天理，遂對自己歷史文化一應傳統均取一種消極否定的態度。此兩派很快就滙為一流，乃有民國初年的所謂新文化運動。

但在當時，世界局勢實已起了大變化。歐洲第一次大戰以後，西方帝國主義宰割世界之惡夢，已成過去，下面世界，將要開出一新局面，而我們國內的智識界，並不能高瞻遠矚，覩厥機先，卻仍守舊觀念，仍抱舊主張，認為不徹底改造自己模倣西方，不全盤西化，則斷不足以立國。一眼只向外邊看。自己本身則若不值一視。好像只要是自己原有的，全都不要，只要是外面西洋貨，全是起死回生萬驗靈藥。結果導出共產極權，奉列寧史太林為他們的開國祖師。甚至我們此刻在海外未受共匪極權控制的，似乎也只認為我們是在自由世界之一邊，只望自由世界壓倒共產世界，這便是我們之前途。但不知形勢又變，大陸共匪竟進入了聯合國，我們所一向崇拜的西歐諸國，羣相承認大陸政權，所謂自由世界與共產世界之分界線，究在那裏。於是我們不免要惶惑，要問世界局勢究將如何變，我們的前途，究會怎麼樣。

其實世界的新局面，早已顯豁呈露，擺在我們的面前。只要我們一看便知。從前西方帝國主義宰割世界的舊夢，再難重溫。大家各自立國，誰也干涉不了誰，誰也不得干涉誰。立國基本，則在各國內部自己，不在外面他人。所以自由國家，也在承認極權國家，即此一事，便可透露其中消息。更要的是民族精神與民族自負。至於物質經濟力量，再也不能銷燬任何民族要求自己立國之自由。

中國五千年來，建立一個民族國家之悠久優良傳統。由中華民族來建立中國，由中國來團結發展中華民族。民族大團結，同時即是國家大統一。民族發展，同時即是國家發展。至今有七億民眾，為全世界惟一大民族，同時亦為全世界惟一大國家。

在其過程中，亦不斷有異民族之滲混。兩漢以下，如五胡，如遼，如夏，如金，如蒙古，如滿洲。凡屬異族入侵，憑其武力，占吾土地，奪吾政權，但吾民族傳統歷史文化精神，則始終保持完好。入侵的異民族，不久亦即歸同化。至於異民族環峙吾國外者，吾民族只求自保吾疆，從不曾想以眾欺寡，以強凌弱，來肆侵吞，卻不斷宣揚吾文化精神，教他們各自立國，敦睦相處。

如韓、如越、如日本，皆是明白實例。

若把中國立國和近代西方帝國相較，中國立國是王道的，西方帝國是霸道的。侵佔殖民地，奴役異民族，為成立帝國的條件，與中國自始以來以王道建國者絕不同。所以此下的中國，不僅仍當以民族傳統民族精神為自己立國基本，並當以此精神貢獻全世界，作為此下世界新趨勢惟一重要之指針，但我們此一百年來之智識份子，競於蔑己媚外，也想把立國基本轉移在武力財力上。今天世界局勢已變，但我們此一百年來之迷誤，反而堅持不捨。明知西方帝國主義以向外亡國滅種為他們建國途徑之凶殘霸道，已如死灰之不可復燃，而我們則仍認為繁榮經濟乃為建國之惟一途徑。認物質科學為當前惟一亟待昌明之要道。不知立國在人，不在物。物質昌明，武力財力雄厚，如西方歷史上古代之羅馬帝國，近代之大英帝國，一蹶不振，可資炯鑑。

五

近百年來中國智識分子，巨眼先矚，明白得此道理的，只有　孫中山先生一人。他倡導三民主義，首先是民族主義，其次是民權主義，再其次是民生主義。立國第一條件是民族。兩個乃至兩個以上的民族，很難共同建立一個長久的國家。一個國家，亦不能常使國內兩個或兩個以上的民族永久和平共處。所謂民族，乃由一種共同的生活信仰，生活理想，與夫共同的生活情趣生活愛好而形成。即如一個家庭，在此家庭中之每一分子，苟使在相互生活上，並無共同信仰，共同情趣，與共同愛好，即不能說是一個和順圓滿的家庭。成家如此，立國亦然。中國人說國家，正說家亦如國，國亦如家。只在財力武力支持控制下，斷不能成為一國。所以中山先生三民主義的首先第一項便是民族主義。

有了此民族，有了此民族在其生活上之共同信仰，共同理想，共同情趣，與夫共同愛好，纔能建立起一個共同政權來。所以在民族之下纔始有民權。若把政權交付與一輩不瞭解自己民族文化傳統之人物，縱不說崇奉列寧史太林要不得，即使崇奉華盛頓與林肯，同樣要不得。若果是列寧史太林或是華盛頓林肯，真來統治中國，他們也必求先瞭解吾中國民族的歷史文化傳統之內情，纔能來作合理的統治。不論他存心為彼不為我，為私不為公，總必求對我民族先有瞭解。只有馬克斯，是一猶太人，猶太民族在歷史上從未建立起一個國家，因此在馬克斯的心腦裏，無此一套意識。他只講唯物史觀，不懂人類內心生活，只主張激起無產階級來奪取政權，便可造成世界革命。只注意在財物上，不注意在心靈上。而我國內一百年來新起的智識份子，也正是蔑己媚外，宿痼難療，所以我們今天的政治理論，全是抄襲外來的，究該法蘇抑法美，乃成為爭論焦點。

即如我們全國各大學，講政治，全是一套外國理論，而對自己歷史上的政治傳統，則全不理會。只說中國秦以前是封建，秦以後是專制，全無民權自由可言。如此說來，豈不是今天共匪在大陸之極權統治，反而配合國情，較之空言民主，更近情理。在前袁世凱稱帝，也有外國人贊成，正和今天贊成大陸共匪極權統治的，同一想法。他們對自己是贊成民主的，對我們，卻反而贊成極權專制。我們說他們受了利用，受了騙。但真個騙他們的，怕是我們一百年來新起的一輩智識份子。他們所瞭解於我們的，正在我們這一百年來新起的知識分子那裏得來。他們認為政治須配合國情，這是未可否認的一項大原理。而他們認為帝制與極權却比較配合我國情。所以我們這百年來的新起的一輩知識分子要推翻國情全盤西化，而西方知識分子則勸我們還是配合國情帝制極權的好。只有孫中山先生，在民族主義下來接講民權，他講五權憲法，又在西方三權之外，添上我們自己歷史傳統的考試與監察兩權，這也是配合國情，不專惟西方人之馬首是瞻。但今天我們國內知識份子，真瞭解此一深趣的，實是少之尤少。

三民主義是民族，次民權，纔始來講民生。今天世界各都市，幾乎全已有了電燈和自來水，馬路和汽車。但這些只是物質條件，並不能因此使全世界各都市道一風同，同躋於和平康樂之境。在有電燈自來水馬路汽車以前，各地早有各地之人生。今天的電燈自來水馬路汽車，已普遍使用，但各都市依然是風格不同，情貌各別。而且各大都市物質文明愈發展，反而使人生境界愈墮落，愈苦痛，即就眼前，已是不勝舉例。可見物質條件，並不能解決人生一切問題。

中山先生所講的民生主義，則既不是共產主義，也不是資本主義。我們此一百年來新起的智識分子所共同崇拜的西方，他們的帝國主義，固已無法再存在，但他們的資本主義，也不是可以永遠存在的。帝國主義之武力侵略，既難復起，則資本主義之經濟侵略，也有限度。而且沒有資本主義，也不會產生共產主義。只要資本主義存在，則共產主義也難消滅。當前資本主義國家之相互間，如貨幣問題，貿易問題，處處衝突，陣陣風險。而在各自國內，驕奢淫佚之風化問題，怨恨不滿之罷工問題，又是層出不窮，變本加厲。總之資本主義有流弊，有限度，我們斷不能為了物質經濟而忽略了心靈精神。立國不由物質，乃由文化。而近代西方，乃不免誤認物質人生即代表了人類文化之全部，那是大錯特錯。

中國歷史上，自戰國以下，即已轉入了工商社會，但從不產生資本主義。因中國人歷來自有一套經濟思想及其經濟政策，配合其整套文化。簡言之，乃由政治來運用經濟，不由經濟來領導政治。乃由人生運用經濟，不由經濟來領導人生。經濟繁榮，不必即是商人得勢，這是兩會事。民生目標不在做生意發財，為著做生意發財而妨礙民生的多得是。中山先生在民族民權之後再始提到民生，這裏自有層次。我盼望能根本發揮我們的民族文化精神來創立我們的新教育，再由我們自己教育中培養人才，來刷新我們的新政治。我又盼望能根本發揮我們的民族文化精神來創立一套新的經濟理論，再來建立我們的新民生。

國家的基本在民族，民族的基本在文化。今天世界各民族都由帝國主義殖民地統治下解放，須能各自來發揚各自民族各自固有的一套舊傳統舊文化，來求各民族心靈人生之滿足，此始是世界此下的新潮流。此下世界，決不是再由歐西人來一手宰制的世界，而乃是由世界各地人來各自管理的世界。今天聯合國的新陣容，便是此下世界局勢一個新開始。而此下的人生，也將是世界各民族各自發展其心靈內在之人生，而決非必然奉仰歐西人生為標準為楷模之人生。在我中國此一百年來之智識界，惟有中山先生一人，與他所提倡的三民主義，實已早為我民族我國家如何來適處此下世界新局勢提示原則，舉出綱領。只要不流為幾句空口號，能不斷繼起，有研究，有充實，有改進，能成為此下中國知識份子學術研究一個新方向一條新道路，則庶乎我今天所講世界局勢與中國文化這一題目，也可藉以獲得親切而正確之答案。

六　文化與生活

民國五十七年

「生活」即指我們每個人的生活，不用細講。而「文化」必由人類生活開始。沒有人生，就沒有文化。文化即是人類生活之大整體，滙集起人類生活之全體即是「文化」。但我們也可說人類乃在文化中生活，人生脫離不了文化而獨立。文化是個大圈圈，每個人的生活則是此大圈圈中很小一圈，或說是一點。我們也可說：文化與生活乃是一體之兩面，一而二，二而一，可分亦可合。若論孰先孰後，如說究竟是鷄先生了蛋，或是蛋先生了鷄。若認鷄生蛋在先，則此下即成為蛋生鷄。所以既說先有人生才有文化，亦可說人生必在文化中。

此下，我將先講下一層，即人生在文化中。然後再講上一層，即「文化自人生而始起」。如何說「人生在文化中」，如我面前桌上放一杯茶，諸位當知飲茶生活，在中國已有一千年以上的歷史，其間亦歷有變化。此刻飲茶已成為中國文化中一小項目，並不是我此刻要飲茶，乃始有此一杯茶。若在中國文化中無此飲茶一節，我如何會忽然想飲茶。再說此玻璃茶杯，歷史較短，當是西方傳來。然則此一茶杯，乃是中國舊文化放入了西方新文化，乃是新杯裝舊茶，即此亦可謂是一種東西文化之交流與配合。又如此桌上放一擴音器，此是西方文化中現代科學產品，當不過幾十年歷史。現在我們在任何一講演場合中桌上放一擴音器與一杯茶，成為我們生活中很普通的一部份，但此乃是東西古今文化交流會合而始有。由此推想，每人生活中衣、食、住、行各項，乃至於其他一切，都是出生在文化中。沒有一千年來之歷史文化，就不會有這杯茶。沒有幾十年來之歷史文化，也就不會有此擴音器。可見人類乃是生活於文化中，無大小，無輕重，形形色色，都各有其文化傳統。我試再作淺譬，人類生活於文化中，約略就如其生活於空氣中一般。衣、食、住、行種種物質條件是具體的，文化則如空氣，看不見，摸不著，是抽象的。諸位認為生活只是一現實，但也有其另一面，有傳統，有變化，有其不斷之流通與更新，決非限於眼前現實，即能說明。

又如為何在此有中山堂，有光復廳？我們為何在此中山堂光復廳舉辦此一講演？這都有其歷史背景與其應有之意義與作用。剛才我來時經過街道，望見有間舖子名為「艾森豪」，為何中國店舖有此名稱？當知此中亦有文化，並不偶然。

今天在座諸位，大部份是中年人，或者年齡更大，都不是此地出生，為何來此？是否由我們自己想來，是否即是諸位之自由意志。在座中亦有臺灣同胞，回想二十年前事，可知臺灣同胞來此聽講，此一歷史經過，亦不簡單。

我們今天濟濟一堂，很明白，很清楚，這即是我們生活中的一部份。但我們即「生活」在當前文化大潮流大變動之下，我想諸位也可一想便知。不論此一文化變動是好是壞，要得與要不得，我們的生活，總之是由此變動而來，而亦在此變動之中。

我們再問，我們的生活是否只像喝茶般，喝過了喉嚨就完？是否我們這兩點鐘的講演，散會後就一切沒有了。諸位今天在此聽講，或許可能在各人腦子裏發生一些小小的新刺激，增助一些新印象和新影響。人的生活儘有變化，可能來聽這兩點鐘講演，也能有作用。並且其影響和作用，也不一定只在今天。甚至可能十年、二十年，乃至一百年或一百年以上還可有其影響和作用。

諸位或說這是時代在變，時代之變每天都有。

今且問時代如何會變？推上去，可說是歷史在變。再推上去，則是文化在變。那就接觸到文化問題。明白言之，生活上有許多事並不是我們自己要變，而是時代歷史變，文化變，我們的生活即不得不變。這幾十年來，中國民族文化可說是在極度騷盪中，可說是在天翻地覆，才變得使我們都跑來臺灣。我們只簡單思考一下，可知在我們每個人的生活之外，尚有個大力量，或說大趨勢，驅使我們對此力量和趨勢，不僅要知其由何來，亦該知其將由何去。如天冷穿厚衣，天熱穿薄衣，大太陽及下雨就帶傘，這都不是我們自己忽然作主要如此。在我們生活之外還有一個大生活，要我們如此。我們則只是「生活」在此大生活之內，文化就是這個大生活。在我們生命之外，還有一個大生命，文化就是這個大生命。個人的生活和生命，則只是其中一圈小生活和一段小生命。

個人的生活和生命，雖亦有其力量與其道路方向，可是我們必當在此小生活之外，小生命之上，認識有個大生活和大生命。我們應在此大生活中得啓示，在此大生命中得意義。不應懵然不知外面時代大潮流的變動。我們當知大生命的趨嚮在範圍著我們，支配著我們。我們每個人的小生命，真如大海裏一浮漚，高山上一微塵。倘使我們對此大生命懵然不知，虛過一生，嚴重說來，那是醉生夢死。平淡說之，亦是隨波逐流。不關心文化大生命的，那種個人生活是空洞的，是被動的，浮淺的，根本將是一不存在。

我今天所講，主要在舉出人是生活在文化大生活中，我們是此文化大生活中一小圈。

諸位當知，今天我講這些話，在我生命中，也並不是突然的。我之所講，或許在我生活中已先蘊蓄了幾天幾月，甚至有蘊蓄在十年、二十年或更久以前。故我今天這短短兩小時的講演，乃與我的長期生命合而為一。故在我生命中，此兩小時講演，也感有意義。我不是隨便找個題目來應付，也不會講過便休，在我心中便沒有了。我們正各自生活在此文化交流之大激動大趨勢之下，而由其安排著。若依照中國古人說法，此一安排就出於「天」。

孟子說：「莫之為而為者謂之天」，可知我們各人生活，並不單憑我們各人好惡，或說是自由意志而決定。我們又當知，此「莫之為而為者」，亦可有兩種分別。一是醉生夢死，隨波逐流，或說是一種要不得的聽天由命。自認為自己在生活著，而實非自己在生活著。另一種却是遵道而行，上與天合。要把我們各個人的小生命納入到外面大生命中而與之為一。

孔子說：「五十而知天命」，這一「天命」，是從外面命令派給我們的。像是沒有人在命令我們，派給我們，然而確有在命令派給我們的，那即是「天」。

我們要懂天命，這是中國古人之老講法。換新的話來講，即是人當知其「生活於文化中」。我們現在所講，其內容意義，若已與古人相隔甚遠，但實際還是這一個。生活不能老是一樣，猶如空氣也不能不隨時流通。在生活中要不斷有新觀念，新刺激，新啓發，新覺悟，新變動。在生活心情上要有新創闢。不能只如穿過一件衣服換件新的，只在物質生活上翻新，那是要不得。

各位若能由此引生出各位生活上一番新的心胸，變更了一番新的情調，那就好。不比喝茶穿衣，只在物質上變換，便無甚大意義可言。當知我們各人的心胸情調，也都由大生命中來。若照此講法，並可知我們各人的生活，也是不能各別分開，不能各別獨立的。在大文化大生命中有其共通的存在。不如喝茶，穿衣，這是物質生活，可以各別分開。真實的生活，並不只限於個人的與物質的。只懂得有個人生活不能算是個人主義，只是把生活內容縮小，以個人生活作目標，如人為何進學校，為何就職業，一切的一切，都以個人獲得為目標，而其所欲獲得者，則以物質為條件。那樣的個人目標的物質生活，在人的生活中，只屬於最低一級。

諸位或許說大家都這樣，那是時代潮流，在此時代潮流下大家都這樣，也覺得心安理得，那就大誤而特誤。中國歷史已經有了五千年，人類歷史，從原人時代起，則已有了五十萬年還不止，此是人類共通的生活歷史。我們如何只講現時代，只講個人。只講個人與現代，都有不對。但我們也得說：沒有時代，沒有個人，如何有此大生命，這就要轉到我上面所講第一個問題上去，即是「文化由人的生活而開始」。沒有時代，沒有個人，不能有文化。此層且待下面再闡發。

此刻仍再講「人必生活在文化中」這一層。若我們不關心文化，只講生活，此種生活乃是一種無生命、短暫狹小，而又無意義可言的生活。深一層說，生命與生活不同。天地間一般生物——禽獸動物乃至於草木植物，皆不能說其沒有生命，但其生命意義太淺薄、太微小，只是生活佔了重要地位。貓鼠也講求生活。若我們只講眼前個體自足的生活，只顧今天，不考慮到明天，只顧自己，不考慮到別人，此與禽獸、草木、貓鼠生活何異。此種生活，會合起來，就成一大自然。但人的生活，不盡於自然，而又有文化。文化有傳統，有變動，不能今天這樣，明天也這樣。但也不能今天這樣，明天便不這樣。生命中有新生，有舊傳。有共通部份，也有單獨部份。這不單是生活，而在生活中寓有生命，並寓有大生命。人之需要衣、食、住、行、或作息，與禽獸差不多，那是自然生活，可以個別分開。但人類在自然生活中發展出一個文化大生命，便與自然生活有不同。

人類生活在文化中，與禽獸生活在自然中不同。人既生活於大的文化生命中，則更貴我們自己有自覺，由自己來負起這文化大生命的責任，來做文化生活中之一分子，一單位。我們放開眼界看世界各民族，中國人有中國人的生活，西洋人有西洋人的生活，其他各民族，各有他們一套。這已是自然生活之不同。我們並不是說人的生活可以不要衣、食、住、行，不要物質條件，與個人生活。文化生活仍在自然生活中。我們要在物質、個人、自然生活之上還有一個文化生活。在個人生命之上還有一個集體的大生命。古今中外的大聖賢、大偉人，即如　國父孫中山先生也一樣需要物質條件，與其個人生活，這都與我們一般。但其生活觀念絕不以個人為目標，以物質為條件。他的生活情調，生活心胸，如他所講三民主義，即從中國文化大生命中來。在他的自然生活的小圈子之外，有個更大的文化生命的大圈子。這一個分辨，恰是中國文化最重視的，也可謂是中國文化的傳統精神，也可謂是中國文化之特質。禽獸生活必賴物質條件，人的生活也要物質條件。禽獸生活是個體各別的，人的生活也一樣是個體各別。但有一點不同，此點亦可謂是很小，但我們今天所當特別注重者正是這很小的一點。人之所以為人，基於其在自然中展出了文化。我們不能專以個人目標物質條件來論，這可說是一種天命，我們要在一共通的大文化中生活。這裏有人禽之辨，義利之辨，也正是中國古人所特別注重的。

我可說今天所謂的世界時代潮流，都不由中國流出，而由西方流出。今天的中國文化，不被世界其他人類關心，也不為世界其他人類了解。西方文化力量太大，在各地發生影響。今天的世界潮流中，乃無中國文化。中國文化在今天的世界上無力量，無影響，地位太低，資格太小。如我們今天這個講堂，講桌上可以沒有茶，但不能沒有擴音器。推開來說，如前面所講街道上那店鋪取名「艾森豪」，其他店鋪取外國名稱的著實不少。總之只要來自西方，都對，都好。目前我們的一切，正是深受西洋影響。中國人喜歡西洋，崇拜西洋，甚至如一個店鋪也得取西洋名稱，好像是中國的便不值錢，不受人重視。

但今天的西洋人生活，在我看來，正走向一條路，就是以個人為目標，而重物質條件的生活，這就是稱為時代潮流的。但我要問，西洋文化從始就只是這樣嗎？倘使直從希臘、羅馬以及中古世紀直到今天，他們的文化就只是這樣，我想也就會沒有了今天的西洋文化。中西文化固有不同，但不能謂西洋文化只是個人目標與物質生活，亦不得謂今天的西方社會，已全是個人目標與物質生活。但亦不得謂今天時代潮流不是在這一方向走。這正是當前時代一大危機，可以造成此下人類之大災禍。我認為今天的西方，實已走上了歧路。他們只在承襲他們祖先遺產而盡其消耗與浪費之能事。他們的祖宗遺產，使他們得有今天的力量與影響，但祖先遺產雖多，不能望其吃用不盡。

今天的西洋人，可說在世界上居於領導的地位。世界其他各地，則並無此豐厚之遺產，而競相慕效西洋，無怪要造成今天世界動盪不安的情勢，使大家感到今天不知明天之苦痛。

諸位可知，美國人在越南戰事上將會怎樣？蘇俄對捷克又將如何？這些不但我們不知道，連他們自己也不知道。他們已盡為個人的、物質的問題所困。現在我們也盡在講求個人物質生活，趨向時代潮流，狂瀾無可抵禦，真是一件值得憂心的事。我們固是在大文化中生活，西方也有他們西方文化的生活。但今天的西洋人，似乎不關切過去，不僅不關心，而且也不了解。只在科學方面是進步了，其他如文學、哲學、藝術、宗教，乃至政治教育等，一切不如前。今天之美國，除却物質進步外，恐不能如華盛頓、林肯時代之美國。我們不能只拿物質條件來講文化之各方面。科學發明固重要，但科學也只是生活中一部份。例如我此桌上之擴音器，其所具價值不能比我講話內容的價值更高了。其所有作用與意義，只要使我講話的聲音大家都聽到。這是一種次要的副作用，主要的正作用則在我之講演。聽的人多少，講的話多少，也都不重要。重要只是講的人與聽的人在心靈上能產生交流，能產生作用。如此想來，可見我們不能太過重視了科學。即論科學在西方，也是他們祖宗的遺產。現在西方人不該專以自傲。而且若使「哲學」、「文學」、「藝術」、「宗教」、「政治」、「教育」，各方面不長進，科學也將不能一枝獨秀。我們不能只看今天，還須看到明天。今天有今天的時代潮流，明天也還有明天的時代潮流。我們不能只承襲祖宗遺產來過消耗生活。我們只認為他們祖宗遺產了不得，該能統治世界，但直到今天，他們實還是不能統治世界。物質生活、個人目標，雖日見提高，但與世界人類的共同文化大生命無補。我們以前只爭論究應學蘇維埃、抑學美國。若學蘇維埃，這二十年來整個中國大陸的災痛可說已太大了。若學美國，儘講個人目標與物質文明，在我們這裏也是有毛病。其實我們也還是在消耗祖宗遺產，所以還得有今日。

若我們要學西洋文化中之精義，即說科學，西方現代科學也不從個人目標物質追求中產生。但到今天，西方科學亦已大部分被資本主義利用去賺錢，為帝國主義利用作爪牙。我可說，今天世界已碰到了文化的嚴重問題。今天不僅我們中國人要講文化復興，西洋人也應該講他們的文化復興。但是他們有一個錯誤觀念，認為人類不斷在進步，他們有一番驕傲心，看不起他們的前代。其實美國歷任大總統，後來的，都比不上華盛頓與林肯。就各個人講，那見得都進步了。我認為今天世界所急切需要的，還不是新的物質，而是新的人與新的文化。

文化如何產生？現在反過來講第一個問題。「文化要從人的生活而開始」，而人的生活則必然是個人的。由個人生活滙合、交流、達於諧和，而產生文化。再進一步言之，每個文化，則都從其中少數人開始。例如科學，沒有少數大科學家，科學也就不會產生，不會進步。又如宗教信徒，即由他們教會中之所謂聖人的來作領導。諸位看：究竟是中古世紀耶穌教中的聖人多呢？還是現代的多？馬克斯提倡階級大眾，他的主義雖不高明，究竟也由他個人創始，非由大眾合成。個人的物質生活愈看重，則個人對文化上可能有的貢獻將愈減少。文化要永遠前進，則要不斷有少數傑出人才來開創，來領導，不能讓他們都埋沒在物質生活之追求中。由少數人來開創領導文化，此一理想在中國最重視。似乎前代西方也比不上我們。例如希臘、羅馬，早都完了，今天如法國、如英國，也快完了。只有中國傳統文化更側重反對重視「個人目標」與「物質生活」的兩項時代潮流。所以復興中華文化不僅可以救中國，並亦可以救時代。

最要問題，在能發展個性。教育便該在發展個性上立主意，起作用。推廣言之，一個民族也有一個民族之個性。今天如要來創造世界新文化，西方人的心胸首應放大些，要懂得尊重其他民族的文化。不論是中國、印度、以色列人、阿剌伯人，乃至非洲民族，難道他們的文化乃無一處及得西方嗎？而且文化也不能單憑某一點評論其優劣。文化各有個性，正如個人之各有個性，皆當受尊重。如此滙合、交流、始可形成將來世界的新文化。

最近美國人為何熱心研究中國文物？主要是要對付大陸，慢慢地始覺得中國東西也有意思。

但要把中國文化和他們文化傳統平等看待，其事尚遠。我們若要自由，就必須看重個性。個性並不是物質的，也與個人生活不同。人類平等，亦在個性上著眼。個人有個性，民族也有個性。最先應從民族解放開始，使各國文化系統獲得平等重視，始是將來世界之真自由與真平等。

中國文化有其博大深厚之個性存在。今天我們中國人乃不知尊重，一輩青年自謂前進，不知美國的是非利病所在，而一意前往美國。求其底裏，仍為個人目標、物質追求，及仰慕時代潮流之三項觀念在作祟。其後面很少更高的觀念，更大的心胸，更平正、更開濶的生活情調。當然，留學亦是件好事，但時代病則應糾正，而加意在發揚各民族各自文化傳統之新的內容、新的體系上。西方有西方的體系，東方也有東方的體系，將來兩邊可以互相配合。我們要放大心胸，才可創造新文化。簡單一句話，先要發展個性，創造新生活。我們要創造生活的觀念，生活的心胸與情調。我們可和西方人在同一桌上喝咖啡，但應有一些雙方不同的情調，這才更有味。我們在此講演場合，也可用西方人發明的電燈、擴音器等，可是我們要有我們要講的話，要有我們新的生活觀念、新的生活心胸和情調。若在咖啡席上，只有西方情調，在講演會上，只有西方觀念，人人的心胸只是一西方的，一切全似了西方，全似了美國，則在世界上將沒有了中國人。

今天我們提倡文化復興，並不是要在世界上關著門講中國，等於我不能在中國關著門講我。美國也不能靠著科學只講美國，蘇俄也不能靠著他們的階級鬬爭只講蘇俄。中國人如何能關著門，違反世界潮流來講中國。提倡復興中國文化，並不要這樣做。我們講「中華文化的特質」，也可說即是中華民族的特質。每個人都有其與眾不同的個性與特質。父母、兄弟各不相同，一個人的真價值正在此。若除掉他的一些個性和特質，便如沒有了他這個人。中國人不講中國文化，中國文化特質就不能存在。在我們要全盤西化。但我們究竟是黃面孔，即使少數人到了外國住上一、二十年，想學他們幾千年來積累留下的文化，也未必真就能學到。但自己的却喪失了。主張全盤西化的，也只在物質生活上著眼。各人便在各人立場向此物質生活方面追求。

諸位不要看輕「文化」二字。而且今天已到了民族解放的時代，同時亦即是文化解放的時代。各民族間之文化，固有其共通面，但亦有其個別面。世界人類文化之前途，決不就是一種清一色的如天下老鴉之一般黑。中國人可講中國的。印度人可講印度的。以色列人，阿剌伯人，非洲民族，都如此。不只是歐洲及美國可講他們自己的一套。將來在一個共同大理想之下會合交流，取精用宏，乃始有世界人類新文化之展出。今日的時代潮流，乃在追趨個人目標和物質生活，這是一條走不通的死路。我們不該人窮志短，只因一時物質生活不如人，便把自己傳統文化擱在一邊，甚至想連根斬絕，只由每一個人在物質生活上來追向此現代潮流，那真要不得。

我們不要認為有了今天就可代表著明天，更不要認為有了今天便可不必要昨天。我們要新的文化，便舊的都不能要。那麼明天更是新，今天也就根本要不得。所謂時代潮流，一衝便過。我們該換個觀念，應放大我們的心胸，提高我們的情調，始能有新人生之展望，與新文化之前途。大家應過現代人生活，那是不成問題的。但斷不是要我們只追隨此一時代潮流，專把個人作目標，專在物質條件上謀生活。也不能專認現代科學便可包辦了人類文化。每一個民族，都該回過頭來找尋自己的文化傳統，使每一民族個性都得到自由發展。在每個文化系統下之每個人也如此。難道我們這一代的人，生來就都該是一科學家嗎？我們不應只說時代潮流，把每人自己的個性完全抹殺。有些父母見兒女看文學或哲學書，却擔心說：「將來你如何生活呀！」如見兒女讀科學書，便開心說：「你好好努力，將來還可以出國留洋」。這是我們的時代潮流。

我們該換一觀念，換一心胸，換一情調，更注意到自己傳統大文化中的大生命。我們也不要認為復興中國文化乃是來與西洋文化做敵對。近代的西洋人，想把西方文化來統治全世界，但他們是錯了。世界還未受他們統治，而他們自己却已四分五裂。美國無法對付法國，甚至英國。蘇俄也無法對付南斯拉夫、羅馬尼亞、乃至今天的捷克斯拉夫。諸位只認為那些只是一個政治問題，經濟問題，或是外交問題嗎？應知這是一個時代問題，是一個時代中之文化問題。在今天，非洲已獨立了許多國家，亞洲也獨立了許多國家，難道中國在此世界中便會沒有他獨立的地位。所怕是沒有了可以獨立的文化，和可以獨立的個人。在此所謂個人，乃指各個人之天賦個性言，不指各個人之身體，屬於自然物質方面者而言。我們為何要一意學外國？我們有我們自己的文化與生活，我們每個人都該了解自己文化，並了解自己個性。都該參加進這復興文化的行列，在這行列中，當一小兵也好。

我們當知，我們每一個人的生命，就可以代表著全體的大生命，而增添其意義與價值。主要則在發展個性上，並應在文化大生命中來發展我們各自的個性。

今天所講的，主要是講今天的生活由昨天的文化而來。明天的文化，從今天的生活而起。「個人目標」，「物質條件」，「時代潮流」這三項，我認為要得而要不得。這也許是我個人意見。我們生在這時代，應順應此時代，生活應有相當的物質條件。生活是個人的，這些都不錯。但不能把這三個範圍儘放大，而應在另一大範圍中來調整這些觀點。在大的文化生命中來調整各人的生活理想，使我們即從各人生活中來生出明天的文化。

七　中國人之宇宙信仰及其人生修養

中國文化建基於人生修養，而其人生修養則根源於其對於人類所生存的此一宇宙以及此宇宙與人生間之關係之一番認識與信仰。

中國人對於宇宙與人生之認識與信仰，既不成為一宗教，亦非全本之科學，更非如西方哲學上之唯心論與唯物論，成為一番純思辨之推理。在中國，則只是一套常識，歷古相傳，彼此共認，在枝節上縱非無異同，但大體則終歸一致。我此下所講，將不多引典籍作為一種學術上之討論，而只是簡略地概括地作為一個共通的說明。

中國人看事情，每喜看作一個圓，不喜看成一條線。我們看此宇宙，亦可分成幾個圈。然此亦只是勉強所分，實際則宇宙只是一整體。

首先我們來看此宇宙之最外一圈，或說是最高一圈，中國人乃謂此宇宙是從最外一圈逐漸縮向裏，亦可說此宇宙乃從最高一圈逐漸落向下。中國人稱此一圈為天，在宗教上說即是上帝，在科學上說則是一大自然。惟在西方，科學與宗教相衝突。但中國人說天，則同時兼涵有主宰與自然之兩義。在中國人的觀念中，似乎宗教科學不致發生有衝突。亦可如宗教家言稱天為上帝，亦可如科學家言稱天為自然。因此在中國，雖經近代科學種種發現，而中國人向來對天之一觀念，則仍可存在，不需大改動。

中國人說天，又可分為兩部分。一部分是可知的，另一部分是不可知的。宋代理學大師朱子說，天即理也。理是自然中之主宰。天即理說雖屬新義，卻與中國古人說法無大違悖。因理有可知有不可知。主宰此世界宇宙者莫非是理，而理則必歸於一。我們雖可知此宇宙間之許多理，但我們若問此世界此宇宙由何來，此一切理中之最高或最先一理究是如何，此即近代科學也難解答。即使再歷數千百年之後，科學日益發明，此一問題將仍難解答。在科學後面，將會永遠有一不可知。縱使科學無限止的發展，此一不可知仍會跟隨在後。惟我們儘可知在整個天體與整個宇宙之上或裏，必然有一最高真理在領導，在主宰。西方近代科學家們，曾有一時期，認為只憑人類科學發明，可以經由人類科學來領導主宰此宇宙。但此一觀點，終於隨著科學之逐漸進步而漸歸於消散。主宰此宇宙者，還是在此宇宙大自然中有其為人類所不可知之真理之存在。因此在西方科學宗教，儘相衝突，卻依然並存兩行，不能全由科學來代替了宗教。

在中國，此宇宙大自然中一項最高不可知之真理即是天，由天來領導主宰此宇宙大自然，中國人又稱之曰天命。宋儒言天即理，此一理體，宋儒又稱之曰太極。萬物共一理，因說萬物共是一太極。物各有理，因說物物各是一太極。依照天即理之說，亦可謂萬物共一天，物物又各自有一天。此一太極，因其無體可尋，故又曰無極。無極而太極者，謂其似有而實無，似無而實有。故中國人說天，並不要說成具體一上帝，而只認天是一最高真理。此一最高真理，是上帝，或不是上帝，此亦不可知。因此，中國人觀念中之天，實可彌縫現代宗教與科學兩者間之衝突，而使之和會為一體。

中國人之天，細分可作兩圈。其較高或較外一圈，即指不可知之天而言。又一圈較落實，較縮小者，指天體天象，如日月星辰，陰陽寒暑，風雨晦明等。天理天命乃是形而上者，天體天象則是形而下者。形上難知，形下易知。在中國則同認為是天。在中國古人，或許對此形下之天之知識有錯誤，有不盡，但經科學知識不斷進步，在此方面知識之缺乏與錯誤，可以隨時補充，隨時修正，而無傷於大義。

由此最高或最外的天之一圈更落實，或更縮小，則為地。地則更屬形而下。中國古人說，氣之輕清者，上而為天，氣之重濁者，下而為地。此一說法，只說天地雖有分別，而實為一體，亦可不分別。故中國人常天地連舉。若就第一圈之天言，則不僅天有不可知，地亦有不可知。若就第二圈之天言，則天地同為可知。可知與不可知，又可合而為一。世界各大宗教每言天不言地，地不能與天並列。但在中國人觀念中，常把天地並重合看，天中即有地，地中即有天。此乃中國人之宇宙觀所以能擺脫宗教束縛而向下與科學通聲氣之重要關鍵所在。

從高高在上的天地大圈更落實，更縮小，則又有物的一圈。此一圈，又可分別為兩圈。外一圈是無生物，裏一圈是有生物。中國古人常言天地萬物。當然天地亦可是萬物中之一物，但中國人觀念，認為有了天地，乃有萬物，萬物只在天地之內，而更落實更縮小言之。嚴格說，萬物中，有些則並不是一物。如言土地，言山河，皆是。因此，中國人又在萬物中分別指出有五行。行是流動變化義，非固定而可加以分割者。金木水火土，是謂五行。此乃指出在萬物中有五種不同方式之流行變化。一是向內收縮的，這是金。一是向外放散的，這是木。一向下，是水。一向上，是火。一是平鋪無所向的，是土。萬物一切變動流轉，不外此向內向外向上向下平鋪無所向之五方式，故中國人稱之曰五行。印度佛教講地水風火、四大，此乃就人身中所有分別言。中國人言陰陽五行，主要乃是把陰陽歸入天地界，而把金木水火土五行歸入萬物界。在五行中，木是有生物，但中國人觀念，有生無生，雖可分，亦可不嚴格分。而木之列入為五行，主要乃指其在萬物之變動轉化中之占有某一特有形式言。

由於無生物之一圈再轉進，再收縮，則當為有生物之一圈。物而寄寓有生命，應該與無生命之物有了絕大相異。但中國人之宇宙觀，固亦看重其分別相異處，同時亦同樣看重其合一會通處。故言天地萬物，乃見萬物仍包涵在天地圈之內而一氣相通。在萬物身上，則各有其天地之一分。又說二氣五行，乃見在萬物之變動轉化中，仍只是二氣五行在化。在陰陽中見有五行，在五行上亦見有陰陽。陰陽五行皆不指生命，生命一圈則仍包涵在天地萬物之大圈之內，有分別，而仍相通。

中國人於天地觀念中，重要在觀其化，又進而觀其生。故又曰：天地之大德曰生。在萬物中有生命，也只是天地之一化。而生命本身則是天地大德所表見。

由物的一圈轉落到生命的一圈，再由生命的一圈轉落到人的一圈。中國古人說，人為萬物之靈，此語有兩涵義。一說人亦是萬物中一物，第二義則說人有一種靈，或說心靈，或說性靈。但不是說萬物無靈，惟人有靈。實是說萬物各有靈，而人則為萬物中之最靈。此萬物之靈何自來，則來自天地之神靈。而人之靈，則為萬物中最能表達出此種神靈之存在者。天地本質，即可說是一種神或靈，萬物各賦得此神與靈之一部分。而人則最能表達此神與靈。於此見人即是天。天人合一，即合一在此靈。而益見宇宙之所以為神而不可測。

人之靈，最易見處在其心。故人在宇宙圈內，一面當屬於萬物圈內之生命圈，又一面則在生命圈內自成一心靈圈。人有心，其他生物亦有心。至少高級動物，顯見其有心。因此從生命界又滲透入心靈界，或可說由生命界轉化出心靈界。至少此一轉化，在一些高級動物身上已開始。惟演變到人心最靈，乃始到達其頂點。天地變化，卻不再有更靈於人心之一物之出現。

現在問，在此宇宙間，如何由物世界中展演出生命，如何又由生命世界中展演出心靈。近代科學對此問題，也尚未能十分完滿地解答。在西方哲學家中有主張生命意志說的，謂一切生命，皆有其求生保生延生的一番意志。如草木植物由其根柢而萌芽，而枝葉，而花果，由此一生命之成長過程中，即看出有一項生命意志之存在。所說意志，亦可說其是一心。

但此乃哲學家言。科學家不願侵入形而上界，則只認心亦是一自然現象。但自然有了此一心，卻回頭來變動創造出許多非自然來。如鳥在樹上做窠，原先沒有，三五天後搭成，此乃由生命界來改造了自然界，或說由心靈界來改造了自然界。自有了為萬物之靈的人之心，而天地自然乃大經改造，其實已遠非原先之自然。

如我們遨遊山海，縱觀郊原，我們只說是欣賞自然，實則到處已是人文化成，一切皆是由人類文化來改造過了的自然，並不是洪荒原始的自然。我們此刻走遍全世界，已很難覓到幾處未經人類心靈改造過的洪荒原始時代的自然。今日之所謂自然，大致都經過了人造，亦可說心造，都已顯然接受了人心要求而如此。

於是在自然世界中，又產生了一種別經創造的新世界。如梁上之燕子窠，簷下之蜘蛛網，莫非由生命界背後一番生活意志來創造。至於有了人世界，那就更如此。如一棵樹上生了蛀蟲，在蛀這棵樹。天地自然產生生命，生命便一如蛀蟲，回頭來蛀此自然。人類則是天地自然界中一大蛀蟲。於是在如上所說之天地萬物之外，又平添了更多的人造物。人造物之背後，即見有一顆人的心。人為何要造此物，人又如何能造此物，皆人心作用。

如一所建築，並非自然有此建築，乃是人心憑藉自然，利用自然，而始得有此一所建築。只在此一建築上，便可看出人類的多項心智與心欲。而且此一建築，實乃由長時期演變而來。在此建築上，不僅可以看到當時從事此建築者之心，並可看到經年歷歲，越過長時期，古人從事建築之心亦在此建築上積存而表現。此所謂慘澹經營。經之營之，煞費心血，而達於慘澹之程度。人類在此一建築上所見的心靈之曲折進展，已是不易細說。

一物如此，物物皆然。但再從另一方面說，生命與心靈之在自然界，一面固是在建造，另一面卻是在破壞。試想我們完成一人造境界，要破壞幾多自然境界。因此也可說，人類文化日進步，而自然環境日破壞。此乃一事之兩面。但人終是從自然中產出，也仍得在自然中生存，若過分破壞了此自然，正如蛀蟲蝕樹，那樹的生命完了，蛀蟲的生命也將失其依附。中國老莊思想，要人歸真守璞，還返自然，而不贊成人類文化之無限向前，這也有他們的看法。

但我們若轉換一看法，人心也自天地自然中來，心與物交，憑人心之靈來改造自然物，以備人生之用，此亦是自然。亦可說是一種天理，或說是一種天命，其事皆由天。由人之心靈來改造萬物之背後，還是有天地自然在主宰，在領導。近代科學家，因於有了科學發明，而過分自喜自傲，認為人類可以憑藉科學來宰制天地，改造自然，則不免有些處太近於過分與偏激。但如中國老莊思想，則過分消極，過分悲觀，亦反而不自然。

上面講的，也可說是心靈界中之第一圈，乃屬心與物交之一圈。更進一層，又可劃出心與心交之一圈。上面說過，其他生物亦有心。至於人各有心，則更不煩再說。心不能封閉在內，必然要向外通流。若果封閉在內，不使向外通流，則會失去此心，更不見有心之存在。今專就人言，心與物交必要靠雙手。人和其他動物之不同，主要在人有雙手。其他動物，有時用四條腿，有時用一張嘴，有時用一條尾巴。至於植物，並此而無。人則能站起身來，運用雙手十指。因此人之遇物，心靈運用更為靈活。也可說人心之靈，因其有雙手，而始更為易進步。

至於心與心交，主要則在語言。鳥獸只憑呼叫聲來表達其喜怒哀樂種種內心情感，所能表達者有限，而其相互間之感染亦有限。因此其內心情感極粗略，難進步。智識方面，只憑呼叫，更嫌不夠。如老雞叫小雞喫米，或叫小雞躲避老鷹，只憑呼叫，不能明白告訴小雞此地有米，或天上鷹來。因此心心相通之可能亦有限。感情智識兩不能進，只得停留在最初階段上。人類則憑有語言而感情日益純摯，知識日益精明，心與心之交流相通，日益暢遂。

馬克斯只知人類有雙手為其生產工具，因此他只知心與物交之重要，却不知心與心交之更重要。於是遂有他的唯物史觀與階級鬪爭論。他只認得人類能創造出一個物世界，却不知道人類之更能創造出一個心世界。只知有關人生的物世界之存在，却不知更有有關於人生的心世界之存在。我上面說人生修養，必根源於其對此宇宙之認識。馬克斯以唯物與鬪爭為人生修養之終極目標，正是一最好例證。

一草木植物之生長，固然有賴於其內在之一分生命力，但亦需外在的土壤水分陽光等種種條件相配合。心亦有其生長，亦可謂心亦有其生命。心生命乃是物生命以外之另一種生命。其最先來源，亦不得不謂其本於天。心生命之生長，亦賴外在條件之配合。人類之有手與口，乃是人類心生命生長之主要的外在條件。如言建築，由穴居巢直到今天之摩天大廈，一般說來，此是一種物質變動。此乃人類所創造的一種新的物質世界。就實言之，此亦是一種心的生長。人類的心生命，乃寄存於外面之物質世界而獲得其進展。故在此宇宙界，凡屬人類所創造的新的物質世界中，則莫不有人類心的生命之存在。

人類自有語言，繼之而有文字，於是心與心之相通，乃更獲急速的進展。在此宇宙中，既由心與物交而創造了一個新的物世界。又因心與心交而創造了一個新的心世界。此一心世界，乃不僅是寄附於各自身體內之每一人之心，而變成為超越於身體外的心與心相通之心。此心可稱為大心，乃是人類自有文化以後所發展而成之新心。亦可稱為歷史心與文化心。今所說人心者，應指此一心言。至於寄附在各自身體內之心，則僅同於禽獸心，或生物心。亦可說生物心禽獸心乃是先天的自然心。而此共通之廣大心，則是後天生長的人類文化之新心。此一個心世界，亦可稱為精神界。我們不當說此宇宙只是物質的，更無精神存在。而此一精神界，則還是從宇宙自然界之一切物質中展演而來。故此人類文化大心，我們亦可說為乃心與天交，心通於天之心。此由人類所創造出的精神界，即心世界，實則依然仍在宇宙自然界物質界中，相互融為一體，而不能跳出此自然宇宙而獨立存在。至於如上面所說，在此整個宇宙之最高最外一圈所謂不可知之天，中國人既不認其是一物，亦不認其是一心，而只認其是一理。只因此理無可說，故謂此理不可知。因其不可知，故中國古人又稱其為神。神之中猶有可知則為理。

今再綜述上說，人類所生存之此一宇宙，乃是外圍一大圈，亦可稱此宇宙圈為天地圈。在此圈內，包有一小圈，是為萬物圈。萬物圈內又有一小圈，為生命圈。生命圈內又有一小圈，為心靈圈。心靈圈內更有一小圈，則為人心圈。此一人心圈應屬最小，而有莫大妙用。可憑各自的己心通他心，又可以通物，通天。此一小圈，可以回歸到最高最外一大圈而同其廣大，同其精徹，同其神妙。故人類文化之終極理想，中國古人則稱之曰天人合一。亦可說為是人類文化與自然之合一。

亦可換一說法，由天地圈降而為萬物圈，又降而為生命圈，再降而為心圈。所謂降，是落實義，亦寓遞次演變義。愈演變，愈落實，卻能逐步翻身，轉向上去，愈接近原始自然中之神通內蘊。所以中國古人說，先天而天不違，後天而奉天時。萬物皆後天而奉天。至於心靈階段，乃能到達了先天而天不違之階段。到那時，人類生命所存在之世界，實已無異於天堂。中國人則稱之曰大同或太平。此乃人類文化之大理想所屬，大功能所在。那時的人生，不僅要道德，不僅要科學，不僅要藝術，還要三位一體。人類文化，憑於此道德科學藝術之三位一體而不斷前進，而還歸自然而上合於天。

中國古人，有一寓言故事。一道士擔一竹籠，籠中兩鵝，恰恰地放得正好。嗣又放進兩鵝，還是正好。於是連續放進，一百鵝，兩百鵝，仍然正好。籠不加大，鵝不加擠，儘放還是依然。此籠正如人心，可以無限充實。如去圖書館看書，窮年累月，博極萬卷，他人心裏的，儘裝入己心，還是儘寬舒。即如科學研尋，上窮碧落，下徹黃泉，天地之高厚，萬物之浩博，可以在一心中裝進，恰如那道士之竹籠。而且上下古今，億萬人心裏所有，可以全裝進己心。己心所有，也可轉裝進別人心裏。而且可隨時裝進，引起整個心之隨時變動。恰如一小石投落池塘，池塘中水，激漾成圈，圈子愈擴愈大，全池塘水滴地位，一一無不變動。而還是那一池塘之水。這又遠非那道士竹籠寓言，可相比擬。

再說心交物，可以把心裝進到物內。如人唱戲，把來錄音，灌成唱片，再放同如再唱。把我心寫進文字，思想也好，情感也好，別人讀此文字，正如我心復活。一走進圖書館，古今中外，億兆心態，全都收藏在內，由人閱覽欣賞。正如千萬個廣播電視機放出無限聲音色相，蕩漾太空中，只要有一架機器收接，長波，短波，隨意收看收聽。則在此宇宙之內，別有一個心世界之存在，夫後何疑。

即如我在此講演，講演完畢，大家散了，人各一方。但講演內容，或可在各人心裏掀起微波，不僅三天五天，甚至三年五年，乃至數十年，在某幾個人心上保留變化，此非絕不可有之事。再把我此番講演寫為文字，保存愈久，讀的人比聽的多，影響愈廣大，愈精微，抑且會愈新鮮，愈活潑，此亦事所可有。

上面又說過，宇宙自然界應有一主宰。此項主宰，從各別處到會通處，從廣大處從精微處，由萬到一，最後則應有一最高主宰，亦即是一最高真理。無此一項最高真理，宇宙何由成立，何由存在，何由變化。若使儘此般日新月異，變動不居，而無一最高真理在背後作主，那將是一件不可想像之事。心世界由大宇宙展演而來，心世界亦該有一真理主宰。心之主宰，中國古人稱之曰性。中國古人極重此性字，認為不僅生物有性，無生物亦有性。如火必炎上，水必潤下，附子必熱，大黃必瀉，此乃物性。進而至於有生物，好生求生，此乃生命界共同之性。萬物原於天地，萬物之間有一大共通，因此物性亦有一大共通。此一大共通即是天，故曰天命之謂性。宋儒則稱之曰天即理。亦說性即理。可見理即是天與性。此如上述西方哲學家之所謂生命意志，而實又有不同。淺顯言之，生命意志僅屬生命界而天與性則徧屬自然界。其他深細處，此暫不論。

因有性而展演出心。生命是一大共通，生命界之性與心，亦有一大共通。人類生命又是此生命大共通圈中一小共通。人性乃由天賦，故曰天性。人心最靈，最能表現出此性，即是最能表現出此天。故曰人性善。因整個宇宙只是一善。天有好生之德，此即宇宙之善之表現。人性之善，則即此宇宙之善之一表現。如此則由性展演而來之心亦必是一善。人心之善，中國人稱之曰仁。宋代理學家說：仁者能以天地萬物為一體。故能對天地間萬物一視同仁，亦如天地之於萬物然。

老莊持相反觀點。老子曰天地不仁，以萬物為芻狗。莊子說：惟蟲能蟲，惟蟲能天。只有一條蟲，此生命中之最微小最低級者，蟲心之功能不彰著，故能保留天之所賦，而從蟲身上顯示出天。人類則有文化展演，仁義，禮樂，道德，修養，離天日遠。惟上古時代，文化之展演尚淺，故能較接近自然，較不違背宇宙之大真理。

儒家則謂人類文化雖似違離自然而展出，但實質上則是由人文逆轉而還歸於天，始是人類文化自然展出之最高點。而使文化與自然合一，人道與天道合一，則須賴有人之修養。故孟子曰：

盡心可以知性、盡性可以知天。中庸又曰：盡己之性可以盡人之性，盡人之性可以盡物之性，而後可以參天地，贊天地之化育。天地化育，此乃自然大德，人心則可以逆轉，而直上達天德。故中國古人又以天地人為三才。此才字，即指能創造世界，完成宇宙之才。天地在那裏不斷工作，不斷化育，而人亦能之。上述人類以心交物而創造出物世界，以心交心而創造出心世界。此所創造之物世界心世界，則與天地自然同一存在，相互融通。此乃是人法天而有之工作。故曰天行健，君子以自強不息。那裏如莊子所說唯蟲能蟲，唯蟲能天呀！

現在再綜述上面分析，宇宙間最高最外一圈是天，天是一主宰，是一個不可知之真理。乃屬形而上。第二圈是天文學上所研究之天，日月星辰，春夏秋冬，此是一個可知之天，已屬形而下。更下一圈是地上萬物。從第二圈起，亦可合說天地萬物，皆屬形而下。萬物之內一小圈是生命。生命之內又一小圈是心。其中有一個直貫諸圈一融通切的則是性。宋儒說性即理，又說天即理。直從最高第一圈之天，降落到物與人之圈內者，主要便是此性。此性皆從第一圈之天來，故天即在萬物中，而萬物身上亦皆各有天。但其最後最內一圈之心，其最成熟而最富代表性者是人心。人心卻可彌綸宇宙，融徹萬物，以最精微者上通最廣大，以最具體者上通最抽象，以最後最內一圈而上通最先最外一圈。換言之，心之一圈已形成為精神界，而形成了此宇宙全體之另一面。此已是一現實，而同時又是一理想。要待人心之繼續向此方面而展演。

此一展演，卻寓有人生最高無窮妙義。西方古代希臘人把此宇宙分成真善美三面。此下分展出科學宗教藝術三條大路。中國老莊道家最重視真，但他們只發展了一套自然哲學，並不能發展成一套自然科學。孔孟儒家最重視善，從善字上發展出中國傳統文化中最具重要性之道德精神。而藝術一項，則儒道兩家皆有發展，皆有成績。凡屬中國藝術，皆同時具有自然性與道德性，再不能為儒道兩家作分別。

中國儒家思想，更要是真善美三者之融凝合一。凡屬善，則同時必兼真與美。三字經上說，人之初，性本善。單標一善字來說性，此是中國文化最要精義所在。但性與心之間，尚有一項微妙分辨，應在此處作一交代。心固由性展演而來，但性只屬天，而心則屬人。由性展演，乃是自然天道。由心展演，乃有文化人道。即論科學藝術亦如此。單由自然，展演不出飛機與太空船。必待人類以心交物，乃有飛機太空船之出現。藝術與科學同是模倣自然，因依自然。但必由人類之以心交物，乃始有藝術與科學出現。自有藝術，而天地自然始增添了新節奏，開出了新生面。天地自然，乃有一種新風格與新境界。至於人類之以心交心，創出一套真善美合一調和之理想人類文化，而天地變色，宇宙翻新，此事更值重視。

中庸上說，天命之謂性，此是天地圈內事。又說率性之謂道，此屬萬物圈內事。不論有生無生，萬物應無不能率性。中庸說鳶飛魚躍，莊子說惟蟲能天，皆是率性，皆是道。但此只是自然天道。至於人心功能，主要在能修道而立教。試問若非人心功能，又何來有修道之設教一句。故惟此句，乃始落入了心靈圈，而心靈圈之只在天地萬物圈中，其義亦可見。

天地自然之道必表現在萬物上。而人類心靈之大功能，則必表現在每一人之個別心之上。說到這裏，又有一絕大問題待解答。即人類各自具有的一個小我個別之心，何以能表現出宇宙大整體之真善美來，而又能表現此真善美為渾然之一體，此層還待闡發。

主要則在根據上述信念，宇宙生機，天地大德，永永無極之化育工作，其最後果實則為人。其最後核仁則為人之心。故惟人心乃可以反映天心，而且承續天心，以開創新生機，展出新宇宙。今試舉一例為說。老子曰：我有三寶，曰慈、曰儉，曰不敢為天下先。此乃老子就其尊重於自然立場者而言。天賦萬物以性，其生命中之較高級者則又莫不賦之以一種自然之慈。不僅如詩人之詠慈烏，即虎豹豺狼，亦莫不有慈。苟非有慈，則幼何以育。但天道任於自然，一往向前，此乃一種順行之勢。生在先則慈其後，後生者亦依樣慈其後，如是以生生而不絕。此仍只是自然天道。中國古聖人又提倡孝道，教人感恩報德，回過頭來，逆其勢而行，使後生者來孝其先。莊子說，至仁不及孝。天地之生生化育，固是一種大仁大德，但何需要萬物之受化育者回頭來孝天地。天地則只務化育而止，亦無所用心於其間。故老子稱之曰不仁，而莊子則稱之曰至仁，其實皆指天地之無心求報。但儒家始建立起人道，與天道相往復。天道慈而人道孝。此一倒轉，相反相成。

故天地之仁轉成為偏面的。而人道之仁乃始是全面的。其主要關鍵，在人道中有孝。然非有天地之仁，則人道之孝，又無由興起。故人道必本原於天，而又回歸於天，而又在天地自然中創造出一番新花樣，此所以贊天地之化育者，乃莫妙於人類之有孝。孝經一書，把孝父母推廣到孝國家民族，孝人羣又進而孝天地。旋乾轉坤，其關捩則在每一人之心上建立。後來張橫渠西銘，始暢中此義，而較之孝經，則更為超越而精湛。

天道不言孝，人道始言孝，此始是先天而天勿違，至於慈，則只是後天而奉天時。故孝實是敢為天下先。自人道中有孝，乃始與天地並立成三，此則又非老子之所謂儉。儉只約己自守，奉行天道而止。孝則始自立人道，參天地而極廣大。所以荀子批評老莊，說老子知有後而不知先，莊子則知有天而不知人。

但我們試反心自問，孝是否違了天道，逆了人心？此又不然。孝也還是人性所有。此只是盡心後始知性。此等皆是中國儒家立義湛深處。必從此等處悟入，乃始瞭解得宇宙，把握得修養之要道。故張橫渠又說：為天地立心，為生民立命，為往聖繼絕學，為後世開太平。此乃儒家傳統抱負，亦是儒家所講人生修養之最高終極理想所在。

陸象山亦說：人同此心，心同此理。此心此理，萬世一揆。又說：宇宙內事，乃己分內事。己分內事，乃宇宙內事。如是則只要心把握得理，一人之心即人人之共通心。人人之共通心，一面由宇宙生機，天地大德。一面是人生文化，人倫大道。由此兩者間合一演化而來。而每一人之個別心，則位於其交點，而成為樞紐。中國古代聖賢孔孟先訓，下至宋明理學家言，有關人生修養心性道德方面的，驟看來，似乎是千頭萬緒，人各一說。但提綱挈領，其最高宗極，則在上通天德。其最要方法，則在反求己心。本此兩端，而求到達真能融和合一之境，則大宗綱所在。各家所說，滙歸互通，理無二致。

故專言修養工夫，實不在天而在人，不在性而在心。天與性上無工夫可用，工夫只能在心上用。在人類共通心上亦無工夫可用，主要則須先在個別的己心上用。人能以心交物，而有科學與藝術。人能以心交心，而有道德與文化。一理想之宇宙，必包括真善美三項。一理想之人生，亦必包括此真善美三項。而此三項，則又必於善之一項上綜滙。無論科學真理與藝術美感，必歸宿到善字上，而後始有其意義與價值，而後始可有其永久之存在與無窮之發展。否則真者終於是不真，美者終於是不美。只要脫離了一善字，則終非可大而可久。而且只有善之一字，每一人之個別心可以反求即得。我們縱自謙退，說不敢希聖希賢，但終不能謙退到說我自己不夠條件不配作一個善人。科學家藝術家，皆非可期望於人人，勢不能使人人都成為一科學家與藝術家，因此，此兩者，也不能懸以為盡人所當嚮往之共通大目標。而其在人生文化中之意義價值，亦終成為次一級而非最高級之目標，所能為人人之必可到達者。所以大學上說，止於至善。無論宇宙人生，皆必以至善為止境。在至善之內，儘可包括至真至美，而真與美之分途發展，有時則會背離了善，而其自身亦將失其存在而消失。

再言世界各大宗教，自今視之，似是疆界各別，壁壘森嚴，難於協調。但從各大宗教之教義言，則任何一宗教，無不勸人為善，無不當奉止至善為其最大綱領。近代人或想把科學來征服自然，或想把藝術來代替宗教，此等皆屬不可能之事。違逆了天，亦將不能有人。只有中國古人提出止至善一語，實可奉為世界人類之一項共同教義。世界現有各大宗教，於此都難自外。故惟有奉此止至善三字為人類最高標的，現有各宗教庶可得其會通，而不相衝突。但在中國傳統文化中卻自己不產生宗教。此因中國人之宇宙信仰已落實到認人心為宇宙之核心，認己心為人類大共心之起點。只此心一念之善，便可感天地而動鬼神。其著力處在己不在外。此一層，便與人類現有各宗教之必倚仗外力蔑視小我者不同。因此只有中國人能把人類自己之道德心性修養來代替了宗教，直從己心可以上通天德，與宇宙為一體。故在中國文化中，宜可不必再有像其他宗教之產生。

以上所說，是會通著古代聖賢孔孟先訓，下及宋明理學家言，並旁及百家羣籍，擷其精華，取歸簡要，並用現代知識現代語言加以述說。而亦不免有些處加進了我個人之自己意見在內。在我自信，中國人之宇宙信仰，大體是如此，而中國人之人文道德修養，則必根據此項宇宙信仰，而後始可窺見其根源之所在，旨趣之所極。至於進一層來詳細探討涉及人生修養方法上之種種具體問題，則非此文所欲及。只要我們能先立志向，務要使自己確然成為一善人，則此一事只在反求己心，無待他求。縱使一字不識，反己求之，亦有餘師，更不煩定要從博雜深奧處來立論求證。我們只要使自己能各自先成一善人，循至於善人道長，惡人道消，社會自可成一善的社會，世界亦可成一善的世界，宇宙亦將自見其為一善的宇宙。道在邇，不必求之遠。千里之行，起於腳下。真是人人易知，人人能行。若捨此一步，則將永無前程可言。中國傳統文化之偉大，及其主要精義所在，亦當從此一端去認取。讀者幸勿忽視我此所言，認為乃一種陳腐之說，則中國文化復興，與世界人道光昌，端可由此發腳也。

八　中國傳統思想中幾項共通的特點

民國四十九年

中國傳統思想，以儒家為主幹。然先秦時儒道抗衡，即中庸易傳，已是融會儒道兩家思想而成書。此下中國思想界，儒道兩家可謂平分秋色。佛教來中國，儒道思想不斷滲入，及隋唐天臺華嚴禪三宗興起，正式成立中國的佛學。宋明理學家則又是融會先秦儒道兩家及隋唐中國佛學思想而成立。此講所謂中國傳統思想，大要根據上述諸流派而言。

此諸學派，對象各別，內容相異。所謂共通點，乃指各學派之思想方法及求智態度言。所謂特點，則指對印歐西方思想界而言。此等共通特點，乃屬中國人心情與智慧之自然流露，亦可謂是中國傳統文化之主要淵泉，及核心所在。

此下當分七項分說：

一、知識論，知識論在西方哲學中甚為重要，但亦到康德時始正式成立。在中國，並無所謂知識論，但中國傳統思想對此問題實有一共同的態度。孔子云：知之為知之，不知為不知，是知也。人類知識有一限度，人能知有不知，並能知那些屬於不知，此實為一種極重大的知識。正猶行路人知道此路不通，便可不再往前，多走冤枉路。

孔子自稱五十而知天命，天命有所不可知，知天命即是知有不可知。孟子說：盡心知性，盡性知天，自己的心可知，人類的性亦屬可知，但天終是不可知。孟子又說：莫之為而為者謂之天，此即認天為不可知。但能走盡可知的路，到盡頭處，前面始是不可知的境界，此即中國人所謂天人之際。故中國人態度，貴能盡其在我。

道家思想亦常保留此一不可知。莊子只在化上求知，老子只在象上求知，象是化之有軌迹可尋者。莊老亦似並不認天為可知。

中庸易傳亦同樣保留此一不可知。故中庸自愚夫愚婦與知與能講起，直到聖人亦有所不知不能處。易經講陰陽，識死生晝夜之道，亦是可知與不可知同時存在。

佛法來中國，其思想態度顯然不同。佛法並不重視天，佛法所求到達之終極境界稱涅槃。涅槃究竟是如何一種境界，在中國人想法中，似乎仍屬不可知。天臺宗講空假中之一心三觀，華嚴宗講理事無礙法界到事事無礙法界，則全屬可知了。禪宗不立文字，語言道斷，心行路絕，只從行中覓悟。天臺宗近似中庸，華嚴宗近似易傳，禪宗則近似孟子。此三宗之所以成其為中國佛學者，主要正為其能把佛學中不可知部份抽去了，而多講些在中國人智慧中所認為可知的部份。

宋明理學家雖直承先秦孔孟傳統，但有許多與孔孟之說不相同處。如朱子注論語云：天即理也。把一理字來替代了天字，正因天不可知而理則可知。宋儒又云：理一分殊，分殊之理易知，而理之終極到達於一的境界則仍屬不易知。朱子主張即物窮理，莫不因其已知之理而益窮之以求至乎其極，此一途程仍屬遙遠，因此程朱講性即理。而陸王定要講心即理，亦是要從更易知而更有把握處去講。

因此，中國在傳統思想下不易產生如西方哲學界所討論的起源論目的論等種種不易解決的問題。因此，中國傳統思想不易產生如西方般的宗教信仰，更不易接受如馬克思等等歷史命定的哲學。中國孔孟傳統的知天命，正是要人知道理雖可知而宇宙人生一切事變有不可知。

二、宇宙論，在中國傳統思想中亦無專一討究宇宙論之圓密著作。但中國人對宇宙，實有一共同信仰，即信仰此宇宙乃一整全體，所謂整全體者，乃指其渾然不可分割言。故宋儒喜言渾然一體，因其有同一主宰，即天。又有同一原則，即理。而所能觀察而承認此同一主宰與同一原則之存在者，又見人類心智之同一。故信宇宙必屬一整全體，即是並不由相異各不同之部份組織而成，而乃渾然成其為一體。故曰：萬物一太極，物物一太極。如是則一可以代表多，部份可以代表全體，人生可以代表宇宙，而個人可以代表全人類。而剎那間之一念，亦可代表過來今三世無窮之心念。故曰：人皆可以為堯舜，又曰：人人皆具佛性，又曰：當下即是。蓋中國人智慧，常主從易簡中見繁頤，從無限中覓具足，於實踐中證直理。

三、本體論，中國傳統思想，既信宇宙乃屬渾然一體，故不喜再作現象與本體之分別。中國人常認為天即在人之中，理即在事之中，道即在器之中，形而上即在形而下之中，即是本體即在現象中，因此亦不易發展出像西方哲學中形而上學這一部門之研究。

四、實踐論，中國人既認此宇宙乃渾然一體，同時又認其是變動不居。既屬變動不居，故宇宙真理乃即在變動中見，而人生真理則應在行為中見。故主學思並進，又主知行合一。中國人所稱道之聖賢及有道之士，及佛門中之高僧大德及祖師們，其主要精神，皆在其信修行證，在從其日常生活之實際經驗中來體悟真理。若如西方所謂哲學家，從純思辨中來探討真理者，在中國不易遇見。因此，在中國並未有純思辨的哲學著作，亦並未有在思想上求系統，求組織。中國思想乃多屬於實際生活內心體驗之一種如實報道，而且多一鱗片爪者。惟其一鱗片爪，故乃盡真盡實。其間惟天臺華嚴兩家，著書立說，比較還帶印度佛學規模。至如禪宗語錄，後人都謂其下開宋明理學家語錄體裁，實亦可謂其上承論孟記言傳統也。

五、體用觀念，體用二字，始用自魏伯陽與王弼。然此一觀念，在中國傳統思想中，實是直上直下，無往而不見其存在。體不可見而用可見。中國儒家言命，道家言化言象，易傳中庸亦言化言象，實則在命與化與象之中即可見宇宙之用。至大乘起信論言真如生滅兩門，亦主本體現象合一，亦是代表中國人觀點。然究與言體用有別。故宋明儒常言佛家有體無用。宋儒言體用一源，顯微無間。一源則無先後之辨，無間則無彼此之異。至明儒乃謂即流行即本體，又言即工夫即本體。如此則宇宙人生相通合一，即以人生大用來證宇宙本體，此條可與前四條合參。

六、理欲問題，中國人言全體大用，亦可謂宇宙即全體而道是其用。亦可謂人人所同然之性是全體而個人自我之內心即其用。心貴能自知，又貴能自主，此能自知自主之心即道心，即天理。若心陷溺於不自知不自主之境界中，則為人心，為人欲。禪宗亦言常惺惺，言主人公，即求此心之能自知自主，與宋儒主敬工夫無大差別。惟儒家言體用，終自與與佛門傳統不同。道心與天理是體，而修身齊家治國平天下始是用。必到達於修齊治平之境界，始可說是天人合一，始是全體無不盡，而大用無不達。此乃儒家思想終為中國傳統思想主幹之所在。此條可與前第三條合參。

七、理氣問題，就於上述，故程子雖言體用一源，顯微無間，而朱子論理氣，則終必言理先而氣後。因必如此主張，始見人由天來，事由理來，用由體來。此乃一終極信仰，仍與孔孟言天命之深旨相合。如此始可對宇宙對人生有信心、有樂觀。至言事事無礙，則仍是天命之一片流行。而一切行道修心工夫，乃不免由此而偏向於消極。即是只要減一點，不須要增一點。去其害心者而心體自呈露，去其害道者而道體自流行。中庸所謂由明誠與由誠明，兩者更無異致。故佛家言悟，而陽明言良知，此仍是一種天人合一，信仰與知識亦終極合一，而道家對人生之一種藝術情調，所以終為後來儒家所襲取而不廢也。而西方科學知識亦遂不能在中國傳統思想下自由發展。此條可與前第二條合參。

上述七條，仍是勉強分說，必會合而觀，庶可於中國傳統思想中之共同特點有心知其意，相視莫逆之樂爾。

九　中國思想之主流

民國四十二年

一

我們要討論某一家的思想，應該注意這一家和其他各家特異不同之所在，纔算把握到這一家思想之真精神。若要討論某一宗派或某一時代之思想，亦該首先注意這一宗派這一時代和其他宗派其他時代之特異不同點，纔算把握到這一宗派與這一時代思想之特徵。我們若再擴大來討論一個國家和一個民族的思想，也該循此路線，來指示出這一國家和這一民族思想特徵之所在，即其和別個國家別個民族之殊異不同處。

固然就大體言，任何國家民族，其思想之大體系，必然會和其他國家民族有其大致的類似。

但共同中不害有殊異。而我們既說是要研究這一國家與這一民族之思想，自必首先應該注意其與其他國家民族間之互別與獨異處。

人生脫離不了宇宙的大匡廓，人類思想固然常先針對著他們的人生實境為出發，但亦必然會推擴到宇宙界。因此人類思想共同的大體系，必然都會包括有宇宙論與人生論之兩部門。而且無論就時間，抑就空間言，人生界的範圍，較之宇宙界，遙為渺小而短暫。因此人類思想，在其曙光初啓時，也必然會看重宇宙界更勝於其看重人生界。

但宇宙界的一切，既非短促與狹小的人生界之智慧所能窺測其底細，尤其在人類智慧曙光初啓時，他們挾帶著畏懼與崇仰的心情來試對宇宙作解釋，於是遂形成了各式各樣的宗教。宗教是人類思想中對於宇宙論最先成熟的一體系，而直到現在，宗教思想之力量，還是在人類思想的大體系中占有至高無上而且根深蒂固的地位。

世界人類宗教的派別甚多，但大體言之，則天、上帝、神之三觀念，必然為每一宗教至要之本質與其最後最高之存在。人類從其對於天與上帝與神之存在與其本質之各別信仰中，產生他們各別的宇宙論與人生論。這是我們對於人類思想在其曙光初啓時所作的一種鳥瞰式的概略的敘述。

中國古代思想，也不能脫離這範疇。但到西周開國的周公時，中國思想似乎開始逐漸走上一新路嚮。讓我們略舉尚書中周公的幾番話來作證。在召誥篇裏說：

節性惟日其邁，王敬作所，不可不敬德。我不可不監于有夏，亦不可不監于有殷。我不敢知，曰：有夏服天命，惟有歷年。我不敢知，曰：不其延。惟不敬厥德，乃早墜厥命。我不敢知，曰：有殷受天命，惟有歷年。我不敢知，曰：不其延。惟不敬厥德，乃早墜厥命。今王嗣受厥命，我亦惟茲二國命。嗣若功。

在這裏，周公極明白而又極鄭重地提出了他天命不可知的意見來。這一意見，顯然是根據當時的歷史經驗而產生。早在夏殷兩代，中國政治上已有了長期的王朝傳統了。他們都信為他們王朝的尊嚴和福祚，都仰賴於天命。但為何夏以後又出了殷，殷以後又出了周，這不是「天命不於常」的明證嗎？天命不於常，便是天命之不可知。但周公並非根本不信有天命，他只確認天命不可知。惟其天命不於常與其不可知，所以他竭力勸成王要做祈天永命的工夫。

他又說：

肆惟王其疾敬德，王其德之用，祈天永命。

如何祈天永命呢？只有疾敬德。這也是周公就當時的歷史經驗言。夏代是不敬厥德而早墜厥命的。殷代也是不敬厥德而早墜厥命的。這都是極顯明的歷史事實呀！但我們若試問，是不是夏殷兩代的末王，能敬其德的話，天命還是要改朝易代呢？是不是天命還可延此夏殷兩朝的年歷呢？周公在這上，卻直率地說我不敢知。既是天命不敢知，還是根據歷史經驗，自己努力在敬德工夫上來祈天永命吧！

君奭篇也說：

天降喪于殷，殷既墜厥命，我有周既受，我不敢知，曰：厥基永孚于休。若天棐忱，我亦不敢知，曰：其終出于不祥。

周公又在這裏反復提出他天命不敢知的意見了。是不是無失德便可厥基永孚呢？是不是無論如何會終出於不祥呢？周公在此卻只說不敢知。因此他又說：

天命不易，天難諶，乃其墜命，弗克經歷。

惟其天命不可知，遂說到天命之難信。諶，信也。天命難信，則只有信賴人事了。所以他又說：

天不可信，我道惟寧率德。

周公這許多話，卻把中國人對於宗教信仰的大門堵塞了。但他另開了兩扇門，一扇向外的，便是已往歷史事實的教訓。一扇向內的，便是我們自己當身實踐的工夫。

二

直到春秋時代鄭子產也說：

天道遠，人道邇。

這不是和周公意見一樣嗎？惟其天道遠。所以不敢知，不可信。惟其人道邇，所以已往的歷史事實可供我們作教訓。而我們也只有憑藉這些教訓來做自己當身所該努力的工夫。

這一意見，直為孔孟儒家所傳襲。孔孟儒家並不曾否定了天與上帝與神，但亦並不曾肯定了天與上帝與神，他們還是遵沿著周公、子產傳統的意見。他們還只是注重在歷史教訓與自己當身的實踐。

在其他民族裏，似乎不曾徹底的考慮到天與上帝與神之究竟可知與不可知，可信與不可信。因此其他民族在古代，都有他們的先知，只是知道了天與上帝與神的意志和欲念。他們先知了，把天、上帝及神的意志和欲念揭示了，宣揚開來，獲得社會大羣之信仰，這便成為種種的宗教。宗教無疑是古代民族一種素樸的宇宙論。但中國思想，卻很早便認為天與上帝與神之不可知不可信。這在西方思想界，實到最近纔有他們哲學上的所謂知識論，來檢討人類本身所具之智識，及其智識所能到達之限度。但在中國，則知識論的發展似乎特別早。孔子曾說過：

知之為知之，不知為不知，是知也。

人類的知識，不僅應知自己所能知，還該知道自己所不能知。人類必須知它自己知識之所能知與所不能知，這纔算是知。天、上帝、神，孔子意見，則為人類知識所不能知。惟其不能知，所以既不直截否定它，也不輕率肯定它。天、上帝、神，都是一不可知，既是不可知，人類對此不可知的，便只該抱一種敬畏的心情。所以從尚書直到孔孟書裏，常說到畏天與敬天，但同時也有說知天的。其實知天，只是指的知天命，所以知天也即是知命。所謂知天與知命，則只是知其不可知而已。惟其不可知，所以我們對天的態度，只該畏與敬。

這可說是中國思想裏的知識論，也即是中國思想裏的宇宙論。同時也可說，這即是中國古代所獨有的一種宗教情緒與宗教哲學呀！若說中國古代絕沒有宗教，這語似不恰當。因中國古代思想，直從周公到孔孟，並不曾正式否定了天、上帝、和神之存在，而且都在教人對天對上帝對神，以誠摯的敬畏之心來奉侍。但這只可說是一種宗教的心情，而並無宗教之內容與實質。因此中國古人，早把天、上帝、和神放在不可知的一邊了，因此中國古人在這一邊，也從不曾有什麼具體的啓示和說明。所以說：六合之外，聖人存而不論，又何況是天地的創始？又何況是天與上帝與神之一切呢？中國古人，便全都付之存而不論之列了。

在尚書裏，常常還是天和上帝並說的，但到孔孟儒家，則似乎只說天，不喜歡再說到上帝，這是中國古人思想審慎之一例。因說天，是空洞的，渺茫的，不肯定。若說上帝，則似乎把天來人格化，具體了，切實了，像是肯定了。你縱不曾肯定了上帝的意志和欲念，造作和計劃，但你已肯定了有一個上帝。所以孔孟不喜說上帝。若只說天，則並無所肯定，仍只是一不可知。孔孟只肯定了人類知識有此一個不可知的大範圍。這一不可知之大範圍，在孔孟則全稱之曰天。

三

這一觀念，到道家莊子心裏便變了。莊子是中國古代一絕頂聰明人。他主張的知識論似乎仍與孔子差不多。所以他說：

知天之所為，知人之所為者至矣。

人之所為是可知的，這不用再論了。但天之所為呢？這便不易知。孟子說：

莫之為而為者謂之天。

顯然是有為了，如何又說莫之為？其實莫之為者，只是不知其為誰者是，依然是一不可知。但莊子卻想試知此不可知，於是他纔說天只是氣，只是一氣之化。化而生，又化而死，化為彼，又化為我。宇宙間一切萬事萬物死生彼我之萬殊，實際只是那一氣在化。那一氣之化即便是天了。

這一說，卻比孔孟跨進了一大步。莊子也並未否定天，但他已把天的觀念提出了一解釋。天是什麼呢？天只是氣。只是那氣在化。氣之如何化則不可知。此不可知者，在莊子也仍謂之天，謂之命。但莊子確已指出了一切只是氣之化。於是在他口裏，卻把古代思想中天的一觀念大大地變質了。換言之，他已認為他能知天是什麼了。莊子認為天，只是一氣之化而已。因此莊子雖對此氣之如何地化仍認為不可知，但他究已有知了。他已知得所謂天者便是此一氣之化了。這卻與孔孟發生了絕大的不同。

孔孟說的天，雖屬不可知，而還是該敬畏的。現在莊子說，所謂天者只是一氣之化。那一氣之化，卻引不起人心對它的敬與畏。所以孔孟雖並未肯定提出一種宗教信仰之內容與實質，而無害其為仍有一種宗教之心情。莊子則真成為一個無神論者了。在莊子的觀念裏，會消失了人類對宇宙不可知的一種敬畏心情。所以莊子對天雖仍保留了一部份的不可知，但卻已放棄了對天之敬與畏。

你既對天還感到有不可知，卻又不肯對它存一番敬畏心情，這將使你陷入於悲觀，走近到頹廢。

莊周之後有晚周三家，老聃、荀況、與韓非。此處所謂老聃，乃指晚周老子一書之作者言，不指傳說中為孔子師的老聃言。老聃比莊周更進了一步，他對氣化運行發現了幾條大原則，描出幾條大公式。他書中屢次肯定地說天之道如此或如彼，他不再承認天道之不可知。他似乎自信天意必然會如彼之所知。所以說老聃與莊周不同了。荀況雖像還守儒家榘矱，他對天還保留著一個不可知的大際限，其實他已和孔孟意態大不同，他主張制天命，他自信人類只要能運用其所知，便可以經緯天地材官萬物了。

如是，我們可以說：老聃荀況有他們的絕相近似處。他們都已不再對天有一分敬畏之心了。本來儒家孔孟那種敬天畏天的心情，乃由推擴人道中的敬畏來敬畏天。而所謂人道，則從歷史教訓中得來。但因由於對天之敬畏，回頭來，對人道中之敬畏，卻轉益深厚，轉益誠摯了。這是在人生實踐工夫上一種顯然易見的心情。現在你對天的敬畏已失卻，對人也將不會有敬畏。即使有，也不見深厚，不見誠摯了。所以老子說：

天地不仁，以萬物為芻狗；聖人不仁，以百姓為芻狗。

荀子則主張人性惡，一切有待於聖人的禮與法。這都足證明他們對人類本身之無敬畏。這一轉變到韓非，便完全主張以刑法來驅遣人，壓迫人。

所以晚周三家，不僅遠離了孔孟，抑且遠離了莊周。他們不認為天可知，便認為天可制，或是可以放置一旁不理會。然而人生在宇宙中，究竟太短暫，太渺小，若是人類不承認自己對宇宙之終有所不知，又不肯對此不可知者保留一番敬畏的心情，這一意態，影響到實際人生上，會使人驕縱，使人傲慢，使人狂妄，使人冷酷，使人只知得依仗自己智識能力來作種種權勢的功利的打算。結果便是中國古語所謂人欲橫流而天理滅。秦始皇帝正在其時憑他的武力統一了六國，而遂肆行其專制。他的意態，正近於晚周之三家，而不近於孔孟與莊周。

四

在先秦思想中，最尊天信天的，要算是墨翟。但墨子的思路，卻又和西周以來周公孔子的傳統意見大相背。他確認了一個人格化的天。墨子觀念中的天，實是一上帝。上帝的意志和欲念，墨子用他自己的一套邏輯推理，認為他全知道。墨子成為一個天與上帝之代言人。那麼墨子不像是很具備了宗教教主的資格嗎？但墨子心裏的天，建基在他個人的理智和思辨上，並不是建基在周孔以來大眾的情緒和想像上。因此墨學不能獲得大羣之共認，也終於不成為宗教。

晚周有鄒衍，又重振墨翟之墜緒。他和會了他以前各家各派的思想來再確定上帝之存在。他似乎也認為天和上帝之一切，全給他知道了。由於秦漢大統一時代之來臨，當時人要求有一種超出於人世權力之上的某種權力之存在，而鄒衍的陰陽學派終於得躋於極盛，幾乎有醞釀成為一種宗教的趨勢。但這一宗教運動所推奉的教主，又並不是鄒衍，而卻是孔子。這因一宗教教主的人格之活躍，也並不能訴之於個人之理智，而該訴之於羣眾之情緒。鄒衍只有一種宗教的想法，卻無一種宗教的心情。孔子則是一個極富宗教心情的人，孔子的人格，可以在羣眾中生影響，但孔子的理智又不許他自己成為一宗教教主，於是漢儒想推尊孔子來當這一新宗教的教主的運動，也終歸要失敗。

五德終始的理論，迫出漢新王朝之禪讓。但由於新代王莽政權之崩潰，陰陽家說終於隨著一蹶而不振。東漢古文經學代替了西漢今文經學而興起。但古文大師所用心的，又只在文字訓詁和歷史考據方面，這不夠領導一世之人心。在東漢初年已有了王充，三國西晉又出了王弼與何晏，循此推演，老莊道家遂取得了凌駕在孔孟之上的地位，而新興了一種虛無與自然的宇宙論。虛無論否定了宇宙之創始，自然論推翻了宇宙之主宰。他們說：宇宙何由始？無始即其始。主宰宇宙者係誰？宇宙既更沒有主宰，一切變化全是那變化自身在變化，此之謂自然。所謂自然，只說它是自己這樣的，不認有前因。無前因，即是更無另外一個力量在主宰，在引起。從前莊周老聃雖已早有此意嚮了，但痛快發揮這些意見的，是郭象之莊子注。郭象莊子注，可推為魏晉清談學派思想主要的代表。

由於這一種思想之盛行，而印度佛學遂獲在東土迅速地傳播。佛學雖說亦是一種宗教，但畢竟與世界其他宗教有不同。世界其他宗教的教主，必然自居為天和上帝之代言人，但釋迦卻不然。釋迦宣揚者是法，而此種法，則由釋迦內心所覺悟。佛書中也常有天和神，但天和神都還要來聽受信服釋迦所悟的法。至於這一個現實世界，由佛學來分析，則一切是空與幻。佛學的宇宙觀，比較和老莊相接近。因此佛學獲得了魏晉清談學派之接引而易於在中國思想界生根了。

南北朝隋唐，是中國佛學的全盛朝，但隋唐佛學已走上了中國化。若說世界一切空，知此空者應不空。若說世界一切幻，識此幻者應非幻。三界唯心，萬法唯識，轉出了天臺一心三觀的說法，又轉成禪宗即心即佛的說法，又轉成華嚴理事無礙乃至事事無礙的說法。於是世界儘空幻，卻不必定要超出了此空幻的世界始成佛。佛法儘可即在此空幻的世界中，涅槃儘可即在此人生的煩惱中。關鍵只在我之心。如是則原始佛教中所具有的宗教情緒又全部沖淡了。又會從空幻的世界裏獲得了現實人生之理想。

我們也可說，周公孔子的意見，實代表著中國一般的國民性，因此他們的說話，深入了人心。他們的一種力量是無可比擬的。但人生畢竟包裹在宇宙圈內，人不能對宇宙外圍儘抱著一種不可知的態度置之於不問。因此莊老道家的宇宙論，必然會繼孔孟而興起。但莊老的宇宙論跡近於唯物。他們認為天只是一氣之化，這不是一種唯物的宇宙論嗎？人類抱著一種唯物的宇宙論，對其外圍，便絕不存有絲毫的敬畏心。這一種心理，必然會影響到人生本身之內部。若人人自認為，那短促的一生盡過著一種唯物的生活，那麼他若不如莊周之頹廢，定會採取老聃之權術。否則便如荀況韓非般，只有讓人類內部一些優秀的，運使他們的智慧與勢力來從外面束縛人，壓迫人。然而這些都非人類內心所能受。若如墨翟鄒衍般說教，則他們實沒有比孔孟老莊更高明的說法。他們實已無獲人心信仰的可能。只有佛法，把這唯物的宇宙解析成空幻，似乎比莊老更深透進了一層。但佛法雖嚮往於出世，而沒有了上帝和天國，涅槃的想像，漸成為哲學的，這須極優秀的想像力，不如其他宗教之易歆動。於是佛法便漸漸離開了大眾。佛法在印度，本從婆羅門教轉變而來，所以它仍然轉歸到婆羅門教而消失了。在中國，因於唐代天臺、禪、華嚴三宗之崛起，也使佛法宗教精神轉化為人生的。

總之魏晉南北朝隋唐時代中國人所抱的宇宙觀，不是唯物的，便是空幻的。既不是不可知，也不是可敬畏。人心會依然無安頓，中國思想界仍待要在這難題中求解決，討出路。

五

現在須補述一段話。自從莊老唯物宇宙論的思想傳播後，秦漢之際的一部分新儒家，卻想運化道家觀點來重新創建一種不背儒家宗旨的宇宙論。但他們已不能再牢守周公孔子相傳的天道不可知論來拒絕道家新說了，他們又不願再回頭來主張宇宙實有一上帝在創造與主宰，也不願無條件接受莊老的唯物宇宙論，於是他們說：這宇宙本質固然只是氣化之運行，但在此氣化運行中，卻有一種內在的德性表現。他們在物的觀念下，指出凡物必有性。在氣化之運行的觀念下，指出即從氣化之自然運行中可見自然所內具的某種德。德與性，卻是孔孟儒家在人生論上鄭重提出的兩觀點，現在由他們手裏轉移到宇宙論一邊來。這一派思想，可舉易傳與中庸作代表。中庸對宇宙大化指出一誠字，誠是真實不虛，不息不已的。我們既可把誠之德來說明宇宙之本質，我們自可把誠之德來指示人生之大道與歸趨。易傳說陰陽，陰陽固屬一氣之運行與變化，但易傳作者却從此一陰一陽之變化運行中，指出陰陽之各具其德性。陽德剛與健，陰德順與厚。他們根據乾德，說君子以自強不息。又根據陰德，說君子以厚德載物。於是莊老道家的唯物宇宙論，一到易傳與中庸兩書中，便成為一種德性一元的宇宙論。他們並不要提出天與上帝的舊觀念，即此氣化的唯物宇宙之本身，便內具有某幾種至高無上的德性，這幾種德性，便可作為人生之指導與標的。這仍是一種天人合一論。但周公孔子是就人生本身來求合天，而天究竟是如何的，周孔却不說。現在易傳中庸的作者則不然。他們認為天不復是不可知，人之所知於天者不再僅是天之命，而是天之德。天德如何呢？只是誠，只是剛與健，只是順與厚。如此來講天人合一，却可先知了天，再求人之合。他們把合天德來替代知天命。這是易傳中庸作者經過莊老的宇宙論之後來新創的儒家的宇宙論。若我們再進一步來深細地分析，似乎易傳對於宇宙不可知的分數，保留得更少些。而中庸則對於宇宙不可知的分數保留得較多些。但總已是把人類智識對宇宙之不可知已大膽地侵入了。在兩漢，因陰陽學盛行，此一派思想，並未占大勢力。到宋明儒手裏，卻把這一番理論再來大大地發揮。

宋明儒要提出他們的新人生觀來反對魏晉以下老釋的人生論，他們自該有一番新宇宙論來替代莊老虛無佛釋空幻的宇宙論。在這上，使他們回頭來再探討易傳與中庸。本來宗教是古代一種素樸的宇宙論，也可說是一種想像的宇宙論。整個宇宙，由天和上帝來創造，天和上帝在主宰。我們只要明白得天和上帝的意志和欲念，一切宇宙問題連帶人生問題在內，都可解答了。而每一宗教的教主，則是天和上帝之代言人。世界各民族比較在前一時期的思想，全都如此信仰。若對此項信仰發生了懷疑和動搖，便得另行開始研究宇宙萬象究竟是什麼一會事。即如西方耶教民族，從中世紀的宗教傳統裏脫出，便要討論到宇宙之本質唯心抑唯物，於是哲學中的形上學，遂代替著宗教神學，而成為他們思想界一主題。但西方的耶教，至今仍為他們普遍的信仰。他們的唯心哲學，大體還是從宗教神學中脫化轉變來。而唯物派哲學，則因有宗教與唯心派哲學之牽制，其深入人心之勢力並不大。在中國則不然。因其本無一種根深蒂固的宗教信仰之傳統，所以莊老一派無神的唯物的宇宙論很容易得勢。一轉便轉入佛教。佛教思想，只把此無神的唯物的又解析而成為空幻的。宇宙既然是空幻，而死後又無上帝與天國之寄託，涅槃境界，畢竟還是一個空，如是則仍容易使人心走入消極與悲觀。只在社會下層由小乘佛教所宣揚的西方極樂世界與由莊老道家所變出的神仙與長生，稍稍在維繫著人心。而這兩派思想，到底不能在上層智識界生根。這是中國思想演進到宋代所急要解決的問題。

宋明理學，雖說承襲了先秦孔孟儒學的傳統，但畢竟不同了。只如體用二字吧！不見在先秦兩漢的儒書中。直到魏伯陽參同契乃至王弼老子注，纔始提出此二字，而宋明諸儒則幾乎任何一家也免不了引用到體用這二字。可見宋明思想的大題目，與孔孟是不同了。他們所要討論的，卻偏重在宇宙本體的問題上。若把他們和西方中世紀以下的哲學界相比，正可說他們之間是遇到了同一個問題呀。但東西思想，就其歷史傳統言，畢竟又不同。近代西方，因於新科學興起，而搖動了宗教的信仰。他們要另創新的宇宙論，有科學的種種發現作憑藉，而宋代則沒有。又西方的上帝，直到近代，仍對社會保存著若干的敬畏心，因此他們對於宇宙的新探險，轉可不太顧慮到這一點。而宋以下的思想界，則他們似乎首先注意要針對那時的人心，把對外界的一番敬畏心情再來加意培植。因此宋代思想界對新宇宙觀之創立，決不會走上與近世西方同一的道路。

六

宋代思想，大體可分兩派說。一派是周濂溪張橫渠，他們先建立了宇宙論，再轉遞到人生論，但這一派並非宋學之正宗。又一派是程明道與程伊川，他們是先由人生論立腳再來進窺到宇宙論。這一派卻比較更近於周公孔子傳統的態度。上面已說過，西方哲學裏的智識論，直到近世纔成立。但中國則不然，在周公孔子時，早已劃分出人類智識之可知與不可知。則試問濂溪橫渠兩家的宇宙論，到底憑的什麼證據，而確知宇宙之如此這般的呢？這不僅沒有科學作憑藉，而且東西雙方思想界在根本的態度上，更有一相歧點，該就此再加以補述。

西方思想界，有他們的一套邏輯與辯證法。他們認為由於依據邏輯與辯證法，可把人類智識作長程的推演，直走進到不可知之域。但中國觀念則不然。中國人似乎都認為語言文字僅是人類所隨宜發明的某一種工具，自有它應用的限度。若單憑語言文字來推演，結果仍會在語言文字的圈套中，把捉不到外面的事實。先秦時代的墨家，以及惠施公孫龍一派的名家，他們都稍稍注重在名辯推演上，在他們也並未能完成一套謹嚴的律令，但已為莊周荀況等所盡力反對了。莊周說，他們所辯，只在名辭言說上，因此最多僅足以服人之口，不足以服人之心。這在中國人觀念裏是一種有力的攻擊。因此中國思想界在宗教神學方面講，既不肯僅憑自己的想像和情緒，隨便闖進他們所認為的不知之域。在名言邏輯方面講，他們也同樣地不肯僅憑自己言語的反復地推闡，來由此輕易向前闖。中國人在知識論方面，似乎先存了一條鮮明的界線。因此中國思想界對於宇宙論一面之闡發易於達到一限度。

莊周又曾說：

以其知之所知，以養其知之所不知，是知之盛也。

這一態度，實在是儒道兩家之所同，也是中國思想界大體的傾向。所貴的，在把我們所可知的，來養我們之所不可知。在這一養字中，卻可推演出許多態度與工夫。明道伊川正是沿襲此一路，所以他們只主張就於人生界來體悟到宇宙界。換言之，則把宇宙論基礎建築在人生論。為何呢？正為他們都認為宇宙之究極不可知。

明道說：

吾學雖有所受，天理二字卻是自家體貼出來。

這句話，可說是宋明理學中最重要的一句話。我們若說易傳與中庸是主張德性一元的宇宙論，則二程可說是主張理一元的宇宙論。宇宙何由始？宇宙由誰作主宰？宇宙萬物最後的本質是什麼？這些在二程看來，也全都不可知，也全在人類智識所可知的範圍以外了。所以我們該且置之於不論。但宇宙本質既屬不可知，我們來講宇宙之德性，豈不也像多跨了一步嗎？於是二程纔又另提出他們的新觀點。在他們看來，宇宙間一切萬物之相互間莫不有一理，這是顯然易知的，又是確然可證的。所以明道伊川要把這理字來統括宇宙界及人生界。這纔使他們和易傳中庸又不同。但明道為何定要叫此理為天理呢？其實此處的天字，僅成為理字的形容詞。理是實而天則虛。在孔孟只說天，但天實際不可知。現在二程則轉說理，理則用格物致知的工夫便可知，但卻非由名言邏輯的演繹所能得。因此他們只教人格物致知，來把一切可知之理歸納成為一宇宙之大理，這即是天理了。所以說它是天理，實則仍要保存人類對宇宙一番不可知的敬畏心情。這是二程思想所以成為宋代下思想界正統之主要點。

從二程以下又衍成兩派。明道說，天理二字是自家體貼出來，但試問如何樣體貼呢？在這上，又分歧了。一派主張性即理，此即朱子之所主，朱子說法大體沿襲著伊川。他們認為宇宙萬物莫不各具著一性。有物性，故見有物理。有人性，故見人之理。故又說性即是理。待我們窮到物理人理之大統會處乃見天理。實際上，天理仍是究極不可知，只由我們所可知的人理物理來體貼此天理，這即是莊子以其所知來養其所不知的一種工夫了。但物性與人性，又顯然各不同，故他們說理一而分殊。人要體貼天理，也只該在分殊上體貼。格物窮理，則是體貼天理惟一的路徑。陸象山認為這樣說法太支離，宇宙萬物分殊之理太過繁細了，如何格得盡，窮得完。他主張簡捷專從人生界下手，因此主張心即理。體貼天理，該先體貼我此心。如此便有一總綱，容易摸到一頭腦。明代王陽明推闡象山意見，提出他良知之學的主張。他以為天理必為人心所自明，若人心所不能自明的，又何從懸之為天理來強人心以尊崇呢？故陸王主張心即理。這上述兩派之所爭，其實還是屬於智識論上的問題呀！

但若真照此兩派理論認真地推演，結果仍會把人類對宇宙的敬畏之心沖淡了。若如程朱說，今日格一物，明日格一物，用工夫在分殊上，所得總是些事理物理，萬理分散著，得不到總紐，則天理永遠在遼遠處，不易教人提掇起精神來體認此總綱領。但若如陸王，我心即天理，又像把人心地位提得太高了，容易使人內顧而自足。好像不再有一個宇宙不可知的境界在外面。宋明儒在此方面，並非不自知，所以朱子講窮理，便兼講居敬。陽明講良知，便兼講到知行合一。他們都處處不忘在人生實踐上來彌縫此缺陷。此即孔子所謂下學而上達。人生實踐工夫，始是宋明儒共同主要的著重點。所以無論是程朱或陸王，他們必講存天理去人欲。他們在理論上，有些近似西方哲學，但他們指點教人處，卻又像是一宗教家。他們像並不很看重思想的方法，卻很看重心性的修養。這纔使他們真實地代替了佛學，承繼了先秦儒。

因此宋明理學，一面是講本體論，另一面則是講的工夫論。工夫論顯然不像西方哲學上的所謂方法論，而近似一切宗教上的進修論。因此宋明儒無不看重他們所謂的小學，小學指的是灑掃應對人生日常的種種細微小節目。由此再進到主靜與居敬，這是宋明學共同的精神。若僅是在講哲學，不需要所謂修養工夫。但若忽略了修養工夫來講宋明理學，則將變成空洞無內容，而且全不是這會事。

宋明所講的修養，比較偏重於私人，而先秦儒所講的禮樂，則比較偏重於社會。莊老道家最不喜歡講禮樂，但世界任何宗教則無不兼帶有某種的禮樂。佛教也有佛教的禮樂。所以程明道進佛寺，說：三代禮樂盡在這裏了。這便說出了先秦儒學與宗教的關係。只有晚出的禪宗，他們似乎把佛教中的禮樂也看輕了，因此禪宗是宗教的解放。宋明儒承著禪宗的宗教解放來講私人修養，他們也早注意到私人修養該進一步成為社會性的禮樂的。但這一番工夫，他們並沒有好好做。清儒承其弊，纔想把古代禮字來代替宋明的理字。但社會性的禮樂是該與時俱變的。專靠考據古禮，創興不起今禮來。而且清代的政權，也不許當時的學者在實際上有所建樹與作為。而中國思想之特質，又是除卻人生實踐，便很難有大推演。因此清儒在中國思想史裏的貢獻，終於會微薄得可憐。

七

上面已約略敘述了中國思想史裏一重要的問題，即宇宙界與人生界交互相關的問題。用中國傳統語說，即是天人合一的問題之演變的大趨勢。現在連帶一問題，也該敘述到。在人類思想裏，天人問題外，最關重要的，莫過於死生問題了。人生太短促，以百年為大限，一死便完了。這不是人生本身一最易惹起思想的問題嗎？世界各民族，似乎都信有靈魂。人死了，靈魂還存在。這是關於死生問題一個最普遍的素樸的解答。這一解答，聯結於天和上帝和神的信仰上，合成為一體。唯其死後有靈魂與鬼之存在，所以天和上帝和神的信仰始有了意義。若使死了沒有魂與鬼，試問天上帝和神的信仰，還餘賸得幾多意義呢？凱撒的事情有凱撒管，更用不到上帝。但中國古人對於靈魂與鬼的死後之存在，似乎又很早便加以否定了。這又是講中國思想一大堪注意的事件。

春秋時鄭子產便說過：

> 人生始化曰魄，既生魄，陽曰魂。

魄指體魄，魂指靈魂。子產的話是說，人是先有了體魄，纔始有靈魂的。靈魂只像是體魄的某一些光明或作用。既如此，人死後，體魄腐爛了，靈魂也該就消失了。這不是子產一人的意見，這是當時人共同的意見。因此說，新鬼大，故鬼小。可見死後雖有鬼魂存在，最多只是短暫一時期，鬼會變小。小到沒有便消失了。似乎當時人信為，人死後的生命比其生時更短促。

這一想法，必然又會阻礙宗教之發展。但到孔子時連這一想像，也並不願肯定地保持。所以他要說：

未知生，焉知死。

又說：

敬鬼神而遠之。

我不與祭如不祭。

中國人對祭祀最多三代至九代，此外則只祭他們最先的始祖。那只是人心中一種不忘其所自的紀念。中國人祭祀的大理由，毋寧是看重活人自己的心情，更重於真實認為死者鬼魂之確有其存在。因此墨子講天志，同時便須講明鬼。若使當時人人都信有鬼，何待墨子再來盡力地設法明鬼呢？可見鬼在中國古代思想裏，也如天和上帝和神般，早已不肯定存在了。

惟其人死後，沒有鬼與魂，所以莊老道家思想之演變，生出了神仙長生的傳說。秦始皇漢武帝，都曾熱心想望過。方士在秦漢間極盛行，這是為人死後沒有鬼魂存在作補償。若使人死後靈魂升天堂，便不再需要做神仙與長生。佛教東來後，又有輪迴說，補償了東土人死後即完的意念之缺陷。但這一說，仍不能在中國上層知識思想界占勢力。梁代范縝的神滅論，給與小乘佛教一種甚大的致命打擊。因此佛教在中國，還是大乘般若唯識較高的理論方面獲得普遍之研尋，而其影響亦較大。縱使在一般民間，佛家的輪迴說也和中國舊有的祭祀風俗混合了。今試問，既信有輪迴，那會有祖先呢？或許祖先的前世，是你的仇人，或許他是一條狗轉世。但中國民間並不深究這些事，只用佛事來替自己祖先求超渡。換言之，還只是自盡我心便算了。可見中國人思想，自始對這等信念並未誠心地認真過。

中庸也說鬼神，但說的是鬼神之德呀！宋明儒也還說鬼神，但他們說：鬼神者，二氣之良能。他們仍不信有人格的鬼與神。因此我常說，中國人心裏的宇宙，只是平面一重的，除卻這可知的充滿人與物為一氣之所化的具體宇宙以外，更沒有上帝和諸神的天堂。中國人心裏的人生，也只是現世的，肉體的，除卻這百年壽之大齊的一段現實人生外，更沒有生前或死後靈魂之存在。若就現代人觀念言，似乎中國古代人的理智表現卻是清明的。但這一種清明的理智，會使人的情感受不了，耐不下。若使宇宙沒有了上帝和神，宇宙會變成黯澹的，中國思想史上所遭遇的困難即在此。中國人如何粉飾此黯澹，我已在上文述及了。若使人生沒有了靈魂，人生也會墮落的。中國思想界，又如何來解決此困難呢？讓我們再簡單一敘述。

春秋時叔孫豹曾提出了立德立功立言三不朽的大理論，這便是中國古人對此問題所尋求的解答。人的肉體總要朽，死後又沒有靈魂存在，因此人類生命之不朽，只有不朽在事業上，只有不朽在這一現實世界中，只有不朽在後世人對我一番紀念的心情裏。叔孫豹這一說，後起的儒家便完全接受了。他們極看重祭祀，極主張慎終追遠與崇德報功的心情。只要後世人能有此慎終追遠崇德報功的心情，前世人雖死，仍還在後世人的心情之紀念中，譬如沒有死。我們要求人生之不朽與永生，也只有這條路。因此中國人也極看重所謂名。名傳後世，是中國人最大的理想。所以孔子說：君子疾沒世而名不稱。桓溫一世之英豪，他也要說：大丈夫不能流芳百世，亦當遺臭千載！王彥章是一個武人，他也要說：豹死留皮，人死留名。別個民族，想死了留一個靈魂，中國人卻想死了留一個名。西方人常說，人活在上帝的心裏，中國人不說這樣話，中國人應該說：人只活在別人的心裏。若要我們生命之永生與不朽，則該永生不朽在後世萬代人心裏。這一希望，卻可說是中國人的宗教吧！這是中國人生論最大的歸宿。

但若人類根本沒有慎終追遠崇德報功的心情，則縱使你立德立功立言，後代人也會把你遺忘了。你的生命仍將與肉體俱朽。因此中國人必然會信仰到人類的心之仁與性之善。若使人類心不仁，性不善，那會有慎終追遠與崇德報功的心情？人類沒有這一種心情，死了，便和鳥獸草木般一死便完了，一切沒有了。宇宙間也更沒有上帝，不來管這些事。試問照中國思想之演變，如何能不信仰人類的心之仁與其性之善，而再來找尋人生之意義與價值呢？

惟其中國人看重這一種慎終追遠與崇德報功的心情，因此流傳在愚夫愚婦間的那些迷信鬼神的風俗，中國的聖人智者們，也不刻意向他們解釋，並不急要否定這些迷信。只求在現實上保持得這一種心情，讓大家來慎終追遠，崇德報功便夠了。這也因宇宙是否有上帝，生命是否有靈魂，到底仍還是一謎。試問至今人類的智識，是否對此有了確切的肯定抑否定？中國的聖人智者們，也未嘗不知道，現實人生中，儘有不仁不善之事在發現。但他們終於要竭意培養此心之仁與性之善，終於竭意要扶植此心之仁與性之善。這是孔孟儒家所以成為中國思想主流一最要所在。因此刑賞法律以及其他一切利用人類心性的弱點措施，中國的聖人智者們，也未嘗不知其可以收效於一時，但終不願在此方面多用力。所以如法家思想等，也終為中國思想界的正統所不取。而所謂個人主義，也絕對不會在中國社會裏存在。

上文大意，在於指出中國思想界，很早便從古代素樸的天和上帝和神的宗教信仰中解脫了。而且中國人在西方哲學上所謂的知識論方面，又很早便已有了一種卓越的看法，早知把人類智識之有所知與有所不知的兩面該有一個界限的劃分。而且中國人又不信人死後有靈魂，因此中國的聖人智者們，很早便專心一意來發揮指示扶護培植人類自心之仁與性之善。他們想要憑藉這一些人類自心之仁與性之善，來建立一個不離現實而又合理想的人生。因此中國人對於自然科學的只向外面宇宙探檢的一切工夫與方法，雖不是沒有注意到，但畢竟可說是比較地忽略了。至少是不認為這些是應該最先著手的一件事。而對於運用名言邏輯純思辨的演繹與推究，中國人也不認為這是尋求知識探究真理的一種最可憑依的正路。毋寧是看重對於人類心性之修養與實踐，其發明真理與到達真理之可靠性，會更重於名言思辨之探索。

由於上面敘述，可見中國思想的主要根據與其主要進展之所在，何以既不在宗教信仰上，亦不在自然科學上，又不在純思辨的邏輯與哲學上，而單獨走上現實的人文世界來。這裏則有兩方面。一面是歷史，又一面則是人生心性修養。這是中國人認為獲得發現真理之兩大來源呀！

上面已引周公的許多話作開端，下面將引孔子的幾句話作結束。孔子說：

> 我非生而知之者，好古，敏以求之者也。

他又說：

> 十室之邑，必有忠信如丘者焉，不如丘之好學也。

好古便是求之於歷史，好學便是求之於本身心性方面之實踐與修養。此為中國人所認為的探究真理與發明真理之兩大幹。如是則思想並不更重於行為。所以孔子又要說：

學而不思則罔，思而不學則殆。

思是指思想言，而學則兼指好古與自己心性方面之實踐與修養言。孔子又說：

我嘗終日不食，終夜不寢，以思，無益，不如學也。

可見孔子雖兼重學與思，而毋寧是更重學。我們儘可說，後來儒家的根本態度都如此，也可說中國思想界之根本態度全都是如此。因此在中國人觀念中，乃並無所謂思想家。

所以我們要研尋中國思想，與其寫一部中國哲學史，不如寫一部中國思想史，比較更恰當。而與其寫一部中國思想史，又不如寫一部中國學術史，比較更圓密。而且與其寫一部中國學術史，實也更不如寫一部中國古先聖賢之綜合傳記之比較更深切，更著明。

一〇 中國歷史上關於人生理想之四大轉變

民國五十一年

一

今天講的問題是，從中國歷史來講中國人生理想中四個大轉變。此題一部份是講歷史，另一部份則講思想。若從思想來講歷史，則應一家一家各別闡述，再加貫串，而成為一種思想史。我此乃從歷史講思想，因此並不重在各家之特殊點，如孔子、墨子之人生理想各如何，而只注重在同一時代中許多思想之共同點。固然於同一時代中各家思想，彼此之間儘有差別。如先秦時，孔、孟、莊、老各家思想，其相互間之特殊處，此講題中暫置不管；而只講其相同點，即其成為時代思想之特徵者。下至魏晉南北朝，時代變了，思想亦隨而變，顯與先秦時代不同。在此講題中，亦不討論當時各家之差別處，而專講其共同處。下及隋唐宋明亦然。所謂四大轉變，即指此而言。

其次講到「人生理想」四字。關於人生問題，自大處分別，可有兩種看法：一是自己站在人生之外來看此人生，今人謂此為客觀。此種看法，勢必將人生當作一外在自然看，勢必講人生何由來？又將於何歸宿？循此以及人生之意義與價值究在何處。如此研討，亦即今日所謂的人生哲學，或人生觀。要之是思想家自己先站在人生之外，而將人生作為天地間一自然，而對之加以研尋與說明。其另一看法，是自己站在此人生圈子內，自己早已是一人，即得承認此人生。諸如飲食、男女、生育等，所謂人生，已顯然在此。此是一現實，不得不承認。但承認了此一人生現實，在此現實中，吾人究可抱有何種理想，希望其明日、後日能有何種變化。果求其能有此變化，則吾儕處身此現實人生中，究應負何等責任？其主要點只在此。却不必再究人生何自來，其最後歸宿將何所往；只問對此現實，有無加入吾人理想之可能？而對此等理想誠欲求其實現，吾人能盡何等職責？此種講法，近於是一種主觀，吾今不妨稱之為是「人文的」。因其站在人文立場，不問其來龍去脈，不作原始要終之追尋；而僅在此人生中，對此一現實而思維，吾人究應加以何種理想與負起何種職責。

前一看法像是理智的，後一看法則帶有情感性，不得謂純理智。換言之：亦可謂前者是一種澈底的，而後者似不澈底。因其先承認了此現實，接受此人生，而僅討論其理想之可能。此理想即在現實中，並須附帶以行為，因此亦不是純思想的。中國人向來講法，似偏近於後者。當然在中國思想史裏亦多有講及前者處，但不害其所偏乃在此。我此所講，則是專有關於人生理想部份者。因理想只在現實中，而又附帶有一種行為與職責，故與歷史關係更為接近。至謂中國歷史上對於人生理想有四大轉變，此亦只是一種大概的講法。即如先秦以前有春秋時代，亦應大有可講，而在此講題中，則略去不談了。

二

先秦時代應從孔子講起。在論語中，孔子似乎並未正式討論到人生之起源與歸宿等問題。此可謂孔子乃不重在研討人生哲學，即對人生作純理智的客觀研究。孔子論語中所講，主要在先承認此人生；然後針對當時社會，就其所見、所知，而加進了某些理想。而此諸理想，孔子似向少數人提出。蓋因任何理想之實現，勢必要有少數人肯挺身負責，而非可能期望於全人羣。故論語乃似為社會一部份人宣述，而非面對全人羣講話。此一部份人，即論語中所謂「士」。根據歷史：在孔子以前。中國尚是一封建社會，有貴族、有平民。貴族稱君子，平民則屬小人。逮至春秋末期，孔子出生，貴族階級已漸趨崩潰；但在當時貴族階級中，亦有不少覺悟分子，如魯國叔孫豹所講人生三不朽，即是其一例。據叔孫豹看法：貴族世襲僅堪稱為世祿；欲求不朽，則須立德、立功、立言。此三者始對人羣有貢獻，而皆屬於人生之職責方面者。當時貴族階級已多不能負起此一職責，在貴族平民間逐漸產生出「士」之一階層。孔子亦是一「士」，孔子似乎希望由此士的一階層來領導社會，發展理想。近人讀論語，多對論語中有關「君子」、「小人」之分別加以注意，而忽略了論語中對於「士」的教訓。其實天子、君卿、大夫，貴族階層皆可為君子；而理想之士亦可為君子。孔子教訓則偏重在當時士之一階層。孔子所討論的，雖是任何人應如何作人的問題，但孔子似未注重到全人羣皆能如彼所教訓；孔子所偏重，乃在教人如何做一「士」，如何做一理想的「士」。換言之：即所謂「士」者，對此社會須負起何種「職責」與「道義」，即是對此社會應有一番「理想」與其相應而起之一種「責任感」，而努力以求此項理想之實現。社會能有此一批理想之「士」，可使社會亦臻於理想。故孔子之教，實際亦可說是一種「士教」。孔子之所以不成為一宗教主，不能與釋迦、耶穌同開一宗教，其主要分別亦在此。

今姑略舉論語中孔門言士者稍加說明。孔子云：「士志於道，而恥惡衣惡食者，未足與議也。」此處「道」字，即指一種人生理想，而同時亦為士之職責。就現實人生言，幾乎每一人無不希望能有美衣好食；孔子在此方面，似乎不作批評。只說：倘使你是一個「士」而志於道，即不應恥惡衣惡食。此等處，顯見孔子非對人羣講話，而只對人羣中少數人說法。孔子並不曾針對全人羣，主張人人須不恥惡衣惡食，而專為士之志於道者言。可見在人生中能有美衣好食，孔子並不反對。孔子又曾云：「飯疏食飲水，曲肱而枕之，樂亦在其中矣；不義而富且貴，於我如浮雲。」顯見孔子並不反對富貴，只富貴應有條件。儻能合乎道義而富貴，孔子說，執鞭之士，我亦為之。富與貴、人人都希望，而孔子之「教」則專為一般有志之「士」而說。孔子不敢自居為聖人，然勉勵大家做君子，尤其希望此一輩理想之士都能為君子。

孔子弟子曾子亦云：「士不可以不弘毅。」此語亦未說人人皆得要弘毅，而專側重於對士而言。為何「士」則必要弘毅呢？只因士在人羣中負有重任；求能負起此重任，又必有一段遠道。曾子說：「仁以為己任，不亦重乎。」此猶說以人類之理想與道義為其責任。孔子提出此「仁」字，亦即先承認了此人生、此社會。而仁乃是人道中一項理想，人生向此理想而前進，則需有人能來領導，此輩領導人即「士」。曾子續云：「死而後已，不亦遠乎。」人生為何必有死，宗教家、哲學家都愛討論；但孔子教人，卻不在此等處深究，只承認此現實便了。但負起此人羣仁道之士，也須有死；今試問：彼死後又如何？此又應是一大問題，但孔門在此等處也不引伸遠去，只說此有志之士須死了其責任始免。今試問孔門此種看法，是否可謂是屬於悲觀一方者？至少儒家側重現實，我之責任及死而終，便是一現實。此下又有他人，人類既大體相同，我能抱此理想，盡此職責，此下豈必繼起無人！佛家理想最後有一涅槃境界，耶穌理想亦有一終極，即大家皆可上天堂；孔子思想似不重此一最後終局。故可言孔子為一悲觀者、消極者，但亦可謂其是一樂觀與積極者。故儒家在現實人生中，乃抱有一大同太平之境界。曾子此番說話，則確乎能發揮孔子之教。曾子也似乎並不希望每一人皆能犧牲為社會，死而後已；只希望有些人能如此，故可說是重現實。孔子之不成為一宗教主者即在此；因孔子不超出人生來作討論，而只在當前現實人生中有一番理想與抱負而止。

孔子所講之「仁」，即一種理想的「人道」。孔門只希望每一理想之「士」，能就其一生來負起此責任，來領導社會走向此種理想境界。此項責任，死而後已。自己不顧衣食私生活，惟以志道為尚。更不計當前或將來之報酬；因此亦本無報酬可言，端視其人自己內心願否如此。故孔子雖非一宗教主，然彼之教訓，於此等處，却顯見有一種宗教精神，似乎較之佛教耶教更為難能可貴。因佛家求超出輪迴，耶教盼能死後上天堂，其教人皆有一報酬；而孔子之教則未作任何承諾，並無眼前或將來之報酬可言。孔子只提出一種人生理想，並不深究人生究是一什麼，只講人生當前該如何。此所謂該如何者，亦並非孔子個人意見，孔子只在提倡當前社會人人心中所希望，如：孝、弟、忠、恕、仁、義種種，為父母者必望其子女能孝，長者必望其幼輩能弟。儒家人生理想，只承認此現實人生中人人之所想望，而奉以為人生大道。但並不是人生已如此。而是人生能如此、該如此。在人生能如此該如此之中，希望有些人能來提倡此一該如此之圓滿實現。其能如此之人，即孔子心目中之所謂「士」，此為孔子及孔門諸子所最先提出的一番人生理想。諸位如欲深究，可仔細讀論語。

孔子後有墨子，墨子思想與孔子不同處，此講暫不涉及。惟墨子有與孔子相同者，墨子所講亦可謂是一種「士教」。墨子書中分別有兩種「士」：一曰兼士、一曰別士。至於一般普通人，墨子似亦存而不論。墨子提倡大家做一兼士，不要做別士，由兼士來領導社會走向兼愛。墨子書中有貴義篇，希望人能做一義士。義士即是肯自我犧牲，來負起此人類理想之責任者。若單注重此一方面講，墨子精神亦與孔子無異。

現接講孟子。孟子云：「士尚志」，以示別於從事農、工、商各業之平民。其實農工商各業亦皆有志，如志在豐衣足食，志在富貴利達，但此非孟子所謂之「志」。孟子所云之「士尚志」，仍是一種自我犧牲，仍是在現實社會中少數抱有理想之人，肯負起責任來領導社會走向此理想者。孟子書中提及士字處甚多：孟子又謂有一邑之士、一鄉之士、一國之士、及天下之士諸分別。又有所謂「豪傑之士，雖無文王猶興」在現實人生中，何嘗不是人人皆望做一好人！但人人都諉卸此責任，認為在此社會上無法做好人，做好人必先自吃虧。孟子對此一輩人並未加以責備；孟子意只須文王一出、社會好轉，則此輩人皆可成好人。但在文王未出以前，則不得不盼望有少數豪傑之士肯挺身出擔此重任。此少數豪傑之士，則必須出於自願，必先自有此志。但孟子立教，亦並不希望每人都如此；故曰：「飲食男女，人之大欲存焉。」又曰：「食、色、性也。」可見孔孟乃是承認此現實，而即就此現實來建立理想；望能有少數人成為豪傑之士，來負起此責任。

孟子繼起有荀子，荀子書中少言士而多言「儒」。因到荀子時，士階層中已甚複雜；荀子所講之「儒」，亦荀子心目中之理想之士應為一儒而已。大學一書，應是荀學後起之書。大學提出：「在明明德，在親民，在止於至善」三綱領。程子注曰：「大學者，大人之學也。」可見大學之道仍非講給一般人聽，而係講給有志從事於大人之學之少數人聽。因此，孔、孟、荀者儒家，到底只可說其只是一教育家，却不能承認其為一宗教家。宗教家如釋如耶，逢人皆如此講；而儒家則注意向少數人講。我今不討論儒釋耶內容方面之別異處，只提出此一相異，便可見中國先秦儒家，不得成為一宗教。大學於三綱領之下有八條目，主要則講修齊治平之道。當知身、家、國、天下，此亦現實人生中一種既有存在，儒家先承認此存在，卻不須追問其何所來。若必追問到源頭上去，則可有人出家、甚至捨生；此便成為宗教或哲學問題。而儒家置此不問，只承認此現實，而提出一些理想。至於其究極將來，亦可不問。儒家所重，只是站在人文立場，而求解決當前問題者。當前有此身、家、國、天下，故須講求修齊治平之道。此即人生理想，亦是人生責任。儒、墨乃先秦思想中兩大派，在此方面立場甚相近。莊子道家處於一種反儒、墨之立場。法家、陰陽家等，多在批評此立場。有些則走上歧途，如縱橫家是。但無論如何，先秦各家中，講及人生理想，應以儒、墨兩家為代表，則屬無可否認之事實。

三

下至漢代，「士」之一階層，已正式代替了古代之貴族，而成為社會上之領導階層。兩漢時代之士，初看似無甚多人生理想發揮；實則當時之士，乃依著前人理想，而求善盡其職責。大體講來，亦可謂其貢獻實至鉅。此輩士，進而在朝，則在治平實績上用心。退而居鄉，則「敬宗恤族」，注意各自的家的一面。此下遂漸形成為「士族」。東漢以後，乃有大門第出現。此時之「士」，其家庭在社會上皆有一卓越地位。就孔孟之教言，敬宗恤族、亦不算是壞事；吾人亦不能對此變遷多加責備。但東漢末期，政治進入一黑暗而無辦法之狀態中，「黨錮」之禍，明明把「士」在治平實績上之可能貢獻之一條出路封閉了。當時士人內心動搖，意態漸變，首先推尊顏淵。顏淵「一簞食，一瓢飲，在陋巷，人不堪其憂；回也不改其樂。」顏淵似對實際社會並未做出任何貢獻。但孟子則謂：「禹、稷、顏回同道；易地則皆然。」東漢士人在其內心苦悶中，似自認無法為禹、稷，乃專一推尊顏淵，這纔真成為悲觀與消極。但當時之「士」，實已與孔孟時代不同，因當時已有「士族」存在，每一士各有一「門第」背景。就歷史變動言，孔孟時代之「士」，其對方乃公卿、大夫；而今日之士，其對方則為「庶人」。士庶之分別對立，成為當時社會一新型態。因此若要在當時保留此「士」的身分，首須保留此一「門第」。此為中國歷史上一大變動。

再就思想方面言。古之所謂「士」，其意義與價值，端視其能對實際社會治平大道有貢獻；今則不然，士對治平實績之貢獻，已認為不可能。在此思想苦悶無出路之中一轉變，遂認為其人縱對社會人羣無貢獻，而其人之本身價值仍可有存在。此一本身價值，即表現在其人之「德」，而更可不論其功與言。如顏淵，即有此「德」，而其對社會，則不必有功與言之貢獻。依孟子講法：顏淵只因所居地位不同，故不得為禹、稷。現在却將禹、稷拋開，專從顏淵方面看；於是莊老思想從此滲入，而成為魏晉以下人生理想一主流。莊子書中。亦甚佩服顏淵為人，莊老道家屢講到「德」字。其所謂德，乃屬一種內在之德。而孔孟所謂道，則必可行之於天下。今則認為顏淵之可貴，即在其有德。而孟子所謂顏淵禹稷同道，到東漢末期人則撇開不論，把顏淵與禹稷分開。此一轉變，乃下開魏晉以下之「名士風流」。名士亦有成為名士之條件，並非門第中人即盡屬名士。名士之成其為名士，則因其有「風流」。風流二字在當時究作何解？我意風流乃指其可為人之楷模，為人所效法言。論語所謂「君子之德風，小人之德草；草尚之風，必偃。」孟子所謂：「流風餘澤」。人能具德在身，得人景仰，為人慕效，其德即可以長傳；此乃魏晉以下人生理想所在。惟風流則必屬於名士，而名士又貴於有此門第。故魏晉南北朝人對門第之保持特所重視。他們要講「門風」、「家法」、「禮教」，用以維持此門第。其實這些都從儒家傳統來；只在門第中成一名士，風流自標，則夾雜了不少莊老道家意味。

近人講魏晉南北朝士風，認為他們只重道，不重儒，此是一大誤。又認他們當時之門第，只憑藉政治上之特殊地位，與經濟上之特殊勢力而維繫；此又是一大誤。當知魏晉南北朝時代之大家庭、大門第，乃各有其「門風」與「家法」，各有其同遵共守之「禮教」，此等大體乃源自儒家。今姑舉其最顯著最簡易明者言：門第必尚「孝」、「弟」，因此必知「尊祖德」、「教子弟」。文選中有甚多篇當時著名文章，專在頌揚祖德及教導子弟方面者。故可謂當時士階層之人生理想，主要乃在如何維持其家庭與門第；因此而有「家法」、有「門風」、有「禮教」，必使一門中人能「孝弟」、知「尊祖德」、能「教子弟」，其人始成一風流人物。但僅此仍不足，尚須其人在文藝方面有修養；並須擅於「清談」。當時所謂清談，乃只談哲學，只談名理玄思，却不談政治與道德。道德人所共守，禮法具在，無可談。少談政治，所以避禍。談名理、談玄、說道，則可表示各人之學養與智慧。當時遇大族婚宴，嘉賓羣集，乃為舉行清談之好場合。既有高雅之風致，亦於談論見情趣。當時名士、居家奉行儒禮；處世乃用莊老：謙虛、沖和、與人無爭，亦是保持家門之一法。若真尚莊老，則何來又重視所謂「家法」與「門風」，更有何禮教可言！

最先正始玄談，開始把莊老引入儒門，此一風氣，大為後來所仰慕。然論其實際，固未能把莊老來代替了儒統。因此阮瞻以將無同三語辟為掾，而郭象注莊子，處處違反莊書原旨，為孔子作迴護，因此乃成為一時之談宗。實因當時所謂名士風流，處世固尚玄虛，而治家仍守禮教；再加以清談玄思，詩文華藻；又須琴、棋、書、畫，投壺，射箭，種種雜技，以表示門第中人高貴之學養與身分。在此等祈福避禍專望門第永保勿墜之心情下，又易對宗教生信心。如王羲之一家信奉天師道，正是一例。其後門第中人多轉奉釋氏。當知佛教亦富玄談，亦重禮法，正合當時門第風氣。大要言之：則魏晉南北朝時代之人生理想乃是消極的，包圍在門第圈中，胸襟狹窄。主要只可謂有志潔身保家：却不比先秦乃及兩漢多知立德、立功、立言，富有一番淑世精神。但中國歷史文化傳統，所以猶得維繫不輟，當時門第亦不為無功。

四

下至唐代，佛教逐步中國化，又另開一理想。初時僧徒生活乃由帝王及門第供養，高僧大德多從事譯經工作。入唐以後，寺廟僧侶乃多從事生產勞作，自給自足，不再專靠宮廷與門第之護法。而自南朝竺道生提出「頓悟」及「人人皆可成佛」之義，下至唐代禪宗六祖慧能崛起，而大暢厥趣。壇經有云：「佛向性中作，莫向身外求。自性迷即是眾生，自性覺即是佛。慈悲即是觀音，喜捨名為勢至，能淨即釋迦，平直即彌陀。」此寥寥數語，卻是佛門中人一大轉變。佛法本是宗教，至是乃全融入現實人生中來。把現實人生中人人所能，處處可遇之慈悲、喜捨、淨與平直，即成為是觀音、勢至、釋迦與彌陀。此一來，佛法即是人生，人生亦即佛法，兩邊綰在一線上。故中國自有禪宗，而佛教遂現實人生化，乃與先秦人生理想異途合轍。

自有禪宗，而佛教之法門大開，不僅人皆可以成佛，抑且立地可以成佛。現實人生，即是佛法道場。從前人欲求成佛，不知要經過幾度或幾十度輪廻；而佛法玄深，經典浩繁，欲窮究其義，儼如要通貫不知幾何家派的哲學大理論。現在大可不理會這些。慧能說：佛之說法，乃為眾生；苟無眾生，即無佛法。而且佛法既脫離不了現實人生，因此出家在家都一般。運水搬柴，即是妙道神通。只要心中慈悲，便等於是觀音菩薩了。而且煩惱即菩提，無煩惱則何來有覺悟！釋迦當時所看到者，也只是現實人生中之生、老、病、死，此等乃是人類之大煩惱。若無此等煩惱，何來有所謂覺悟。從前只求逃避此煩惱，現在教人面對此煩惱；從前是逃避了人生求成佛，現在則即在日常人生中可成佛。自有禪宗，遂把佛學的宗教精神沖淡了，重新挽回到人生日常方面來；即此可說是為佛家理論上一大革命。

唐代在禪宗盛行之下，如何得成佛，變成人生之最高目標與最高理想。上自皇帝卿相，下至販夫走卒，人人平等，各可成佛。佛法普遍廣大，乃為每一人講，非專為某一色人講。而且講來平等，不須作幾樣話講。這是中國傳統文化中本所自有的一種宗教精神之新影響。但從前中國傳統所特加於某一色人之一種特殊職責，及其所應有之一種特殊精神，卻亦不免隨而沖淡消失了。

五

禪宗把佛法挽向現實人生化，但終不脫寺院束縛。宋人又從禪宗翻一身，由釋歸儒：把人人皆得成佛轉回到「人人應作聖人」，後人甚至謂：「不為聖人，便為禽獸。」此種意想，顯與孔子又不同。孔子只勉人作「士」，他自己也不敢以聖自居。現在宋儒講學，必以聖人為歸，孔子以下則盛推孟子，較之東漢人尊顏淵更過之。程明道說：「灑掃應對，即是形而上，可以直上達天德。」此種說法，顯從運水搬柴即是妙道神通轉來。蓋非廣開此路，則不能說人人皆可為聖人。明道又謂：「堯舜事業，只如一點浮雲過目。」此又與孔子意想不同。孔子盛推堯舜事業，稱其巍巍乎、堂堂乎；今把堯舜事業看輕了，豈非治平實績亦如浮雲！此在先秦孔、墨、孟、荀，可謂絕無此意。宋儒把事業看輕了，却掉換講氣象。明道根據論語：「浴沂，風雩，詠而歸。」孔子歎而與之，却說曾點：「便是堯舜氣象。」其實宋儒論「氣象」，正如魏晉時人所云之「德操」與「風度」。魏晉人撇開外面世務，只講私人生活。宋儒也把外面世務撇開，只講內心境界。明道之意，似乎認為堯舜雖為人羣幹了一番大事業，但堯舜心中亦如曾點般，並不曾把自己個人事業看得太重了。在明道，或許為儒釋爭人生理想之領導，禪宗既主人人可以成佛，儒家不能不說人人可以為聖。然此一門路開了，後來人便羣思作聖，成為宋明兩代之人生新理想。南宋陸象山繼明道有云：「我不識一字，亦可堂堂地做個人。」此所謂堂堂地做個人，自然不是指做普通人，其意却即是做聖人。如此說來，不識一字，灑掃應對，浴沂風雩、歌詠一番，即此道路也可作聖。明儒王陽明繼起，單拈自己一點良知，便是作聖真血脈；他說作聖只講成色，不講分量。他提出拔本塞源論，主張種田挖溝，亦與禹稷同道；若在事業貢獻大小上計較，便是功利觀點。循此遂有滿街都是聖人之說。一個端茶童子，也即是聖人了。若論事業與學問，此端茶童子決不能與堯舜孔子相比。但在當時風氣下，必要主張人皆可以為聖人之理論，因此只可翻過來說：若孔子做此端茶童子，豈非也只能做到一心莊敬，不潑不倒，克盡厥職而止！因此遂說此端茶童子也即是聖人了。本來是說人皆可以為聖人，現在說成讓聖人來做我，也只能如此做。上引孟子禹稷顏回易地則皆然之說，魏晉以下是只做顏回不做禹稷。宋明儒之流弊，乃是教人且做曾點，便猶如做堯。風氣所播舜，理學變成一種通俗運動與平民教育；這可說是宋明理學自始即存在的主要一大趨勢。

六

直到明末東林學派起來，首先反對此種風氣；他們主張講學不能不問政治。下至顧亭林、黃梨洲、王船山三大儒，主張要講聖賢學問，便不能不讀書。專從灑掃、應答、端茶、守門、乃及浴沂、風雩處來做聖人，豈非聖人儘多，而終亦無補於國家之興亡。但既由心性研討轉向至治平實績問題，即復不得不再轉到經史實學方面。

既側重提倡經史實學，又不能不暫時拋棄人皆可以為聖之高論。接著繼起的一輩讀書人，又懾於滿州異族政權之高壓，乃轉上訓詁、考據、校勘，逃避現實，埋頭書本，成為一種畸形發展。道咸以降，清政權威望墮落，那時讀書人始重新討論到政治。於是於經學中專講孔子春秋公羊一派，高談變法，似乎又想重回到西漢儒士的路上來。

而魏晉以下只想做門第中賢父兄、佳子弟，與唐人只想成佛，宋明人只想作聖人等，那些人生理想，則均已擱下。這是在中國歷史上來講人生理想轉變之幾個大段落。

七

至於民國以來此五十年，則一時尚無顯然的一種共同人生理想可說。大體說來：有一批人個別地在要求思想學術之自由，或主法律下人人平等，或在企業經濟上爭取自由發展。主要不外是一種個人主義。而偏偏國家不爭氣，社會不安定，個人自由又何於安頓。遂另有一批人出來提倡集體領導，要強力督策此社會向前。共產黨所由能在中國得勢，固然是一種錯誤所引起，但在其最先，多少也注入了一些中國傳統上所謂「士」的精神。有不少青年為共產思想所麻醉，寧肯不顧一己生命，從事地下活動，犧牲在所不惜；這不是中國傳統上一向所佩服的有志之士嗎？故在共產主義之背後，一面利用了民族主義、愛國主義；另一面利用了志士成仁之傳統精神為之撐腰。今天毛幫共產主義，犯有嚴重錯誤，但最先亦涵有一部分精神力量，實為得自自己文化傳統者，則亦不可忽視。

我此所說，乃是講及最先中國青年如何走向共產主義之內心，主要在指出社會上任何一大變動，都不能和以往傳統完全脫節，而憑空突然地產生。但總結來講：今天的中國人，實可謂並無一套共同的人生思想。擺在吾人面前者：一是西方耶教之宗教信仰；二是西方民主政治，所謂自由與平等；三是共產主義與集體領導；四是個人主義。此四大分趨，都來自西方，都不是我們自己的，而又彼此不相顧，各奔前程、互相衝突。此後中國是否能醞釀出自己的另一嶄新之人生理想，此又是一問題。由我觀點，仍是欣賞孔子儒家那一套，似乎今日仍應該提倡一派新的儒學，來為中國社會、人生理想找出路。此事說來話長，在此不能細談了。

一一　中國知識分子的責任

民國六十一年

今年適逢中華民國開國六十周年，雙十國慶，這真是我們值得歡欣鼓舞的一天。而不幸國步屯邅，大陸同胞水深火熱，又兼以國際姑息逆流澎湃洶湧。我們處此境地，總不免在各自內心蒙上一番黑影。

回念我們此六十年，波譎雲詭，艱險紛乘。我往常每言，近視仍可悲觀，遠看儘當樂觀。不謂此言屢發，至今仍浮現在我之腦際。我們此六十年來最大病根，乃在政局未定於上，而學術思想先亂於下。我總認此一時代，只是過渡而非開創，乃撥亂世而非升平世。此亦時運所限，而身處其境者苦不自知。古人云：識時務者為俊傑。時在撥亂，遽希升平，此之謂不識時務。洪憲稱帝，宣統復辟，特其尤者。而此六十年來，不識時務之事，則並不止此。

若我們真能深知當前所處是一撥亂世，則自當把眼光放低，意氣放平，逐步在現實可能上穩健前進。且莫高瞻遠矚，徒託空言。從已往歷史言，民初開國，能效北宋初年，已屬過望，豈能追慕漢唐。即效漢，亦僅能效法其文帝以前，不能想望如漢武帝時。效唐，亦僅能效法太宗貞觀求治之前一段，不能遽望開元之盛。近論清代，亦當效法康熙之上半截，不能遽想如乾嘉。苟是僅求安定，過渡亦成為開創。若一意升平，則撥亂亦自無績效。

不幸民初一輩知識分子，認為自秦以下中國兩千年一部帝王專制史，已一口氣剷除。心高志逸，更不將以往舊歷史再作參考。急起直追，模倣外洋。清末多數想效德日，一是同有王室，彼此政體相近。又此兩邦，皆從弱小艱難中崛起，似較易效法。此亦尚有卑之毋甚高論之意。然兩國驟興，固屬人謀，亦緣時會。我中華歷史傳統既久，疆土廣闊，社會複雜，非彼可比。而亦欲以奮迅姿勢一飛沖天，此一心理，即在隱隱中，已足多方誤事。

大體論之，晚清思想，宜破壞，不宜建設。民國肇造，形勢已變，而一般思想界猶未覺察，仍沿晚清遺緒，進而益厲。主張效法德日者漸失勢，主張效法英美者代興。而英美之歷史傳統與其立國規模，與我實情相距更遠。清廷雖已遜位，而政治上之盤根錯節，社會上之百孔千瘡，苟能放低眼光，放平意氣，只在當前腳下逐步留心，緩緩向前，亦非無路。乃不此之圖，儘舉外洋美景，加以渲染，以形容國內之醜態。不悟化醜為美，須經大段時間，非咄嗟可冀。亦須細膩工夫，非刀斧斲削所能勝任。此當具備忍耐心，謹慎將事。而且斥我之醜，譽彼之美，亦須具有深厚之同情心，與涵容心，庶使求變者不至自陷於絕望與無廉恥。

正為在自己一面。急要盡情掃蕩。而凡屬外面者，又要儘量搬來。急功近利之不勝，而轉為深惡痛絕。由欣羨導成厭棄，極端過激之狂風巨浪，轟豗而來。此六十年來之知識界，似乎輕現實，重理論。即一枝一節，亦不肯就事論事，即在此枝節上求革除，求改進。而必要推展引伸出一套全稱肯定或全稱否定之大理論。如女子裹小脚，男人抽大煙。此亦只是一枝節，改革亦非難事，而必要說成乃由四千年來之傳統文化在中作祟。小脚解放了，大烟戒絕了，而所提出的文化改造大理論，則高懸在空，如日中天，却不知從何著手。當時尚有許多枝節，牽連產生，反不重視，輕置一旁。幾若非徹底改造，則一切無足復言。

故論政治，必曰打倒二千年來之專制。論社會，必曰打倒二千年來之封建。論學術思想，必曰打倒孔家店。凡屬全稱否定者，都在自己一面。而全稱肯定者，都在他人一面。此六十年來之知識分子，似乎都要一番十全十美之理想，依此而十全十美之境界，即可彈指出現。而此十全十美之理想，則必屬外國貨。人人盡望一海上仙方，可使沈疴立起。而牀上病人究患何病，卻未悉心診查，小心調理。

回憶前清時，我在小學讀書，因愛看三國演義，一體操老師誡我，此等書不宜看。天下一治一亂，乃中國歷史走錯了路，纔有此現象。若今西方英法諸國，治了便不再亂。我幼年受此訓示，遂開此下注意歷史文化問題之心情。至今孤陋所知，中國一切，實不如吾曹所說那般壞。西方一切，亦不如吾曹所說那般好。論其大體，則此六十年來之知識分子，亦與我幼年小學中那位體操老師同一類型，無多大之差別。

我中年以後，亦曾遇到對中國舊歷史文化有回念，懂珍惜之人，但皆被斥為頑固守舊。亦有高唱西化之前進分子，乃又另有人指罵其為帝國主義作走狗。理論一層層提高，意氣一番番轉激。各是要以彼易此，則中國便可立進太平世。

昔孔子作春秋，本亦是一部撥亂之書。故孟子曰：孔子作春秋而亂臣賊子懼。漢代經生，則為春秋指出撥亂升平太平之三世。晚清今文學家，尤好稱道升平太平。民初知識分子，實未脫此窠臼。孫中山先生有軍政訓政憲政之三階段，但同時人則全望一蹴而便達於憲政。共匪竊國，亦有新民主主義社會主義共產主義逐步推進之說，一旦大權在握，便立刻一面倒，西向史達林低首朝拜。若我們平心靜氣，作一歷史的回顧，似乎此六十年來的知識分子，都不喜階梯漸進，全稱肯定之大理論，最高想望之太平境界，恍在目前，如可親覿，而當前腳下實況，則皆不免於忽視。

以如此般的時代心情，宜乎兩眼常在天空，而雙足長陷泥淖。看事太易，持論太高。每一事中所各有之理論，乃為不顧現實之大理論所掩蓋，所吞滅。理論勝過事實，空想平添紛爭。而我此六十年來知識分子之發蹤指示，實不能不負此時代悲劇層出迭演一分更大的責任。

在對日抗戰初期，昆明西南聯大一輩教授，曾刊行戰國策雜誌，認為當前國際形勢，正如我們以往戰國時代。事齊事秦，此下世界，非歸美國掌握，即入蘇聯宰制。我謂此下當是一解放時代，不是由分而合，乃是由合而分。西方帝國主義崩潰，其他各民族重獲自由，多樣的文化各放異采，如是始能逐漸走上世界之大同。曾寫戰後新世界一文，收入文化與教育書中，但殊不受人注意。我亦初不自料，此下世界之變，尚遠超我當時所想像。但看當前之聯合國，豈不可證我前言，抑且更可憑此作將來之展望。

目前聯合國中，疆宇狹小，人口寡少，歷史短淺之新興國家，一如雨後新筍，簇簇鑽出。正為各有淵源，情調相異，風姿多采，互不相同，宜乎各有其一分獨立之地位。何況我疆宇之大，人口之多，歷史之久，舉世莫匹。乃此六十年來我國知識分子，長恨我不能脫胎換骨，螟蛉自化。此亦因前清時代早有人大呼速變全變大變，認為非此則亡國滅種，接踵便來。既是心情緊張，而又故作張皇。而同時又好高騖遠，不入萬劫地獄，即爾聳身九霄。民初受此影響，緊張轉為狂放，從不作第二級想。論世界必曰大同。論國事必主西化。此風猶舊，直迄於今。我個人則終身服膺孫中山先生頭彩藏竹槓裏一譬喻。而此六十年來，羣認為先扔竹槓，乃是獲得頭彩之必要手法。

竹槓不扔，頭彩無緣獲得。此一心理，不能徹底轉變，則此下任何風吹草動，終將不免一可悲觀之前瞻。

我們即認美蘇在今天，即或遠自民初以來，早已成為舉世崇仰之兩勢力，而此後仍將如此。但頭彩在人手裏，於我絲毫無益。我只有回身憑此一條竹槓謀生。既是僅憑此竹槓，便絕不該想慕中頭彩人之生活。且僅憑此竹槓，亦非絕不能生活。而況此世界，還是多槓並峙，並不能由一頭彩獨佔。而我們此一竹槓，列祖列宗，四五千年相傳，既憑之以生存，而又子孫繁衍，宗族盛大。而此竹槓，亦仍歷古如新，不折不爛。若此六十年來，早知珍愛護惜，縱謂此竹槓內未藏有頭彩，然亦比上不足，比下有餘，不至如今之每下而愈況。

立國則必奉外國為楷模，做人則必懸外人為榜樣，此乃我六十年來知識分子共同意之歸嚮。但論政治，在我亦曾有幾千年來一個大一統政府之組織。縱說廢專制為共和，新的並非全可采，舊的並非全可棄。民初政情，尚在混亂中，正貴和衷共濟，小心因應。乃國會開幕，總統制內閣制既成絕大爭端。既是持論必據西方，而英美各佔一是，當時之所爭論，乃苦於無所折衷，乃只成為黨派意氣之爭。徒增蜩沸，國事益壞。

當時　孫中山先生讓位在野，意欲專心從事鐵路建設，使相從革命的國民黨徒，亦退處為在野黨，同在此目標下努力。此一意想若果實現，以和氣相感召，以退讓息爭端，局面或可改觀。

乃相激相盪，紛爭日烈。 中山先生於此時際，完成其三民主義五權憲法之主張。我當時已在中學教書，獲讀 中山先生書，乃知中國歷史上傳統政制，亦可加進新憲法，作為立國張本。一時歡欣鼓舞之情，乃竟不知向何人說起。

逮於國民革命軍北伐，定都南京，立法院成立，召集會議，參加者皆黨國要人，羣所仰望。乃首先提出議案，為中國傳統家庭制度之改進。婚姻契約化，以十年二十年為期。期滿不續訂，即告失效。此一議案，刋載上海各大報。後有人寫一討論中國社會之專書，曾加轉載。在當時，豈不認為中國傳統家庭，會妨礙國家之革新。實則遠在清末，康有為大同書，早有一番更徹底的新家庭構想。乃以追隨 中山先生甚久之一代賢人，亦復承此習氣，好逞空想，蔑視現實，其他則復何言。

我曾在北京大學歷史系，主開中國政治制度史一課程，院系雙方皆不贊同。認為中國舊政制，已無講述必要。我雖堅持，史學系學生亦逡巡避不選課。幸有法學院長及政治系主任兩君，謂院中學生只知西方政制，不知中國傳統政制為何物，囑來選讀，此課幸終開立。但在晚清維新志士，尚多注意歷史舊政制，俾可斟酌采用，故有三通考詳節諸書之編印。民初以下，喜新太過，排舊太甚，此一轉變，亦大值注意。

教育尤為我傳統立國大本，乃此六十年來，亦絕無人注意自本自根之教育精神與教育方針之奠定。晚清學校取法德日，寓有軍國民教育之意趣。我在中學肄業時，某師上體操課，謂一呼立正，白刃交於前，泰山崩於後，亦當屹立不動。羣相肅然，課後又爭相樂道。民初以後，全采美化教育，操場改稱運動場，提倡自由活動，忽視集體教練。始業歇業大典禮，校長訓話，猶是氣象肅穆，後改訓話為報告，又後則並此典禮亦廢。晚清小學有修身課，中學改稱倫理，民國後改為公民，後又變成黨義，然終不為學校與學生所看重。又曾有美國制與法國制之爭議與變動，却不聞有中國制之創建。

在先極重師範教育，後又忽視。至今師範課程中，只重西洋教育史，中國教育史則有名無實。有某學者，主持某著名大學歷史系，備斥林文忠不諳國際事務，遠不逮琦善。因謂非通西洋史，不能教中國史。我在該系兼課，承其青睞，邀去專任。彼既不得已而思其次，我則惟有遜謝。

尤其是國文課，晚清小學國文教科書，多收歷史人物故事，兼及膾炙古今之寓言雋品。幼年所受，後輒回憶。民國後課本大變，自人手足刀尺而至小貓三隻四隻，白布五匹六匹。視來者皆下愚，以課本作兒戲。只在改文言為白話一大理論下進行，至於教育意義則全可不顧。

我初來臺灣，見職業學校與普通學校雙軌並進，心以為喜。在大陸時，職業教育徒聞呼號，今在臺有此基礎，大可循之推進。乃曾未多時，職業教育終受輕視，普通教育則成為升學教育，登峯造極，則為出國留學。國家教育之最後責任，寄託國外，國內教育只成預備階段。未獲出國留學，乃如中途而廢。冉子曰，非不願也，力不足也。大可為未獲留學機會者作一同情之歎。民國以來之知識分子，多看不起日本，謂日本人只能模倣。然就教育一項言，日本人留學獲得學位，回國不受認許，須國內自授學位。此層實亦只是模倣，而模倣得有意義。我們則懸格太高，必自外洋得學位，始是真學位。國內自授學位，最近始有。然在國人內心實不重視，終覺遠差於國外所得。然我未聞美英德法諸國必以得外國學位為榮。我們之熱心留學教育，實可謂舉世莫匹。

粗舉諸例，不復覶縷。要之，此民國六十年來，大之如立國建國，學術思想，牖民導俗，一般心理，必奉西方為圭臬。不幸此六十年來，西方亦屢經大變。兩次世界大戰，使國內知識分子儼亦成美蘇之對立。惟美國派懸格高，壁壘嚴，必主身履彼土，親受薰陶，始為合格。繙譯亦不重視，嚴復林紓，皆受指摘。心慕西化，則惟有精修西文，謀出國機會，然為額有限。其他承風接響，則以抨擊吾國家民族之凡所固有為能事。非孝，禮教喫人，打倒孔家店。惟對中國已往傳統一切現況致其菲薄，亦得為時代潮流中人。至如何具體進修，具體對國家社會作正面積極之貢獻，則並無一共同確實可遵循之道路。其有不附此風氣，則目為抱殘守缺，如在大潮流中所沉澱之泥石渣滓，非深加淘汰，仍可為患。故美國派之在國內，乃成為一清流。方其赴國外，潛心力學，獲得正式學位，歸則視國人為冥蒙未開化，陳腐未適時，而自居為啓蒙師。然亦未脫中國傳統之書生氣，學究氣，未嘗肯深入民間，藏身施化。所以此六十年來，美國派風勢雖高，而風力實窳。譬如一樹繁花，非不燦爛悅目，而果實未結，亦復風雨難熬。

其最足為美國派之業績者，厥為其提倡科學。此六十年來中國科學人才之遞增遞高，可謂已在此六十年來之知識分子中開奇葩，結碩果。然即論提倡科學，亦不能就事論事。既稱中國傳統文化為科學發展一大障礙，又認哲學與科學敵對，目為玄學鬼，而有科玄之爭。又有以科學方法整理國故之號召。治國故者，多於科學為外行，科學方法只成一口頭禪。文學藝術宗教，皆難包延。抑且科學化與西化有別，不得以提倡科學為西化作護符。今極權自由雙方皆重科學。我優秀科學家陷身大陸者，亦復不少。提倡科學不明際限，不與其他事務相配合，而處處僅以科學二字唬嚇人。所欲排斥，則輒加以不科學之罪名。提倡逾其分量，其勢轉害科學之實際進展。

蘇聯派則形成為一濁流，門戶洞開，廣納來者。不問學業，專尚志行。懸義昭彰，不煩出國。若以美國派為洋貨，則蘇聯派近是土貨，而特加以西化之偽裝。洋貨清流主張留學。能舉家出國，最為上乘。不得已，亦可勤工儉學。乃有大批赴法勤工儉學生，初亦慕向西化而去，既則挾馬克斯共產主義以歸。蟲生於木，還食其木，遂乃高呼打倒西方帝國主義。抑且人可以為馬恩列史，大道在邇不在遠，反求諸身而即得。不煩深通西文，出國遊學，爭此不可必歷之階程。人孰不思為國家民族出力，人孰不思為時代潮流中一先進，人孰不思為新國家一新民。馬恩斯列史同屬西方，追隨蘇聯亦屬西化。方便之門一開，洪流潰決，不可收拾。時則美國派尚加忽視，謂其只是一派無知胡為。只說毛澤東乃北京大學圖書館一小職員，課堂上一偷聽生。但此下蘇聯派得勢，正在多數未能進入大學，出國留學，而僅能當小職員與偷聽生的身上。資本論乃至其他一切共產書籍，多半由當時不為人注意之小人物，在上海租界亭子間忍饑耐寒中繙譯，與遊學歸來坐擁大學臯比者無關。信知一項真實力量之來源，不論其是非好壞，實不能望其在國外培養，而必從國內廣大階層中醞釀透露。

當時國內共產思想之潛滋暗長，以至於猖狂無可復遏，豈一意主張西化美化者所能逆料。而此下共匪竊國，兇暴殘殺，闖滔天之大禍，亦豈其先導揚共產思想者之所逆料。大本既移，幹枝盡搖。其終極危害，必將不可勝言。不幸而推演至於如今日之形勢。更不幸而西方之變，每進益烈，終使人難以捉摸。我們只認民主自由與共產極權為兩世界。以大陸共區歸在極權世界，而自居為是自由世界之一員。不悟此世界已不能如此明顯簡單地劃分。大陸與蘇聯，齟齬迭起，終難彌縫。不勝壓迫，乃轉臉向其向所呼號所欲打倒的美國帝國主義作笑面外交。而自由世界中，英國最先承認大陸政權，法意繼之，最近美國總統尼克森即將親訪大陸，將來究更作何態，亦不可知。我們此六十年來，一意慕向西方，今日處此境界，又當何以為懷。要之，崇奉國外以為自己立國根本者。國外有變，國內亦必隨之鼿甈而不安。其權不在我而在人。殷鑒不遠，即在我此中華民國之六十年。而今日之大陸，則達於其最高之極點。

我們今天受此教訓，固當惕然以驚，憬然以悟，奮然而起，決然而自反。而大陸噩夢難醒，依然在繼續其文化大革命。清算孔子，清算董仲舒，呼嘯之聲，甚囂塵上。驚濤駭浪中，舵纜盡失，將不知漂泊何所。我　總統蔣公，深察時變，乃提出復興文化之指示。最近又告誡國人，以莊敬自強處變不驚相勗勉。回念此六十年，我全國知識分子，菲薄傳統，菲薄先民，一切不反躬自疚，惟知索瘢爬瘡，歸罪前史。以廣土眾民綿延四五千年一部悠長大歷史，何患無瘡瘢可覓。此一意態，早是不莊不敬之至。若論自強，則斷在當身，決不在外洋。所以菲薄之論一出，而舉國景從。正為彼輩懸舉一最高目標，英法美蘇，一應可艷羨之景色，如在目前，探手可得。而從中作梗者，惟我此一舊傳統。今姑不論此一舊傳統，固可賤如一竹槓。而此竹槓本身沉重，乃非我兩臂之力所能自舉。如今天之大陸，既已明白可證。則曷不改弦易轍。即謂是退而求其次，此一竹槓，猶可賴以為我自求生存之憑藉。環顧當世，其進入聯合國者，已不啻百數十國。未獲進入者，尚亦多有。我們縱好自譴，俯仰天地，寧可謂我獨無存在之價值。依此思之，自可處變而不驚。縱謂急切無可進，亦非無可退。縱謂急切無可求，亦非無可守。古人云：置之死地而後生。今日尚非死地，此一轉變契機，則全在我全國知識分子之一念間。

中央日報社來函，今年雙十國慶，將增出紀念特刊，以中國知識分子之責任命題，邀我撰文。

我自念，民國元年起，即藉教書謀生，由小學而中學大學，迄未離教書生涯。各級學校中教師學生，接觸不為不多。此六十年來之知識分子，其言論行事，意氣態度，我不可謂全無知。猶憶民四、五年在某小學，有朱君懷天，畢業上海舊龍門師範，來相同事，常告我其業師吳在公之之為學與為人。半年後，携其師新著宥言八篇示我，其書根據無政府主義極力倡導共產主義。吳君遊學東瀛，彼之思想，蓋自日本得之。而文章雅潔，議論宏肆，是為我對共產思想之首次接觸。我讀其書而深非之，為闢宥言八篇，朱君為廣宥言八篇護其師說。我又為再闢八篇，朱君又為再廣八篇，相持不能決。一日將夕，朱君顰蹙告我，君治儒家言，好論中庸之道，他日儻入仕途，恐不免為權勢所屈。我謂儒家出處進退皆有義，吾儕持論，亦不當專以反權勢為是。朱君終不釋然。其後朱君轉研佛典，我之初窺佛書，亦從朱君案頭得之。我每深欽朱君之為人。其後新文化運動驟起，排儒學，反權勢，朱君皆先發之。不幸以二十四歲英年夭折，越後十許年，我任燕京講席，吳君適亦在清華授課。然側聞其意態消沉，與我前所聞者大不同。我亦竟未與謀面。然當時共產主義已極風行，想吳君已悔其前書矣。此後四十年，在中小學求得如吳君朱君師弟子之為人為學，已渺乎難遘，實使我懷念之至。

抗戰中，我在雲南宜良，成國史大綱。某名學者主持中央某一研究機構，告我一相識，謂錢某何得妄談世事。彼之世界知識，僅自東方雜誌得來。又謂錢某著作，我曾不寓目其一字。其實我與某君亦素稔，彼之深斥於我，特以我國史大綱，於我國家民族歷史傳統多說了幾句公平話。彼之意氣激昂，鋒鋩峻銳有如此，亦使我警悚之至。

此六十年來，我廁身知識界種種往事，及今執筆，如潮湧現。除上述美蘇兩大主流外，亦有當世所謂抱殘守缺之士，年事皆長於我，而往還或較密。在當時為落伍，為不入流，今亦默默地下，多作古人。亦有遊學外洋，情切故國，融彼新知，宏我舊學，然亦僅如旁蘖，不得形成正幹。風氣所趨，終莫能挽。而此六十年來之中國知識分子，循此大流，日新日進，已不知經歷幾許瀾翻，幾許波折。回顧儼如一夢，前瞻尚屬迷惘。從大處言之，真可謂聚九州鐵鑄成一大錯，會合此六十年來之中國知識分子，只是共同演出一悲劇。痛定思痛，我不勝其愚妄之狂，謹願代表此六十年來之知識分子，為我國家民族作一番懇切之懺悔。我亦當對此六十年來之知識分子之身世遭遇，抱一番深摯之同情。他年國運重昌，此六十年來之知識分子，固當待後世史筆之論定。我之此文，特抒寫一人之私感，惟字字出之衷誠，亦僅為我一人之自白。知我罪我，全在讀者，亦豈欲妄有所論列。

至於今日，大難當前，繼起新興之知識分子，究當如何對國家民族盡新職責，如何對我文化傳統作新創造，如何莊敬自強，處變不驚，以共渡此當前之難局。茲事體大，更非如我愚劣，妄敢贊一辭。

一二　中國儒家思想對世界人類新文化所應有的貢獻

民國四十四年

近代西方人，在人類知識上，有三大揭示。第一首推哥白尼天體學說之創立，因使人類獲知，我們所居住生息的地球，在整個宇宙中，其所佔地位，是如何般渺小。第二是達爾文的進化論，使人類又知自己生命，乃從最低級微生物，逐步演化而來。第三該輪到康德哲學裏關於知識論之一部分，又使人類自知所謂人為萬物之靈，所謂天擅聰明者，實際其所知識，有一自然所與之限度。哥白尼距今已四百年，康德距今一百五十年，達爾文則不足一百年。

此人類知識上之三大揭示，使近代人類，在其心靈上，發生了甚深微，甚偉大的變化，其勢將影響及於人類之全部文化，使走入一新方向。惟不幸此三大揭示之主要意義，都偏在消極方面。復因歷時尚短，人類已往文化，傳統已久，積累已深，急切間，此三大揭示之影響，尚未能在正面有所成就。但此三大揭示中，第一第二兩項，已成為近代人類一種普通知識，其真確性再難推翻。第三項之嚴確程度，不能與前兩項相提並論，或可謂仍是一理論，但此項理論，幾乎亦已為近代思想所公認。循此推演，則人類自身所能有之理解與知識，一切為其自身天賦所限，則其所理解與知識之內容及價值，亦自有一種邊際可知。

若使近代人類，對此三大揭示，果能有真切體認，深細瞭解，則以往人類傳統舊文化，決然會引生出絕大變化。我們縱謂此最近一百年或五十年來之世界文化浪潮，直到今天，發生了種種病態，使近代人心，逐漸陷入迷惘，苦痛，甚至激盪出大衝突，而幾于有不可一日相安之勢，其最大癥結，即在此三大揭示之真實意義之仍未能普遍滲透進人類已有文化之各關節，各脈絡，而發揮其所應發揮之力量。而在此三大揭示未披露前人類舊文化中一切舊觀念舊習慣，猶多存留，未能配合于此三大揭示而改變，而適應，而纔始有今日之種種現象。如此立論，亦未為過。

惟此義牽涉甚廣，驟難詳論。姑舉其主要顯見者，約略言之，首當及於宗教與科學之衝突。宗教信仰為支撐人類舊文化主要一柱石，此事不煩再論。而哥馬新說所施於宗教信仰之打擊，其事亦盡人共見。近代人心，對舊日宗教信仰，日趨淡薄，並生動搖，而又無一適當之代替作用興起。今日一般人所謂人文科學追不上自然科學，而形成現代之文化脫節病，其實則是宗教信仰之日失其重要性，而我們所想望之人文科學，則尚不足以代替宗教之功能也。

宗教信仰日衰，科學興趣日盛，此為近代文化一特徵。人類驟獲天文學生物學新知，一時內心激動，其情勢如攀高山，墜深崖，心靈驟失所倚，墮落未知底止。一時心理變態，遂若科學發明，可以使人類進窺宇宙之秘，並可使人類躍為宇宙之主。一若人類憑仗科學發明，便可為所欲為，所向無不如意。細究其實，此乃人類一時慰情聊勝無之一種自我陶醉而已。重視應用科學之物質發明，忽視了理論科學之事實昭示，此一百年或五十年來，因於科學新發明之接踵迭起，物質進步，瞬息千里，然如最近愛因斯坦羅素諸人為氫彈危害人類和平之警告，豈不明白告人，人類科學新知，已將驅迫人類自陷於毀滅之絕境，文化可以中斷，世界將臨末日，科學知識乃可恃而不盡可恃，科學發明乃可喜而不盡可喜，純科學知識之單線前進，不足以解決人類文化問題，事實昭著，足資吾人之深長警惕矣。

今還就哥白尼以來之天文新知識言，宇宙如此其無限，地球如此其渺小，又還就達爾文以來之生物演化之新知識言，人類又與禽獸昆蟲草木，同一系列，在今天人類身上，不論生理乃及心理方面，其與人類向所鄙視之禽獸比擬並論，歸納為類者，幾至不勝指數。科學知識既為近代人所重視，而天文生物兩項，在近代科學中又佔較高可信任的地位。就此論之，則近代科學新知識，正該教人益趨於謙卑恭遜，而奈何因於在日常生活上，獲得些許新方便，遂遽爾妄自尊大，認為人類只要憑仗科學，便能為所欲為，無往而不如意，此種意態，我無以名之，只有名之為是近代人類心理之變態。

在古人文化初啓，未嘗不知人類與禽獸相差之不遠，未嘗不知人類本身地位與命運之卑微，因此醞釀出宗教，一面藉以提高人類地位，使得與信仰中心之上帝相親，如是始在其本身命運上有一安慰。一面又嚴厲管束人類之心情，使更趨謙抑，即如基督教，乃不許人以人類自己心情愛父母，而必教其以上帝之愛愛父母，又主人類原始罪惡之說，此皆明白對人類心情之不信任，而更教人以謙抑自處者。而自近代天文學生物學新知識相繼揭露，向為人類所依恃信託之至善萬能之上帝，創世界，造人類，主宰宇宙，安排命運，此一信仰，已在近代人心中漸次隱退。近代人在其心情上乃驟失倚靠，而其本身弱點，又急遽曝露。近代人乃始知人類命運，乃以其卑微劣弱之生命，自掙扎於此曠宇長宙渺不可知之無限變化中，而身外更無依靠。試問人類獲此啓示，當更如何小心翼翼，謹慎將事。而近代人乃臨深為高，因於有了幾許科學技術之新發現，因於能自己支配了幾許眼前物質，開闢了幾許眼前生活之方便，而轉認為宇宙由我作主，命運由我掌握，自己心情，可以盡量奔放，一任所之。近代人乃憑其在物理化學上之少許運用，而忘却了天文學生物學上之絕大啓示。關於人類本原所自的幾項新知識之揭露，轉以擱置一旁，而自詡為轉進到了科學的新文化。其實在其科學知識之創獲中，乃輕重倒置，絕未能善自珍重其重要者，而顧妄自驕誇於其所不重要者，此實近代文化病一主要之癥結。

由於近代新科學之發現，人類於其自己理性又過分誇負，稱之為理性之偉大。不知人類心情弱點，乃與禽獸相殊不遠。即就理性言，誠如康德所指示，理性亦自有其先天之範疇。換言之，理性乃有其一套自然先定的格局，人類惟限於能知以獲所知。至於宇宙間萬理萬事，是否盡已并包於我人類理性範疇之內，此一論題，即為人類理性所不能解決。以前宗教家以全知全能歸諸上帝，尚不失為人類之一種謙遜與聰明。近世人因有科學，乃不信有上帝，然科學亦寧能證成人類本身之自為全知全能乎？則人類理性之必然有其限度，實已更無疑義。

而康德以後之西方哲學家，無論主張唯心唯物，要之皆憑人類理性所窺，而認為可以盡宇宙之秘奧，此正違於康德所揭示。故余謂近代人雖有哥白尼達爾文康德三大揭示，而實未能依於此三大揭示而領導人生趨嚮一更合理的途徑。

無論為宗教、科學、哲學，此三者，其對人類文化所以有大貢獻，因其皆有一共同精神，似乎皆求揭舉一理性所窺以懸為領導情感之標的。而對於人類情感本身，則似乎都採一種不信任不重視之態度。惟宗教真理，乃憑於幾位先知直接自上帝獲啓示，此項真理，其可信任與否，姑不論於近代科學對此方面之懷疑，即就現有世界各宗教彼此異同言，亦已難獲定論。故近代西方，乃有信教自由之新覺悟。此一覺悟，實可目為是近代人類在文化進展上一大成績。而近代西方之哲學界，乃覬覦於此自由獲得以前之宗教尊嚴，轉求以一家哲學代登此寶座，其人如黑格爾，如馬克思，皆求以自己理性所窺，懸舉為宇宙真理之全量，指示為人類大道之極趨。此種意態，若僅見之於言論著述，為禍尚少。若真見之於事為措施，其為禍實烈。此事即可在目前取證。馬克思唯物史觀，自認為是一種科學的歷史觀，而共產主義幾乎成為一種新宗教。此即近代人類，不由科學得謙遜，而於科學得狂妄之最足警悟之一例。至於一切科學發明，就大體言，皆謹守繩尺，僅多在物理化學上探究，僅主從技術方法上改造四圍物質環境，為人生謀幸福。近代文化，由此發大光輝，此亦無可否認。然人類本身弱點，為向來宗教家所極端重視者，一輩科學家，往往忽而不顧。於是遂有如最近原子彈與氫彈之發明，使世人相驚以為將使人類加速達於自取滅亡之途。則此科學哲學宗教三者，將如何妥貼安排，始能為人類此後新文化闢一康莊，其事誠值深長考慮。

茲再綜合言之，現世界人類所有各大宗教，既未能融滙合一，又多與科學新發現相牴牾，而尚未能盡量消釋，因此現有各派宗教勢力，將不能獨力擔負此人類新文化開創之重任。而論科學新知，則現代人僅迷醉於其眼前實利，而於大理論方面，有關瞭解人類自身意義者，如天文學生物學所揭示，乃未為現代人所細心領悟。至多在消極方面搖動了舊信仰，却未能於積極方面醞生出新理智。至於哲學思辨，就已往成績言，有所見，亦有所蔽，又多各走極端，既不能如科學發現之成為人人首肯之一種智識，亦不能如宗教激勵之成為人人感動之一種信仰，而僅為少許人之一種理性試探，則其更不能獨力擔當此文化新生之重任，更屬易知。則現代人如何脫出目前困境，而覓得此後開創新文化之一種指導力量，其勢必須於現有宗教科學哲學之僅有成績外，再有所尋覓，其事亦甚顯。竊謂今日人類所當首先努力之惟一工作，厥為先求認識瞭解人類之自身。此事依於近代科學所昭示，人類既與禽獸動物同一系列，由彼進化而來，則人類本身之一切情感，其實當受重視，至少決不當轉低於人類之有理性。人類理性，正由於其各種情感之在不斷演進中而逐漸開展出現。故人類理性，實建基於其情感之需矯正，需領導。則理性當還就情感，勿忘本來，始能善盡其職責。若昧此不顧，專就理性來追求宇宙最高原理，求以人類自己理性來代替舊宗教所信仰之上帝，而認其為全知全能，走上如近代哲學家所爭之唯心唯物，欲以一家哲學思辨所得，奉為人類一切之規繩。此事乃如近代科學家，分門別類，向宇宙萬物逐項追尋，而祈求獲得一博大會通之最高真理。其實此二希望，皆已越出了人類理性自身之可能。若求從此紆回，先自蔑視了人類自身之情感，而期求由理性來懸空建立一宇宙最高真理以為人生一切情感之指導，則此項理性之發現，常易陷於不真實，陷於武斷獨裁，決非可以為指示人類文化前進之康莊大道。此實人類理性之驕負而非謙遜，實有背於此四百年來人類知識之三大揭示，而實為近代文化病之主要一癥結。

當知人類情感，固與禽獸動物在同一系列中演化而來，然人類情感，正因其演化愈前，確亦有與其他禽獸動物相異處，此惟中國儒家所謂人之與禽獸相異者幾希一語，最為平允的當。因人與禽獸固是同一系列，大體相似，而仍有其幾希之相異，所以中國儒家舉出仁義忠恕敬愛諸德，此皆屬於情感方面，而即為人類與其他禽獸動物之幾希相異處。此亦千真萬確，無可否認。當知此乃事實，屬於知識，非思辯，僅屬理論；亦非啓示，當屬信仰。人類理性所貴，正貴其能實事求是，面對現實，即於此等人禽幾希相異處善為指導，使人生有一共同可循之坦道，而循之益益向前。此始為人類文化前進唯一之方向也。

故主張以理性指導情感，此乃世界人類走向文化理想之大同步驟，宗教科學哲學皆在此方面努力。而即就人生自身現實，即就人類自身情感，而善為檢別，善加指導，以求善盡其人類理性之可能職責之一項努力，則其事惟中國儒家思想，最能扣緊此中心，故能即在平實處見精微，而此種努力，則為並世古今各民族各派思想所勿逮。故中國儒家，乃非宗教，非哲學，非科學，而獨有其另闢途徑，以為人類文化向前指示一套真理之偉大成績。

惟其人類理知自有限域，故惟中國儒家思想，為有恭遜謙抑之態度。由此上達，在中國儒家思想中，實蘊藏有一種極深厚極崇高的宗教信仰。蓋儒家乃求循於人以達天，不主先窺於天以律人，此其所以為理性之謙抑也。中國儒家思想亦可謂是一種哲學，然此項哲學，扣緊人生實際，不主從宇宙大全體探尋其形上真理，再紆迴來指導人生。中國儒家思想乃面對人生現實，不忽視於人類之情感實況而運用其理智。非先忽視於人生之現實與情感，而憑空運用理智來建立一真理，而就之以批判一切現實，主使一切情感。故中國儒家思想，雖若與近代新科學取徑不同，其實儒家重知識，不重理論，而其求知識，又貴證驗，不重玄思。此一態度，正是最謹嚴的科學態度。故中國儒家思想，可謂是人類欲求創建人文科學之一種初步試探也。抑且儒家既明認人與禽獸相異幾希，故於人生實務，如所謂盡物性，如所謂正德利用厚生，此等觀念，皆可與近代科學實用精神相通。故求能磅礴會通於科學，循序上達於宗教，而自成一套哲學系統，而又不趨向於極端。能尋求中庸平實，以期於人類知能之共同是認。此惟中國儒家思想有此內德。故若將中國儒家精義，能會通之於近代西方宗教科學哲學之三分鼎立，不相統一之局面，而善為之調和折衷，必可為當前人類文化新趨展示一方嚮也。

一三 談中國文化復興運動

民國五十五年

諸位先生，這次我來講演復興中國文化運動，對這件事，略談一些我個人的想法。但怕講來沒條理，沒系統，只能隨便講。

我們要做一件事，當該先知這件事。所謂復興中國文化，先該知中國文化究是怎樣。但這問題很困難。這幾十年來，我們國內知識份子，學術界，沒有認真看重這問題。所爭論的似乎都欠深入，不能作我們此下研究的憑藉。我們對此問題，沒有很多知識積累，此刻要用簡單幾句話來講，這事實困難。

講文化，是不是該拿思想做一個重要中心呢？講到思想，這裏還有爭論。照現在人說法，有些認為從哲學思想便可看出文化本質，這層是否，我們暫不討論。我們現在且從中國思想來看中國文化，大家就會聯想到儒家孔孟。可是孔子到現在已兩千五百多年，儒家思想在各時代有演變，我們能不能拿幾句緊要話來總括？這就很難講。從前講孔子思想，也就意見紛歧。有人看重這一面，有人看重那一面。我覺得講文化，該講文化之全體，不能單舉一偏。即講思想，孔孟儒家以外，至少還有道家莊老。在中國人中，乃至一個不識字人，可能他頭腦裏有儒家孔孟，同時也還有道家莊老思想。除了儒道兩家，我們不可否認，中國文化受外來佛教影響相當深，亦相當普遍。佛教思想進入中國，到了隋唐時代，中國人自開宗派，有天臺、禪、華嚴三宗。他們從原來佛教思想裏漸漸變出一套中國化的佛教。這些中國化的佛教，很能配合中國社會和中國傳統文化，這些思想可說是中國的。今天印度已沒有佛教，有一些只是小乘宗派，大乘佛學都流傳在中國。中國人把來吸收消化，變成為中國的佛教。這些當然也是我們文化體系中一部份，也是中國思想中的一部份。我們後代社會所謂的儒釋道三教，或說三教合一，這說法已經很普遍，尤其在明清兩代，我們不能不注意。

除了儒道釋三教，先秦諸子裏還有其他部份，也還重要。如墨家，固然到了漢代已不盛行，然而直到唐代，韓昌黎還提到它。到了清末，中國人接觸了西方耶穌教，卻覺中國墨家所講和耶穌教很相近，於是有人出來提倡，墨學一時盛行。我在北京大學教書，那時一般學生多只讀墨子，卻不看論語。我問為什麼？他們認為論語陳舊了，墨子却新鮮。我謂這話也不全是。今天我們大家競讀墨子，墨子並不新鮮了，但沒有人讀論語，論語將會又變新鮮。但至少我們不能否認墨家思想也是中國思想裏值得注意的。

還有如法家。近代人看見西方人愛講法，一時便也來提倡講法家。但法家思想也不是到了清末民初才來講。在中國歷史裏，一路下來，有一條法家思想的流在那裏。再如陰陽家，在中國社會上處處流傳，影響尤大。如講醫學，當然中國醫學很值得研究，但中國醫學中偏多講陰陽。若我們對陰陽家思想不清楚，如何來研究中國的醫學理論。或許我們的醫學理論中的陰陽學說是後來附會進去的。但既然附會進了，我們也該有研究。整個社會，一般人生，或許更多信陰陽家的話，並不在儒釋道三家之下。我們只說他是民間一種迷信，但要之也是一傳統，流行甚廣，成為構成我們文化的一部份。

其他各家，我們此刻暫不論。從前司馬談講六家要旨，我想舉出新六家——即儒、道、佛、墨、法、陰陽。我們講思想，只講儒家孔孟，把此外五家忽略了，如此來講中國文化，總是有所偏。我們若講哲學，不妨各就所好，各有偏向。但要瞭解中國整個文化體系，這是一客觀的，不該偏輕偏重，把有些全忽略了。若我們講文化先要注重講哲學思想，我們來講此六家，已經要我們很大的努力。或許幾個人研究儒家，幾個人研究道家，幾個人研究佛學，先來一個分工合作，將來滙通起來，提要鉤玄，纔能綜合來看中國思想究是什麼一回事。

可見從思想來看文化，在我們肩膀上負擔已很重。而且思想定會有表現，思想必然會變成為行為。若我們認為以上六大思想，在中國社會裏很有力，有影響，他們定曾表現出種種行為，那就是我們的歷史了。在清末民初，大部份人認為中國的先秦相當於西方的希臘。那時百家爭鳴，思想很自由。秦漢統一以後，思想定於一尊，便沒有進步了。這些話，我暫不批評。但說思想定於一尊，當然是指的儒家孔孟。那麼孔孟思想在漢代以後，應會表現出種種活動。而我們當時的學者，却只講先秦思想，不講秦漢以下的歷史。這是有頭沒尾。並且這條尾巴長，我們不該不注意。我們要反對孔孟儒家，也不當專據一部論語，一部孟子，還該看此下讀論語孟子信仰孔孟的許多人之所表現。譬如孔孟儒家愛講治國平天下，我們至少要看看漢、唐、宋、明諸代，他們一些治國平天下的想法和做法。元清兩代，實際上掌握行政事務的，大部份也多是中國人，還是所謂儒生。我們該要注意到這輩儒生曾如何來治理這個國家，這樣才能判定孔孟儒家思想究竟在中國有無價值，其利弊究在那裏。我在北京大學歷史系曾開中國政治制度史一課，當時學系同人表示反對，認為這課不必開。他們說：「今天的中國，還要來管秦始皇到清宣統的這一套政治嗎？」我說：「若講此下的新政治，或可不管這一套。要講歷史，則這一套非講不可。漢武帝、唐太宗怎樣治國，總該有一套，我們不能不講。」即如　孫中山先生為什麼要創建加上監察院、考試院的五權憲法？這不是根據了中國歷史傳統嗎？難道中國歷史從秦始皇到清宣統，就只是一個專制獨裁的黑暗政治嗎？在專制獨裁的黑暗政治之下，怎會有考試權、監察權？這些自該研究。

抗戰時，有一次，我到樂山復性書院去講演，我對書院主持人馬先生說：「我聽說復性書院不講政治，我却想來講一些有關政治的。我不是要講現代政治，但我要講中國歷史上的政治。倘使孔孟思想只流行在戰國，秦以後便沒有受孔孟思想的影響，那麼孔孟思想也就沒有價值，只幾百年就斷了，真如近人所講是一堆冢中枯骨了。倘使秦漢以後還受著孔孟思想的影響，我來講一些秦漢以後的政治，也好從此方面來看孔孟思想的實際價值所在。」馬先生說：「你這樣講，要比當年梁任公先生講得通了。」梁先生當年就是只講先秦是中國思想的黃金時代，秦漢以下便沒有思想了。沒有思想，從那裏來了這一套歷史？直到今天，還有人認為我講歷史不夠現代化，怎能說中國傳統政治不是一套專制政治呢？這樣批評我的，絕不止一個人。但我們講歷史要客觀，若自秦始皇到清宣統，中國歷史上只是一套帝王專制的黑暗政治，我們也可不必再講中國傳統文化，因中國傳統文化究是太無價值了。

今天主要的，要講從思想演變出歷史，全部歷史從思想演變出來，那些思想便有一個實際價值。究從老莊思想裏演變出些什麼來，從佛家思想裏又演變出些什麼來，這在歷史上有憑有據，可指可說。當然思想表現在人生的各方面，但政治是其重要的一面，這層不可否認。

再拿文學來講。人生就是文學，文學就是人生。從新文化運動起，羣認為西方文學始是人生的，中國舊文學，像是脫離了人生，這番話我却不贊成。我認為中國文學最與人生密切相關，能最有力來表現真實人生。讓我舉一個例：那時印度詩人泰戈爾來中國，上海開了一個歡迎會，當時徐志摩寫了「泰山日出」一篇文章，他說泰山日出了，泰戈爾來到中國了。但你如全部看過這篇文章，連「泰戈爾」三字都沒有，更沒有他來中國的時代和背景，若不是如古代詩經般代他加上一小序，便不知他究在說什麼。我想，若使請一位懂得清代桐城義法的古文家來寫一篇「泰戈爾來華講學記」，泰戈爾是怎樣一個人，他怎樣地來，當時有些什麼人怎樣地歡迎他，撰寫此歡迎文的是誰。泰戈爾之來，其意義何在，價值何在，只要短短五百字一小篇，也可寫得很扼要，很精采。當然也可寫些詩篇來表達。為什麼定要說中國文學不切人生？西方大文學家，往往有人一輩子跟他旁邊，幫他寫傳記。因在他的文學裏，並無他自己的人生存在。中國則不然。把杜甫詩編年，逐年逐月逐日早晚，他在那裏，做些什麼，想些什麼，一路下來，最詳備的傳記，莫過於他自己的詩。我們若要寫一篇蘇東坡的傳記，那更複雜了。他的詩詞散文，書札筆記等，統統是第一手的材料。蘇東坡其人，便畢現在蘇東坡自己的作品中。又如陶淵明、陸放翁，在鄉村，一住五年、十年、二十年，這樣的傳記，除卻讀他詩集外，再也沒法寫。而且也再不能像他自己的詩那麼寫得好。陸放翁在鏡湖，七十、八十，一年年，一日日，春夏秋冬，四季變化，他的日常生活，盡在詩中，等於是一部日記。我們讀他的詩，他晚年幾十年的鄉村生活，如在目前。他的人生，便是他的文學，為何定要說中國文學不切人生呢？

當然文學有各種體裁，有很多變化。變到最簡單，為今天我們所最看不起的，便如做對聯。簡單幾個字，把他個人的一生學業、性行、家事、國事，都寫上了。如我們這樣一所大禮堂，若有一副對聯，便能把此禮堂興建的時間、地點、精神、使命種種意義，都包涵進了。禮堂還須題一名，稱為什麼堂，再加上一篇題記，或詠幾首詩，重要的實際人生都放在裏面。因此我們可以說，中國人的全部人生，主要還不是在二十四史裏，而是在各家的詩文集裏。如我們要研究范文正公、王荊公，根據宋史嫌不夠，還要讀范王兩家的詩文集。縱使一首小詞，也不該忽略。因是作者整個的心情性格，生活的率真細膩處，都透露在這裏。如李後主，乃一亡國之君，在歷史上短短幾句便完了。但他亡國後的一段生活，卻盡在他的詞裏傳下。到今天，我們對李後主當時的內心生活，還如和他對話般瞭解他。

我常講西方人是完成了他的文學作品而成其為一個文學家的，中國則是由於他是一文學家而寫出他的文學作品來。西洋文學中一篇小說，一部戲劇，把作者姓名掩了，價值一樣，仍是一文學。研究莎士比亞，不要詳細知道莎士比亞這個人。直到現在，莎翁生平，還是無法研究，但無損於莎士比亞作品裏的文學價值。也有人說：惟其在他作品中，不見有其人，所以其文學價值纔更高。中國如杜工部，如蘇東坡，卻是作家和作品合一的。從杜詩裏，表現出杜甫的私人生活乃及其整個歷史背景。開元天寶，天翻地覆，轉徙流亡，悲歡離合，都在詩裏表現出。他不是在寫時代歷史，只是從他這一顆心裏，表現出他的日常生活，乃至天下國家一切事。從他一心到身到家，夫婦子女，親戚朋友，乃至國家天下，合一融通地表現。這裏十足表現了一種中國的儒家精神。我們若不懂中國文學，也將不能認識中國文化。拋棄了中國文學的舊傳統，也就等於拋棄了中國傳統文化中重要一項目。當然此刻要的是新政治、新文化，文學也該推陳出新，但我們要研究中國文化，至少這些傳統終是不可忽。

再說到藝術。從前在北平常同朋友討論到東西文化問題。有人說：「文化沒有不同，只是西方走先了一步，中國走後了一步。西方是現代化了，中國只相當於他們的中古時期。我們再進一步，也就跟上西方現代化了。這裏並不要爭東方與西方。」我曾問：「怎樣叫中古時期的文化？怎樣叫現代文化呢？」這位先生舉個例倒很好，他說：「從前朱子註論語，論語本文用大字，他的註用雙行小字。現在我寫哲學史，提到論語本文低兩格，我自己的意見理論便抬頭頂格排。引古人文用小字，自己寫出的用大字，這是現代精神。」我說：「原來如此。」其實我們這幾十年來的學術思想界確是如此，我們實該自己負責任。我這次特別高興，看到故宮博物院，陳列著許多東西。但我要問，如繪畫，是不是中國畫只是中古時期的，西洋畫始是現代的呢？又如中國的磁器，有宋磁、元磁、明磁，到清磁，從這些上，可以寫一本很詳細的中國磁器的歷史演變，即從這裏，也可把整個文化反映出來。那麼，是否說塑膠纔是現代化，中國磁則只是中古時期呢？講文化不能排除了藝術。從藝術品上，也可推究到東西文化精神之不同。不能拿中國的一切都派在中古時期，西方即是現代化，這中間應該另有些不同。

建築也一樣。這廳堂的建築，顯然是東方式的。我今天來看中山大樓，一進去就覺得十足的中國情調。我是一個中國人，進入中國式的建築，只覺心開。住進外國房子裏，好像總有點不對勁。西方洋樓，四面開窗，叫人注意外面去。樓與樓之間則須有相當距離，這頗帶些他們近代帝國主義向外殖民的色彩。他們中古時期的堡壘大不同，各也有他們當時的文化背景。中國一佛寺，和外國一教堂，同樣興築在中古時期的，畢竟還是有不同。他們的建築都帶有征服式，中國的常是和合式，天人合一，使人居之安。

我們講思想、講歷史、講文學、講藝術，從多方面來講文化，又應懂得統之有宗，會之有元。這兩語，是三國時代王弼說的。講文化，從多方面會合起，這裏面有一個宗，一個元。宗是一中心，元是一源頭。我們說文化精神，也如說文化根源，還有它的會合點。我們要知道，在中國人中產生了孔子與老子，在中國佛教中產生了天臺、華嚴、禪三宗。在中國歷史上產生了中國式的政府，以及中國的文學與藝術。並不是孔子來創造了中國文化，乃是由中國文化來創造出孔子。因有了中國人纔有孔子，不是有了孔子纔始有中國人。亦不是先有了一套文學來影響中國人，乃是由中國人來創造出這一套文學。我們不從深處講，且講淺處。要研究一民族，該懂得有民族性。如中國學問藝術傳到日本，日本人很保守，一器物、一禮俗，他們都看得重。近代中國人看自己中國的，遠不如日本人看從中國去的那樣隆重，那樣興趣濃厚。但日本人說：「我們的文化，雖從中國來，但是日本化了。」這話也對。中國文化到韓國、到越南，到各地，都會變。西方的到中國自然也會變，主要是在變中有個己。即就中國自己的來講，如文學、如藝術、如歷史上一切，由古到今，各各有變，不斷有變。我們該有思想史、社會史、政治史、文學史、藝術史、經濟史等等，該從這些知識會合起來認識我們自己的文化，就比較準確些。可是這些工夫，我們都沒有好好做。現在來講中國文化，都得看第一手原料，運用每一個人的心思來融化，來闡釋，豈不難。研究西方的省力方便多了。要知道希臘，有各家的書在那裏，不用直接去讀希臘文，也可研究。中國古代文字直沿用到現在，不需另研究孔子時代或書經時代的文字。然而這些材料，卻都沒有經過現代中國人的細心研究。

說到現代，真是變化太快了，而現代的中國人變化更快。對自己三千年五千年傳統，厭了，懶了。誰也不肯用心去研究、整理。隨口謾罵，便是前進，開風氣。置之不理，也不失為現代化。聰明精力，誰肯向這裏去鑽。說什麼是中國文化？鴉片烟、女子裹小脚、痲雀牌、太監、姨太太、算命、相面等，諸如此類。當然我們不能不承認這些也是從中國文化裏面表現出來的一些面相。

但女人裹小脚，雖足為中國文化詬病，今天不裹了，難道中國便有了新文化了嗎？現在不抽大烟，不又是新文化嗎？而且幾百年前中國人既不抽大烟，也沒有打麻雀牌，那時的中國文化又在那裏？小言之，是如此。大言之，則說打倒孔家店。但孔家店易打，中國文化卻難打。在中國文化裏，尚還有老家店、莊家店、釋家店，很多店鋪在。偌大一條街市上，打倒一爿半爿，打不了整街市。我說打孔家店省力，也有道理。論語雖是中國社會一部人人讀物，現代化的前進學者，拿著西方的政治、社會、哲學、科學一大堆新花樣來講，別人讀論語的，講不過他們。又如從論語中拿出一兩條，如「惟女子與小人為難養也。」之類，把孔子說成另一個樣子。當時人不肯叫孔子，要改口叫孔仲尼，孔老二。孔家店的老闆孔老二，便如此般打倒了。但這只是我們新的知識份子來欺騙無知識份子的勾當。孔家店老闆易打，孔家店裏的小伙計卻不易打。如要打顏淵，顏淵誰懂得，也易打。但像今天大陸忽然上演海瑞罷官，海瑞只是孔家店裏一個小伙計，還輪不到二級三級，但這齣戲演來，大家都認為對，毛澤東也著慌了。因海瑞不是一貪官，他又敢於講話，不貪錢、不怕死，這兩件就夠，他已深入人心，叫你打不倒。我們且莫來講東方文化和西方文化，題目太大，便由得你一人講。但遇到孔家店裏的一個小伙計，你要怎樣打倒他，卻會感到不易打。

因此若我們要講中國文化，該從多方面，長時期，集體合作，從新研究。不是講哲學便能講盡了中國文化。也不是講歷史、講文學、講藝術，便能講盡了中國文化。並且在藝術、在文學、在歷史、在思想哲學各方面，還得各各分別研究。近代西洋，任何一門學問，都經過了一百、二百年，很多人心力，才有今天。即如讀一部西洋通史，從民初以來五六十年中，西方中學大學裏所讀的通史已有了幾多變化。編了又編，改了又改，成為今天這個樣子。在我們只憑一兩個人，在一個短時期中寫出一部新通史來，到底不行。我們也要經歷一段長時期，有多人努力，又經自然淘汰，每一方面都有比較靠得住的人起來講話，如是集體合作，再經會合，纔能對自己歷史有個認識。我想復興中國文化這個重擔，應該挑在知識份子的肩膀上。但要有耐心，用苦力，不然我們會永遠比不上西方人。兩邊碰頭，問莎士比亞，他那邊總會有人源源本本詳詳細細來講。問杜工部，我們這邊真要找一人來講，卻很困難。講藝術，你問他這幅畫，他會講。他問我這幅畫，我也要找一恰當人能講，便不易。現在我們勝過他們的，是我們能看他們的書，講他們的話，中國人中要找能讀英文，能講英語的，多的是。你找一個美國人，問他中國字，就不行。可是現在他們也來慢慢地學中國話，讀中國書，將來中國方面的學問怕也要問他們。現在中國優秀青年到美國去讀中國文史藝術學位的人已多了。在美國得了學位，纔能回到中國受人重視。所以我們的大學文科畢業生，也只有留學外國，纔能有出路。若只在自己大學裏面畢業，大家看不起。我昨天去故宮博物院參觀，正在看象牙雕刻，這比看磁器、看書畫，要簡單容易得多。後面有兩個人在講話，一人說：「中國人能做出這麼精細的東西嗎？一定是外國進貢來的。」我想我們此刻要來提倡復興中國文化，遠的不講，講近的，先該能移風俗、轉人心。否則文化是不易講的。即講文學，一首詩，一篇散文，有時也會講不明白好處何在，又誰肯來承認你講的價值。但一個象牙雕刻擺在那裏，他不得不佩服。可是他又認為中國人雕不出來，那麼怎會在中國的皇宮裏呢？他說：「這是外國進貢來的。」他能這樣講，可見他也是一個知識份子，並非一無所知。這些例，深深淺淺，遠遠近近，可以舉出很多。有一年，我在廬山避暑，一位朋友，第一次新見面，他問我：「在美國那個大學讀書的？」他是美國留學生，所以說：「我怎麼會不知道你呢？」我說：「我沒有到過美國。」他說：「不必客氣，我和你很熟。」我說：「我們初次見面呀。」他說：「你不曉得，我在家裏教兒子讀論語，就選定了你的大著論語要略。」這位朋友自和一輩留學生不同，他要叫兒子讀論語，而且是他自己選定了我的那本論語要略，所以他說「我同你很熟，你不要客氣。」下面一句話，卻是一句時代心聲。他看重我，所以想我也必曾去過美國。這是三十年以前的話了。一切事有前因，有後果。我們今天結了些什麼果，那是有原因的。我們今天正是一個困難的時候，把中國文化丟在一邊也應該。

上面拉雜說了許多話，現在接講第二部份如何來復興中國文化？我們縱是不認識中國文化，但我們的責任要來復興它。當前的問題，不能說要等待我們真了解後再來復興。要如此，時間還不知要等多久。但我們又要問，不知道中國文化，怎樣來復興？我想這事該兩方齊頭並進。復興中國文化，該可有兩條路。一是少數人的責任，須得高級知識份子一輩學人來研究，這是上一時講的。現在要講另一條路，這在我們一般社會，全中國人來一個廣泛的運動。我認為中國文化裏，有最精粹的一點，是關於「人生修養」的。人生修養並不是現代人講的人生哲學。西方人講人生哲學，中國人講人生修養。修養中寓有哲學，但與西方人講的哲學不同。其重要處，在於有一套修養方法。中國哲學須由理論與實踐配合。講中國的人生修養，主要在儒家，遠從孔孟，下到宋明理學家，各有一套。其他如道家、佛家，亦皆理論與修養配合。這是中國哲學最主要最特殊所在。論其精神，卻與近代西方科學極相似。科學必有實驗，中國哲學也必有實驗，此即所謂修養。此刻我想講幾點我們大家所最易明白的。

第一點，我們要真做一個中國人，纔能來復興中國文化。復興中國文化這一責任，便在中國人身上。沒有了中國人，就沒有中國文化。此如沒有了希臘人，希臘文化轉移到其他民族身上，究已不是希臘精神了。在抗戰時期，我在成都華西大學一個茶話會上，歡迎某先生，談話中涉及到中國人問題。他說：「現在我們不是要做一個中國人的時候了，我們該要做一個世界人。」我說：生斯世，為斯世人，自然我們都該做一世界人。但我們應以一中國人身份來做世界人，不是以美國、英國人身份來做世界人。若今天先抹煞了他是美國人、英國人、法國人、蘇維埃人、日本人、印度人、中國人等差別，來做一世界人，此事不可能。今天我們參加聯合國，也拿中華民國地位來參加。尚不能有沒有一切國別的聯合國。所以第一點說，我們首先希望大家要做一個中國人。把今天一般現象來看，我們中國人在其內心深處，好像並不希望真做一中國人。似乎糢糢糊糊地在不知不覺之間便不像一中國人。中國人有姓有名，現在的中國人卻都改了名。C、P、黃，喬治張，這樣的稱呼。早已很普遍。我在香港去看香港大學的中文系畢業試卷，全部中文系學生都不寫中文名字。如寫C、K、王，還保留一王字，我知道他是個中國人。也有純粹用英文的，姓也不見了。我想這是那裏來了一大批青年來學我們中國文學的呢？我到馬來亞大學去，那裏的中國青年，更不用說姓名都變了。馬來人、泰國人，很想把大街上中國店舖懸掛的中國字招牌都禁止，中國人很不高興。但中國人自己的中文名字卻先自取消了，這不是一塊十足的中國人招牌麼？在日本，那裏的中國字招牌卻還多。以前在大陸，縱使內地交通不便，外國人少到的地方，也有些店鋪在中國字招牌上加上一些英文翻譯，好像沒有英文字的招牌便使這店鋪地位降低，不值錢。我曾想，那些改用英文名的人，將來成了人物，寫進歷史，那不是明明一本中國史，也變成了英國史、美國史了嗎？我想我們此刻要來復興中國文化，不如先來一個運動，要中國人用中國姓名，不要改寫英文。這個運動很簡單，我們暫不要講孔子、孟子，這些太高了。我們且先做一個孔家店跑堂的、開門的、掃地的，總可以。我們先來做一個中國人，簡單一點，先來復興用中國姓名，好不好呢？

其次是講中國話。譬如在香港，中小學生都講英語，有時叫一輛汽車，開車的也講英語，這都不管。隨便說句話，中間不重要處用中國話，重要處便改用英文，好像用中文便表達不出這意義。這一層影響可大了。我們自己的招牌改稱C、K、王，這可在外國通行。到外國去，入境問俗，把自己名字改一改，這還可。但他硬認為他心裏這個意思，用中國文字便無法表達，講中國話和他不對勁，不合他心意。如此一來，不僅中國是一次等國家，中國民族便是一次等民族。碰到學術上、理論上，高深一點的，非用英文不可。而且用了英文，他心裏會感到舒服、痛快。那影響卻真不淺。我想我們能不能講話要講中國話呢？有些如 yes, no, 之類，講英文也不打緊。但講到一句重要話，就非講中文不可。如說三民主義，五權憲法，便說不該翻譯了英文講。像此之類，說仁道義，也是中國文化的一塊招牌，我們該用中國字講中國話。現代西方學者講到中國學問，他們就只翻個音，有時還注上一個中國字。如孔子講仁，老子講道，他們都繙音。中國人更客氣，認為他所講全是英美人意思，不是中國人意思，所以簡直就滿口講英語。所以我說，要復興中國文化，先來多講中國話，好不好呢？

進一步，我們希望做中國人要做一個像樣的中國人。今天我們當然全都是中國人，可是已經不像樣。要做一個像樣的中國人，又要做一個能繼往開來的中國人。若我們做一個學者，當然要了解過去，要適應現在，要開闢將來。就如佛家禪宗，不立文字，掃空一切，但也要講過去！或從達摩慧能講起。也要講將來，要說將來的人生就是佛教的。將來的佛教就是禪宗的。任何一個知識份子，講一句話，不能沒有過去，沒有將來。可是我們今天講一句「復興中國文化」，立刻有人來責備說：「你不要想復古呀。」只要一講到孔子、老子你便是要復古。從前人儘講堯舜禹湯文武周公，他還可不失為是一通人，還可是當時社會裏一個人，還可承先啓後，做一有事業的人。我們今天，好像一講到中國的過去，就會關閉了將來中國的路。講過去，也只該罵，不該捧。只該批評，不該稱讚。這已成了風氣。我最近也曾寫過一篇文章，說到復興文化，不是要復古，就得到好多朋友說好，說：「你講得對，這句話有道理。」但我並不歡喜聽這話。復興文化不是要復古，但更不是要蔑古。現在一般人，一聽你說復興中國文化，就恐怕你要復古。但任何一種文化，總有個來源，總帶一些古的存在。你不能堵塞了上面，專來講下面。我們似乎先有一種害怕，也可說先有一種猜疑，古總是復不得。中國已往一切總是要不得。你講中國文化，他便要問你：「你對民主政治抱什麼態度呢？對現代科學又是什麼看法呢？」這些話，叫人無法回答。在他心裏，顯然中國文化是反民主、反科學的。他在時代風氣之下，不知不覺存心如此，無法對他有解釋。有人說，我們　總統講復興中國文化，才是最好不過的，他也講民主，也講科學。民主是世界大潮流，科學是現代大貢獻。要講復興中國文化，便不能不講科學和民主。這是五四運動以來所謂德先生、賽先生。這幾十年來，人人腦子裏，只有這兩位先生佔了很高地位，中國文化則似佔地位很低。若我們能有民主和科學，其實中國文化復興不復興是沒有關係的，這已成了一種社會心理，已經幾十年到如今。要轉移風氣，談何容易。

老實講，復興中國文化這六個字，從民國元年到今天，還是第一天正式唱出口。而居然在此地的知識份子，乃至無知識份子，沒有一人出來反對，這可說是民國五十多年來第一個可喜現象。我們今天，也只如在國外。倘使我們國家復興，明天回到大陸去，試問我們將帶些什麼回去呢？只帶科學和民主回去嗎？倘使我們沒有帶一些中國自己東西回去，這和美國、英國人進中國有何不同呢？所以我們真能復國，最重要的，應該即是我們今天講的復興中國文化這一句口號了。要復興中國文化，就該改造今天的社會，但也得慢慢地改。要發揚中國的文學和藝術，此事已不易。歷史則待後人來寫。哲學思想須待新興的哲學家思想家來提倡。你要講一番孔子之道來給大家聽，其事亦易亦不易。但若演一部能配合上中國文化的電影，便大家要看。人同此心，心同此理，此事似乎最易不過。為什麼大家愛聽紹興戲，勝過聽外國歌劇呢？這些我們該先提倡。而且也和科學民主無關，無傷大雅，這樣便慢慢接近了中國化，從這個門可以跑進那個門。孔家店裏陳舊貨物，也可由此推銷。像大陸上演海瑞罷官，海瑞罵皇帝，便是一例。我想那些道貌岸然講民主、講科學的先生們，也不會站起來反對吧！

但我上面說及中國文化有一點最重要的，就是所謂人生修養。關於這一點，我還得再講幾句話。中國文化主要精神是以個人為中心的，但亦不是西方人所說的個人主義。在世界每一個社會裏，會有一中心。從中國文化精神來講，此中心便是我。此話並不誇大。因這世界和社會的中心，同時也可是你，也可是他，每個人都是世界一中心，甚至可是宇宙一中心。中國傳統文化所講重要的在這一點。今且問，此宇宙，此世界、此社會，究竟發動在那裏？宗教家說發動在上帝，科學家說發動在物質。但要再仔細講，就講不下去了。我們再看，整個人生的一切，究該從那裏發動？若說由軍隊發動？這總不是我們的理想。若說由法律發動？法律只有拘束力，沒有發動力。若說由政治發動，政治要講民主，便該由每一人來發動了。或者說現在的世界操縱在工商業資本主家的手裏。人生一切追求，其背後都由資本家操縱，這話卻有真憑實據。只要我們仔細看一看，想一想，便可知道。正為今天這個世界，一切人生發動力在資本家者，則無怪反過來要有共產主義的崛興。但共產主義只是資本主義的反面，其實正反兩面還是一體。正如你的手掌手背，還是那隻手。若我們不要這一手，要另換一手，不講物質，不講經濟，其事卻不易。所以西方人到底不能徹底反那共產主義，我們不要對此太樂觀。只要西方資本主義一天存在，共產主義也會存在。共產主義本也產生在西方，依然在西方文化體系的裏面。有些西方人，卻說共產主義是東方思想，拿俄國給送到東方來。但馬克斯總不能說他是東方人。他寫資本論並不在東方。資本論中所根據的材料，也不是東方的。英國一位文化歷史學者硬要把蘇維埃送給東方，但馬克斯和倫敦關係太深太顯，他究竟送不走。今天美國學者號稱中國通的，又要說毛澤東思想即是孔子思想直傳下來，中國共產政權便是中國歷史上從秦始皇以下的那一套專制黑暗政治。他們總想把共產主義推出自己那一邊，推到別人身上去。卻不回頭想一想，共產主義的毛病究從那裏起。遠從法國大革命，西方社會這毛病已經見了，無產階級的運動從此開始。到第一次世界大戰以後，此項毛病便在俄國人身上發作。第二次大戰以後，法國、義大利等國家，共產主義風起雲湧，那時中國才追上去。美國人拼命拿錢來收買，但錢究竟消滅不了共產主義。這一層，卻須現代世界人類有一番共同的覺悟。

我們講一個社會，其背後的推動力究在那裏？宗教、政治、軍事、經濟，都是外面的。外面有一力量來推動我，我總有些不大甘心。因此要講自由，又要講平等，又要講博愛。但經濟錢財，不懂博愛，不會平等，又不許自由。目前的世界。究竟是由經濟錢財在推動。中國傳統文化則認為推動一切的力量在於我個人，在於我個人的心。各是一我，各可以推動他四圍而成為一中心。那麼究是誰推動著誰呢？這裏面的理論，讓我慢慢講下。我們且先講原則。在我有推動社會的一個力量，社會推動，能由我開始。這一原則，各人需有一自信。然後在社會做人，才覺有意義，有價值。沒有這信仰的人，孔子稱之為鄉愿。「生斯世也，為斯世也善，斯可矣。」孔子說，這類人是「德之賊」，他們是賊害道德的。不能發展個性，失卻成其為一我。但人各有個性，大家發展個性，豈不成衝突。孟子說：「聖人先得我心之同然。」心有同然，我心就如你心，孔子時代的心，實在還是我們今天的心。我們今天的心，仍和孔子時代的心相同，所以孔子可以了解到我們，其實我們也該能了解到孔子。我這個心，可以了解別人的心，中國人稱之為仁心。因為大家同此一心，所以同稱為一人。仁者人也。我和你心相同，同此一仁心，故稱此為人道。人道只是一仁。可是你要得到這一個仁心，卻要修養。孔子說：「巧言令色，鮮矣仁。」你碰到另一人，話講得巧一點，面孔裝得討人歡喜，這個心便是不仁之心。你看重了別人，把自己的心看輕了，遮掩著自己的心來討好別人。巧言令色，一面奉承別人，一面又想欺騙別人。在人羣中相處，不夠直道，不夠朋友，不夠做夫婦，做子女，不夠做人羣中一人。我為何要抹殺了我，來討好你？實際則又是在欺騙你，想要利用你。先抹殺了自己想來抹殺別人，結果人和我都被抹殺了，所以稱之為不仁。所幸者，這個不仁之心，實際並不是我的心。心有所同然。張眼一看，梅蘭芳上臺了，大家鼓掌，覺得他漂亮。放開耳朵聽，梅蘭芳在唱，大家心裏喜歡，他唱得好。這是一種藝術心情，從大家自心發出，沒有外邊力量在推動。吃東西也一般，人家都說悅賓樓菜好。即顯推微，人人有一個共同相類似的心。你抓住了這個心，即等於抓住了我和他，抓住了一切人。因我這個心也即是你這個心。你抓住了我的心，不是我便會由你推動嗎？中國人對於人心研究是高深的。

此刻我們不能向深處講，且問人類這心由那裏來？那自然說是天生的。西方人說上帝創生了人類，中國人說天降生了人類，又賦予人類以此心。因此我們也可說，我心即天心。天就在你我身上，就在你我心裏。天人合一，沒有天，就沒有人，沒有人也就不見有天。莊子說：「惟蟲能天。」天生一條蟲，蟲無心，也可說蟲心簡單，所以他還保守著天生他的這一個真，還是本來的一條蟲。天生我們人，卻反而失去了他的天。為何呢？人有很複雜的腦子，有慾望，有思想，有一切改進。但改進不已，忘了本然，失了這個天，想離開了天來獨立做人，還想打倒了天來自由做人。故莊子說：「惟蟲能天。」這是批評我們人由聰明而愚蠢了。一隻螞蟻，能不失天生本然，但人卻早失去了他的天生本然了。中國人的理論，要人在天生本然上求進步。忘了這個天生本然來求進步，愈進步，離天愈遠。一棵樹，只從根上能開花，不在花上再開花。中庸上說：「盡己之性，而後可以盡人之性，盡人之性，而後可以盡物之性。」科學能盡物之性，但先得要盡己盡人之性。一顆原子彈扔下，一切都完了。盡了物性，卻反了人性。人可以發明科學，但科學不能發明出什麼來。正如一棵樹可以開花，花卻開不出什麼。現代西方人拼命造原子彈，核子武器、太空船、登陸月球，只求科學無限進步，但忘了盡人性。好像一樹，花開爛熳，儘在花上想法，根卻壞了。今天的世界危機，實在很大。

從前在我年青時，人們穿一件袍子，不論貧富，年紀大一些的，穿十來年很普通。中國古人，像晏子，三十年只穿一皮袍。今天不行了。工廠裏爭著出貨，第二批來排斥第一批，兩年一換衣，是尋常事。有人在想種種方法，使你非換不可。這不是我必要換，外面有一力量在推動。卻說是我們幸福了。說穿一句，是要賺你錢，賺錢成為人生目的。中國人也曾發明了印刷術，那是世界文化一道奇光。西洋的文藝復興，也靠印刷術發明。但今天的印刷術儘發展下去，又不得了，會變成洪水猛獸。在紐約，每天看一份時報，這樣一堆紙，怎樣看！而且翻後急得丟。新書不斷地拋出，舊書匿跡了。有些書，不到大學圖書館，找不到。舊書再版，真是困難之極。但你到小菜場，五光十色，雜誌、週刊，擺的滿攤滿架，看得天花亂墜，說這是民眾讀物。但有些卻是毒物呀。說電影吧，一部推出一部，但總不會叫你百看不厭。甚至不要再看第二遍。若一部電影，可以屢看不厭，那電影公司將會被迫關門。我小孩時看水滸，真是看得百看不厭。但現在人說水滸是中古時期作品，是中國舊社會作品，現在是科學時代工商社會了。看小說也得看了一本又一本，把你心看昏看亂。現世界人類的智慧和品德，一切人生的意義和價值，很多為出版物太多而受了損害。人的腦子負擔不了，又無法選擇，總有一個力量在推動，在填塞到你腦裏來。電影明星也如此，三年兩年換一個。你喜歡的，隔兩年不見了，又換上新的。再隔兩年又沒有了，又換上新的。我的情趣該懂轉換，但又來不及。你真愛好誰呢？我們的這個心，勢將無所寄託。女人穿衣服，一年一花樣。坐汽車，一年一款式。一切都這樣。商品拼命前擠後擁的推出，人生外貌都跟著改，其實人生內容也跟著改。說是推陳出新，其實陳的還未陳，新的也不真是新。新的舊的一例得急速收起，再來推出。人的情感也一天天薄了，只有不在乎。飛機減價，環球旅行，跑得人頭昏腦脹，這裏住三天，那裏住五天，一下子週遊世界回來，腦子裏有些什麼變化呢？還不是如此五光十色便算了。從前出門遠行，有多少困難。古代不要講，一條輪船到這裏，靠了岸，所見所聞，進到腦子的，印象還深些。現在交通太快速了，給人的印象也太淡薄了。

一切物質文明，主要還不是賺錢。我荷包裏的錢你拿去倒不在乎，但把人的心變了。理智感情都淡薄了，既浮淺，又不定，人生變成一派慌亂。所以我曾說，從前有鬼，現在沒有了。諸位說，從前人迷信才有鬼，現在科學發明所以沒有鬼。我不是這樣說。我生時紀念這個家，這個村子，死後還想來一下。現在叫我紀念些什麼呢？這個世界儘在推陳出新！人則要追上時代，不能落後。今天變，明天又變。思想變，行為也變。到最後，感到一生在世無可留戀。從前朋友少，現在朋友太多了。從前寄封信很困難，要託人，三個月五個月帶到你那邊。你拿到這封信，可說一字千金。現在電報電話，一個字值什麼。生日做壽，四面八方電報來了幾百幾千，但人的感情只有這些，反而沖淡了。一切都是外面在表現，不是內裏有蘊蓄。耶穌誕的各地賀卡，掛得滿牆滿壁。這張由英國來，那張由美國來，你是交滿天下。若論天賦感情，則只有這一點，現在是分得愈益淡薄了。

我這些話，不是要把現代世界物質文明之急速進步拉下來。我的意思，我們要講教育，講人生，與此現代世界物質文明之急速進步中間，應該指出些問題來求解決。講到此處，也便是中國傳統文化與現代人生方面之問題。我認為現在推動社會的，主要是一個經濟。經濟問題，可使人生一切都變動，但中國傳統文化觀點卻不同。認為推動人生社會的，應該是人的這個心。讓我們試問那些大企業家，今年出品，明年又出品，究是要福利人羣呢？還是要發展你的企業呢？那問題，只要一反省，各人反問自己就清楚。現在再問各人有各人的心，那麼我心怎能推動你心呢？中國人則說盡其在我。所以講忠恕，講愛敬。忠是拿我十分力量對待你，恕是我所不喜歡的不加到你身上。講到愛敬，天下那有一人不喜受人愛？那有一人不喜受人敬。但孔子講忠恕更好，因我對你忠、對你恕，只盡在我一方面的心。孟子講愛敬講得較淺了，或較薄了一點。他說愛人者人亦愛之，敬人者人亦敬之。這當然也是真理。你不愛他，怎樣要他愛你？你不敬他，怎樣要他敬你？然而沒有像孔子講得更高。我盡我的力量忠於你，下邊一句沒有了。孟子要開導人，把下邊一句也講出來。說：「愛人者，人恆愛之。敬人者，人恆敬之。」也許有人問，別人不敬你，不愛你，又怎辦？這仍得回到盡其在我，我儘愛他敬他便是。若有人問為什麼要這樣？孔子說得淳厚，孟子加以明白發揮，直從人的心坎處加以發揮。所以說：「盡心知性，盡性知天。」性是天生的，你怎樣能知你自己的性？因此要盡你的心。自己心不盡，天生給你的性，自己也不知道。盡了我的心，可以知我之性。盡了我的性，便可以知天，這叫做天人合一。天不獨只生我一人，你就知人家同我一樣。中國人講的最高道理在這裏。在從每人自己心上講起，成己而後可以成物。說知天像近。宗教，中國人有一種極高深的宗教精神。說盡物性像是科學。中國人所提前發展的是一套人文科學，最基本的修養工夫在盡其在我，盡己之性。從這一點發展出來，就可成為中國人講的世界大同，天下太平。在世界未大同，天下未太平之前，每人仍可自盡己心，修養到最高境界，便就是聖人。

中國儒家對聖人有幾種看法。一是朱子，他說聖人難做，後代聖人更難做。朱子的話是聰明的。孔子在春秋時代做聖人，省力些。若生在朱子時代，要做一聖人，就比較要困難些。若使孔子生在今天二十世紀的中國社會，要做一聖人，怕會更難了。這是朱子的講法。另一個是王陽明的講法。孟子說人皆可以為堯舜，朱子並不反對此說，只說是難。陽明則說得似乎比孟子所說更易了。王學後傳有羅近溪，他正在講臺上講人皆可以為堯舜，外面一端茶童子走進來，把一杯茶放講臺上，出去了。聽講人問：「他也可做聖人嗎？」他說：「他已是聖人了。你們看他走進來，目不斜視，一心一意，沒有滑跌，杯裏茶沒有潑出。走到這裏，放下茶，他又如是走了。端茶是他的職，他已盡了他的職，也盡了他的心。若使孔子來代他端茶，也不會比他端得更好些。」這個道理，陽明早講過。陽明到了龍場驛，生病了，半夜裏想，我這樣的生活，若使孔子來做我，怎辦？他想得大徹大悟，一跳起來，全明白了。「良知」兩字，就是這時候提出的。我們看禪宗故事，也頗有這樣的趣味。禪宗也講人人可以立地成佛。但我們生到此世，雖也不能沒有人端茶，但不能都端茶。我們固要陽明講的聖人，也要朱子講的聖人。朱子講格物窮理，正心誠意，修身齊家，治國平天下，那一大套。這正是我們高級知識份子的責任。但不能要求每一人都成一高級知識份子，縱使我們自己要做一個朱子理想中的聖人，也該鼓勵欣賞人家做一個陽明理想中的聖人。而且我縱有絕大學問，也不一定能在社會上負擔一項重大責任。如治國、平天下這些大責任，不在我身上，到不得已時，我也可做一個端茶童子，還是不失為一個聖人呀！大總統，治國、平天下，也仍不過是一個聖人。做一個茶房端茶，也還不失為一個聖人。中國人理想便由這些聖人來推動這個社會。而且人又是必該做聖人的。因此說，不為聖賢，便為禽獸。愈說聖人易做，而不做，那就更見其為禽獸了。我曾在日本和一位很有名的日本漢學家談中國文化，那位先生說：「我們日本人接受中國文化，是很深刻無微不至的。」我問：「從何而見，從甚處講起？」他說：「我們罵兒子常說：『你不像一個人。』這句話是中國來的，全世界沒有。」我聽了恍然。我們不是常說：「你這樣還算一人嗎？」中國人心裏的人，不是做上帝兒子的這個人，也不是法律上承認的這個人，更不是某人遺囑上接受他一筆錢財的這個人。天地生了我，我還得有理想有修養來做一個人。講難，難到極。講易，易到極。這即是中國人的中庸之道。我們這許多人，既非聖人，也非萬惡不赦的壞人，中間有一段很大距離包容著。這一極端是上帝，那一極端是魔鬼。上帝只一個，魔鬼怕也只一個。人在中間。有的九分近魔鬼，一分近上帝。有的九分近上帝，一分近魔鬼。但若這人從魔鬼身旁轉移一步近上帝這邊來，這是善，是在向上。倘使這人從上帝身旁轉移一步近魔鬼，這是在墮落，甚至是喪心病狂，是惡了。所以中國古人說，一念之間，可以為聖為狂。後代的中國人，則說端茶童子也是聖人，又說衣冠禽獸。這些話，不是極端話，卻是中庸話。孫中山先生說知難行易，知難是說在朱子這一邊。行易是說在陽明這一邊。現代的中國人，最不成也沒有被魔鬼拉去。只要能自心一轉跨離一步，這就是復興中國文化的大道。這一步，大家能移。這一心，大家能轉。我們該拿這一點來勉勵自己，來勉勵我們的子女、學生、親友，乃至社會上大多數的羣眾。這條路，應是復興中國文化一條大路。努力知難方面，並不身份更高，責任更重。著意行易方面，並不身份更低，責任更輕。要更深更細來闡發中國文化，這需要學問，讓一些人到圖書館去多寫幾篇博士論文，乃及傳世鉅著吧。我們也來講復興中國文化，應該採取第二條路。換言之，我們應做　中山先生所說的後知後覺乃至不知不覺來從行易方面立刻起步。

我這兩小時所講，提出了不少問題，請諸位批評指教。

一四　古器物與古文化

文化是人造的。我們說到歷史上任何一種文化，必然要聯想到創造此文化之民族，及其民族中許多傑出人物。但有些文化早已衰歇，創造此文化之民族，也早已退出了人類歷史舞臺。徒留幾許古器物，那是當時文化的殭石，來供後人作摩抄憑弔考證研尋。近代英法學者在埃及巴比倫的發掘搜羅，是其最顯著之一例。這是純客觀的，對異民族已死滅的古文化之一種純器物的研究。

這一種研究，形成了近代西方帝國主義對其殖民地文化之歷史研究。如英國在印度，法國在安南，更可恨的是往前日本在朝鮮，及我國東北，以及內外蒙古，他們也追隨英法，十足的自居為一個帝國主義者對其殖民地之原先文化之探索姿態而發表了他們的意見與成績。他們對其研索對象，都帶有濃厚的鄙薄心，冷酷心，只注意到這一文化所遺留的古器物上，卻對創造此一文化之民族與人物則並無絲毫同情，更說不上敬意。

尤其可恨的，是他們對中國也如對埃及巴比倫，乃如安南朝鮮般，鄙視了其民族，淡漠了其歷史與人物，而一樣的只注意到此一文化所傳下的幾許古器物上，來妄自負為研究中國文化之唯一途徑與主要憑藉。

這些且不說，最可詫異的，是近五十年來的中國學者們，樣樣學西方，甚至研究本國文化，也一樣追隨西方對其殖民地，所謂東方學之心理與態度，居然自詡為是一種最前進最合科學精神的新史學。

中國文化，原是世界各民族文化系統中偉大的一支。論其時期緜歷之久，疆域掩被之廣，真是舉世莫京。因此在這一文化系統裏所遺傳到今的古器物，真可說是寶藏無窮，俯拾即是。近一百年來的西方人，挾其富強淩跨之盛氣，對中國文化，固是全不虛心，遂亦全無認識。但對中國古器物，仍知愛好，仍知珍重。上自庚子八國聯軍之公開掠奪，下至史坦因等之私人偷竊，中國古器物，商彝周鼎，法書名繪，古籍珍玩，流傳到全世界，收藏在各公私機關，影響到中國人的心裏。這五十年來的中國人，不僅對自己文化，自己歷史，自己民族，也如西方人般同樣鄙視，同樣淡漠，卻對中國文化大系統裏所傳下的那些古器物，也同樣的知道珍重，知道名貴了。這是一件可喜事，也是一件可悲事。

一個富家舊室留下一些園亭建築什物寶貨，子孫不肖，轉移到別人手裏。別人看重這所園亭，這些寶貨，不一定就看重此不肖子孫之祖先。但此不肖子孫卻拾人牙慧，依樣葫蘆地輕薄自己祖先，誇耀自己遺產，那纔是無恥之尤。

據說今天的中共政府，也知道注意古器物，在其中央文化部下特別設立一個文物局，來專掌保存發掘收集和整理的工作。周代散氏盤的捐獻，曾在報上大大宣傳過。又曾派了一批人到敦煌去。這不錯，中共還是中國人，還知道愛惜中國歷史上所遺傳僅存的古器物。但我們該知，那些周金碎器，那些敦煌石窟中的壁畫寫卷之類，究竟是周代唐代全部歷史文化中之一屑粒。沒有周代唐代的政治和社會，人物和教化，那裏會有這些東西出現？而且今天的中國，究不比埃及和巴比倫，民族傳統還保留，歷史傳統還持續，一個耶教徒，可以欣賞中國寺廟建築，但不理會中國高僧們的人格精神和其信仰真理。一個佛教徒，同樣可以欣賞西方古教堂建築，及其壁畫雕像等，而不理會他們的神聖教理和聖徒精神。但是否全部歷史和其民族文化，真是純器物的呢？

孔子和古代經籍該打倒，這些都是封建遺毒。從封建遺毒中產生出那些周金碎器便該寶貴。試問孔子和古代經典，是否也只像近代工廠裏的一些所謂生產工具呢？唐代的歷史文化，都該鄙棄，再值得知道的只是殺人八百萬的流寇黃巢，認為這是農民革命。試問，若使唐代全是黃巢之流，全在農民革命之過程中，又何來有今天的敦煌文物呢？

然而我上面這些話，並不是在責備中共之也知寶愛中國歷史所流傳僅存的那些古器物。我此文之用意，只在指出一些近五十年來中國學者之一般心理。中共也逃不出仍是此五十年代中之中國人，他們硬要別人搞通思想，他們不知道，他們自己也仍只在此五十年代之中國思想裏打圈子。我要請中國人大家有個憬悟，我們大家是中國人，中國古器物該愛護，中國古史古人，同樣該愛護。你要愛護你的家園，愛護你的家藏器物，便不該口口聲聲鄙薄打倒傳給你那所家園那套器物的祖先們。那是人類簡單的良心問題，不需深涉到什麼歷史和哲學的辨論。

若說講孔子和古經典，講先秦學術，講唐代宗教和文學藝術，要妨礙今天中國之前進，愛護一些周代散金和敦煌文物之類，便可與近代中國之前進無干，那我得實告你們，不愛護自己歷史文化的民族是無法前進的。僅知道一些古董死物，而不知道有全部歷史和其歷史裏的有名人物的，既不配講歷史，也不配講文化。沒有歷史，沒有文化，便不能有民族。沒有民族，那裏還有前進？前進的只是別人的主義，不是我們的民族。

今天的中國，至少還有這一點民族意識未盡泯滅。今天的中國民族，至少還對其歷史先人所遺傳下來的這一點古董死物，還知寶愛。恐怕僅此一些，是中國民族得救的唯一生機。你總該見物思人，卻不該買櫝還珠呀！你總還有這一些你所知道的家傳遺產，那麼你便該回頭認識你祖先當時起家立業艱難開創的一番心血與精神，那何礙於你今天的奮發前進呢？

若你這一點思想都搞不通，你還叫別人搞通什麼思想呢？有人說：你太天真了，中共何嘗在那裏真心寶愛這一些古董死物呢？那是中共一套偽裝，叫人誤認他也在寶愛中國文化。那話或許不錯。可見近五十年來的中國學者們，若使對中國文化歷史有較進一步的認識，不也可以使今天的中共，勉強扮出一份較深一層較像樣的偽裝嗎？今天中共大陸之所為，正是五十年來中國人之自食其果，於中共又何尤？

一五　毛澤東與文化大革命

橫梗在毛澤東政權面前有兩大關。一曰經濟，一曰文化。馬克思無產階級專政的想像中，並沒有安排農民的地位。蘇維埃乃及東歐各國，迄今對增進農產無好辦法，中國匪黨不能例外。尤其是中國傳統文化，四五千年來，積深累厚，恰與共產理論處在對立地位。此一難關，為中國匪黨所獨有。

隱藏在毛澤東心裏的有兩懼怕。一怕匈牙利革命，一怕斯太林清算。明知民心不歸嚮，政權不穩固，故要怕匈牙利革命在中國社會崛起，因而來一個鳴放號召，期能緩和空氣。那知一發難收，於是急劇轉變，張起人民公社大躍進等三面紅旗來，決心走上更極端更左的路線。既怕及身遇到匈牙利革命，當然又怕身後遭受斯太林清算。因而心中深恨赫魯曉夫，更怕俄國修正主義侵染到中國。此兩項懼怕，前一項尚露出口邊，直到最近，還說有人要鼓起匈牙利革命。後一項則深藏心底。但司馬昭之心，路人皆知。到頭此兩項懼怕，不免都要實現。

有此兩難關，兩懼怕，於是有兩條絕路，逼上梁山，不得不走。一是反美帝，一是反蘇修。共產思想不能籠絡人心，轉而乞助於民族觀念。美國人天真，儘要向中國匪黨搭橋。但若此橋搭成，毛澤東停止反美口號，他更把什麼理論來欺騙人心。反蘇修，更是毛澤東一條堅定路線。對美帝只是隔岸叫罵，對蘇修則不惜肉搏抗爭。

毛澤東政權之內情與其外勢，不外上述。縱有千變萬化，孫悟空的筋斗終不跳出如來佛底掌心。

此刻軒然大波，在毛政權下面掀起，最難應付的，還是中國傳統文化那一股潛力，使毛澤東躲閃無門，也只有祭起他那面又凶惡又不祥的文化革命大旗，大呼破四舊，來作垂死的掙扎。

平心而論，文化革命那面旗，早在毛政權成立前張掛了。廢止漢字，線裝書扔毛廁裏，禮教喫人，打倒孔家店，全盤西化等口號，豈不更具體，更積極。然那時只是文鬥，此刻則轉為武鬥。那時抖擻上陣的是一批高級智識分子，滲透進了政府各階層，乃及大中小各級學校。現在則全已敗下陣來，無可運用，乃運用到乳臭未乾的紅衛兵，來橫衝直撞，胡作妄為。其勝負之數，不卜可知。至此，毛澤東之窮途末路，固已顯然擺在目前。而中國傳統文化此一股潛勢力，其為不可輕侮，也正在此短短數十年間獲得了又一明證。

作者為此事，也曾翻讀了匪黨中間一些有關的書籍文件。姑借鄧拓的燕山夜話為例，來述說我個人的一些感想。三家村集團乃及牽連到的一切內幕，我不知，止是就文論文，我以為反毛反共，事並不奇，值得注意的，他們究憑什麼來反。這一層，卻實出我意外。他們並不引經據典，把馬克思列寧他們開山祖師的一套著作論文搬出，他們也不搬出英美資本社會民主自由一套武器來應用。有人說，他們只是借古諷今，只這四字，就值得我們深切注意。

我們當知，早在毛政權成立之前，借古諷今，正為社會大忌。誰敢不識時務，來作此勾當。所謂古，只是一些家中枯骨，誰理會它。你若真個來借古諷今，譏笑怒罵，四面而至，可使你無地自容。此刻卻在毛政權之下，身為匪黨，踞政府之高位，在政府御用報章雜誌上來此一套借古諷今之文字，公開刋布，此實是大陸社會人心一項微妙轉變之朕兆之顯露。

若謂他們不敢正面衝突，因而不得不借古諷今，則我們又當知，在任何一作者之內心，當其下筆之際，莫不有一些讀者之陰影在其下意識中浮起。明知不受讀者歡迎的文字，作者常會審慎避免，何況在政爭場合中，並不是要藏之名山，傳之其人，更犯不著曲高和寡，來此一套。

燕山夜話中，明說有同志建議，有讀者來信，至少這幾篇夜話，並不是一個書獃子，關著門不問世事，絕無外面呼應，冥心獨造。在此幾篇夜話之背後，顯然有一個集團，在其臨筆以前有討論，在其刋布以後有反響。相識與不相識，有不少人在擁護著。諷今之言，有許多人高興聽，此已了不得。借古之言，偏有許多人不討厭，那纔出奇呀！

我並不識鄧拓其人，更不知道他底細，讀其夜話，愛於掉書袋。宋明清三朝筆記小書，經其過目的著實不少。我連帶回憶起從前在北平閱讀所謂知堂老人苦茶庵中作品一般，然而有不同。苦茶庵作品中有不少外國東西，矜其淵博，而燕山夜話中無之。苦茶庵作品中絕不提及中國正經正史之類，此在當時是犯禁不受歡迎的。所以苦茶庵作品，在當時，只受人捧，不惹人厭。燕山夜話中則援用正經正史並不比援用筆記小品之類少。苦茶庵作品只供人佐茗閒聊，十足是清狂名士派頭。燕山夜話則其中有問題，有意見。裝上小品文外貌來偷關漏稅。即舉這些相異，也可見時代風氣之變。

而且燕山夜話，也不專為針對指摘現實，很有些發見性靈的話。我一開卷，首先射進眼簾的便是顏苦孔之卓那一題。逃空虛者，聞人足音跫然而喜。我只瞥見那五字小題，便就感起一番欣賞之情。鄧拓不是一個哲學家專治中國古代思想的。更不是一位道學先生或理學宿儒。他是道地的一個共產黨員。若非對匪黨有一番忠誠，一番苦幹，也爬不上今天的地位。為何他能拈出此五字來做他夜話的題材呢？且不論鄧拓在匪黨中的身分，論其年齡，他也曾受過前一期文化革命的洗禮。揚雄擅長辭賦，那時白話文正當道，漢代辭賦家成了妖孽。而且文學必貴創造，揚雄卻畢生模倣。晚年來，又模倣到孔家店裏的陳腐經典論語來寫他的法言。顏苦孔之卓五字，正見於揚子法言開宗明義第一篇學行篇中。其人其書，早在前期文化革命潮流中該揚棄，該淘汰。鄧拓忽然注意到此書，他在夜話中，自己也曾交代過。因前一篇多學少評引及明代陳繼儒見聞錄中一故事，有一秀才用顏苦孔之卓一語，督學使者徐某批其杜撰，那秀才申辨此句出揚子法言，這位督學當場認錯。此篇乃諷無學問居高位而來批評下面有學問的。他說，有幾位同志讀了，要求他再把此五字做一番說明，他纔寫下此篇顏苦孔之卓。可見他拈此五字為題，也只是偶然引來。但他翻讀法言此條，不僅對此五字抱深切同情。並為揚雄為何要把孔子聖人和他的語錄論語來作榜樣，寫他的法言，為何在法言書中要多次提到顏回，盡力代為闡釋。我現在也學鄧拓，試把他寫此文前之心情闡釋一番。這當然是推想，若要我拿證據來，我自然拿不出。

我想鄧拓參加匪黨，或是出於一時愛國熱情。在當時，如此的人也不少。鄧拓亦可能是如此。但在匪黨中混久了，覺得匪黨所作所為，與自己當初意志不符。此種心情，夜話中已充分曝露。我認為鄧拓有時的心情，不僅在反毛反黨，抑且在反他自己。深慼他自己所作所為沒意思，頗想抽身退出。夜話中有一篇題名放下即實地。清算他的人，說鼓吹放下即實地，要我們撒手不革命，這正道出了鄧拓當時心情。他想放下，但並未能放下。至少在他心情上有時會慼到苦悶，空虛。惟其如此，所以纔能在忙亂中，在鬬爭場合中，能抽出夜間暇隙，翻讀一些不相干的古人的閒雜書，來消遣，排悶。但無意中接觸到古人書中許多話，卻打動了他的心坎，使他覺得很有些今不如古。鬧革命，有時不如不革命。不革命的有時卻是真革命。顏苦孔之卓五字，正指點他窺測到另一人生境界中去。他說：顏回以他自己能學孔子為最大的快樂。這種快樂，是內在精神世界的真正快樂。不能學得像孔子，即使得了天下，也不會感到什麼快樂。而使顏回最感苦惱的，是孔子太卓越，太高尚了，簡直學不來。這段話，最多也只是徘徊門牆之外，未能窺見其內宗廟之美，百官之富底人的一番粗淺話。但在當前時代，更是在大陸，懂說這樣話，肯說這樣話的，實不多。若我們只認這些話是在反毛反黨，是在為劉少奇黑幫爭奪政權作武器，那是牛頭不對馬嘴，或可說是買櫝而還珠呀！清算他的人說，此文吹捧地主階級的老祖宗，堅持用地主資產階級道德改造社會，妄圖恢復剝削階級統治。雖是十足匪黨口吻，卻比較近情近真。鄧拓儼然是生乎今之世要來反古之道，抬出孔子，來壓在毛澤東之上。高舉顏回，來引誘那些匪黨徒。那裏僅是借古諷今而已。無怪毛澤東要捉賊擒王，正本清源，用全力來攪文化大革命，大呼破四舊，徹底清算，正是把握到了雙方相衝突底要害處。

若使鄧拓早讀了夜話中所引用的那些書，鄧拓也許不會加入匪黨。若使鄧拓在匪黨中，專為劉少奇黑幫計劃反毛反黨，爭奪政權，也不會有閒情逸趣，閉門夜讀，作夜話小品，而翻讀到那些書。若非鄧拓內心自感苦悶，空虛，把自己個人當前地位事業和其前途，自己反自己，從其內心深處，真感到不是味道，縱使你要把顏苦孔之卓五字硬塞進他腦袋，也塞不進。塞進了，也將會發生出另外的反應。若是專為派系分裂，爭奪權位，以毛澤東林彪那一夥來排除劉少奇彭真那一夥，也用不著小題大做，節外生枝，來攪文化大革命。

當知要攪革命，先能革自己命的人，纔是最有力量的。要在毛澤東下面，在匪黨下面，來反毛反共，先能反他自己的人，纔是最有力量。　孫中山先生說，革命須先革心。其真諦便在此。革命，先該革他自己的心。若要憑仗自己力量來革別人的心，古今中外，鬧此等革命的全失敗了，毛澤東不能獨成為例外。所以我讀燕山夜話，先要來指出鄧拓寫此夜話之心情。鄧拓有此心情，不能說鄧拓以外人都沒有。若我們不能認識到大陸人民間有此一番心情，乃及此番心情所可產生之力量，則試問我們究將憑仗大陸上何種心情與力量來打倒毛澤東及其匪黨，來為我們開路重返大陸。此刻毛澤東已深感此一力量之可怕，而我們還是熟視無覩。那我們底見識，不能不說還是在毛澤東之下。

遠在前一期的文化革命中，早有人喊出要為中國傳統文化重新估價。但此事非咄嗟可辦。若我們真要來為此文化力量估價，在我們中間，還是言人人殊，一人一意見。但此刻在大陸，卻似乎已碰到了一項估價的基本法碼。從此基本上，人人只喊一個價，不會再喊兩個價。用此作法碼，便可憑以衡量文化各部門之一切價。我為此將繼續提到三家村集團中吳晗所寫海瑞罷官的一本歷史劇，為此劇而響起了最近匪黨文化革命之第一炮。在這本劇裏，便無意中碰到了這一法碼。人必該有好壞，這是一基本法碼。做官的，清官好，貪官壞，這也是一基本法碼，誰也不能否認，誰也不能不表同意。匪黨清算吳晗，卻說劇中人海瑞影射了彭德懷。海瑞罵皇帝，影射了彭德懷罵毛澤東。但我們要問，為官清廉豈不總是好，為官貪污豈不總是壞？不論在封建社會，在君主專制的政體下，抑或在共產社會，在人民民主專制的政體下，清官總是好，貪官總是壞，要不得。此一分辨，無可抹殺。如此一來，豈不要把傳統文化獎清廉抑貪污的理論，高壓在無產階級革命的理論之上了。而且今天大陸匪黨，不僅是黨官貪污，幹部貪污，整個政府，便是一個削攘奪的政府，其罪尤應在貪污之上。所以劇中人海瑞唱辭道：力除貪污行新政，要為生民作主張。又唱道：民已窮，財已盡，國脈斲喪。我海瑞，報聖上，要作主張。在吳晗筆下，也可說是要忠於毛澤東，要忠於匪黨政權，纔寫下了此劇。難道說，在專制政府之下不該容貪污，在無產階級專政的政府之下，便該容貪污嗎？匪黨對吳晗此劇無可清算，但又不可不清算，遂說他影射了彭德懷，此是避重就輕，替毛澤東替匪黨作開脫，減輕了他們的罪孽，作為一種莫須有而無可奈何的說法。中國傳統文化之潛勢力，亦正於此可見。你要打倒孔家店，其事尚易，因問題複雜，牽涉太廣，由得你胡說，一般人無法作評判。但要打倒孔家店中一小伙計，其事卻難。如海瑞，他是一清官，清官人人道好，由不得你胡說。但你還可說，為官行政，不一定只要能清廉便是好，但現在海瑞是在攘除貪污，你卻更不能說貪污要得，貪污是一種新道德，正該提倡，該包容。恰如在前一期文化革命潮流下，也有人出來提倡非孝，但最多也只說為人子女不必定要講孝道，卻不敢明目張膽來提倡不孝，說為人子女該不孝纔是呀！又如那時，也反對提倡貞節，但也不敢明目張膽提倡女淫婦蕩。

但貪污也有貪污的勢力。你要反貪污，須有膽量，須肯犧牲，這問題就牽涉得大了。劇中海瑞母親訓子唱道，五十年勤苦，讀孔孟詩書，漢朝人埋車輪，惡類誅鋤。本朝有況太守，平反冤獄。古今人是榜樣，何必躊躇。這裏提出了中國傳統文化裏的做人榜樣來。人有好壞，這也是一基本法碼。這些敢打貪污的好人，歷史上代代都有。但卻不輕易做得到。海瑞母親眼看他兒子五十年苦讀聖賢書，還怕他事到臨頭又躊躇了。吳晗究是一專治明史的大學教授，此刻拿海瑞來派用場。海瑞的評價，乃是人心所同，無可置辨。但要做海瑞，不容易。由此歷級而上，直到顏苦孔之卓，到孔子，纔是做人最高榜樣。要追隨做人最高榜樣，纔引上你讀孔孟書，學歷史上做人。那些在鄧拓吳晗書中，固是未能深入，但至少他們已為中國傳統文化提到了做人標準做人榜樣。這是中國傳統文化中最重要一項目。由最低標準到最高標準，可以一以貫之。由內面講，你能這樣做人，自會感到內心快樂。由外面講，你能這樣做人，自會獲得羣眾同情。我並不是說鄧拓吳晗在為中國傳統文化爭地位，估新價，我只說他們在極度苦悶空虛的心情下，無端碰到了。從此正可體會到中國傳統文化這一股潛勢力，至少能叫人在究該如何做人的苦悶空虛中得一指針，得一歸宿。

吳晗寫此劇，也不是輕易寫成的。據他序文裏說，他曾受到京劇界馬連良等人之慫恿，全劇改寫了七次，參加進許多旁人意見。而且在此劇之前，已有了周信芳之海瑞上疏，可見海瑞實已在大陸人心中復活了。此刻周信芳也遭到清算，難道也是為的影射了彭德懷，為的政治上派系鬪爭嗎！吳晗此劇序中又說敢想敢說敢做，是大躍進以來的新風格。我寫劇本，看來也屬於敢的一流。假如不敢，那便什麼事也做不成。只要敢，總可以多少做一點事。一部人類社會的發展史，也就是敢想敢說敢做的人們的歷史。可見吳晗寫此劇，也帶有了海瑞母親所唱何必躊躇的精神。他之所謂敢，並不專指敢於以一道地的外行來寫京戲而言。若說吳晗把此劇影射了彭德懷罵毛澤東，吳晗該清算，但仍清算不到此劇之本身。若要清算此劇，便只有清算到中國傳統文化身上去。知己知彼，百戰百勝。我們此刻，若只認毛澤東的文化大革命只為要鬪倒劉少奇黑幫，或說是毛澤東頭腦昏迷，在無的放矢，那至少是不知彼。把大陸內情看錯了。

現在再說到匪黨中的文藝運動。匪黨初握政權，也曾想把中國傳統文化裏一些舊東西，只要和他們政權不直接衝突的，也來宣揚一番，用以牢籠人心，掩飾耳目。如提倡中醫中藥等。京劇也是其中之一項。他們也曾用過心，而且把來宣揚到海外。但怕一輩京劇人員一到海外，動了不想回大陸的念頭，因此以後便很少送藝員出國。聽說，這一次，言慧珠便因此被鬪自殺了。他們除京劇外，又注意到地方劇。越劇，黃梅戲，河南墜子，山東呂劇，種種名色全出籠了。他們又把那些京劇地方劇搬上銀幕，向海外宣傳。最先一本電影來香港，是紹興戲梁山伯與祝英台，賣座盛況空前，又從香港推進到星馬各埠，著實為匪黨撈了一大筆外滙。此後這一派電影源源不絕地來香港，賣座總在一切西片之上。中國人看西片，好如住旅館，遊外埠。一看到大陸那些影片，卻真如回到家鄉遇見親人般，說不盡的開心悅意。這又是中國傳統文化潛勢力之一證。有些人看了又想到袋裏港幣送到匪黨手裏去。我說：那不要緊。那些戲劇電影，代表著中國傳統文化之一面相。只要暢行日旺，便在替共產政權挖牆脚。此刻周揚周信芳許多人。全逃不了清算。中國傳統文化和匪黨政權勢不兩立，至少在毛澤東，是清楚明白了。

香港是一塊道地十足的殖民地，在此講中國文化，如何能和西方文化相抗衡？連講國語，也決敵不過講英語和廣東話。但只要大陸影片一來，各處廣播電臺，先把劇中情節和口白用廣東話翻譯播出，好讓聽不懂國語的人去看時方便。所以風靡如此，其中也並無巧妙秘密，只為在這些電影裏還保留著中國人的舊情調，舊風格，而且有中國傳統的文化意味在內。

今古奇觀裏的碧玉簪，京戲也有，紹興戲也有，大陸搬進電影來香港演出。論其情節，充滿著封建社會裏的貞節觀，專制時代的科第意識。好像早該不合近代人胃口。至於現代青年男女的戀愛風格，更與此等劇情隔離甚遠。但演出時，人山人海，尤其是婦女界，屢看不厭。看過的邀約未看的，只叫多帶著手帕子，方便在影院裏擦眼淚。苟非電影裏面蘊蓄有傳統文化之深厚情味，試問何能感人如此。港九電影界看了那情形，不由得不眼紅，於是如法泡製，全部鈔襲，香港影片梁祝到了臺灣也一樣鬨動。我若早說此等話，豈不成為代大陸戲劇電影作宣傳。好在此刻大陸匪黨已覺悟過來，對此等戲劇電影，提出正式鬪爭。不久此等電影便會在香港絕迹。事非揑造，我在此刻，正不妨附帶一提。但港臺影片，雖亦急起直進，似乎還趕不上如大陸電影般動人。其間主要分別，還是在時代化西化的情味勝過了傳統文化之情味這一點上。我對港臺影片很少看，沒資格說話，我且引述一位朋友的批評。他說，只有臺灣影片養鴨人家，道地十足中國情調，中國排場，而內蘊中國文化情味，一如鶴立鷄羣。即如新片西施，據說打開了國際市場，但中間一些大場面，如大批軍馬上戰場的場面，似乎在西片中早多見到。而且兩兩相較，場面之偉大，還如小巫見大巫。東施效顰，恰好在西施電影片中演出，不得不謂一缺憾。此乃我一位朋友的觀感，我不知他話是否確實。要之中國人愛看中國戲，中國電影，人人心中，有此內在要求，也堪作為我所說中國傳統文化潛力之一例。

我此文拉雜說來，主意不外是指出此刻大陸上中國文化潛勢力正在茁壯蔓延。借用匪黨的話，正如毒草，若非速予剷伐，斬草除根，則大陸匪黨一片大好園地，不轉瞬間，將全為此等毒草所盤踞。我想毛澤東林彪一夥，不會鬪倒了劉少奇黑幫便從此罷休。那真是浩刼可怕。但我並非身在大陸，許多話盡出推想。好在毛澤東及其匪黨，此刻如醉如瘋，自掘墳墓，大陸變色，迫在眉睫。但我更怕的是我們這一邊到時重返大陸，或許我們這邊的一套，並不如此刻大陸同胞所憧憬，所想像，所追求，那纔不免重來一悲劇。這卻是值得我們自作警惕，自作檢討的一件大事呀！

一六 哲人之墮落——羅素

民國三十九年

羅素先生，是一向為中國人所崇敬的一位學者，不僅因為他是一位具有世界地位的哲學家，更因為他的哲學思想，多能注重到整個人類文化之前途，並不為當前狹隘的國際軍事商業外交種種現實利害所蒙蔽；而且他曾到過中國，他也能欣賞到某幾部分中國文化之優越價值，及隱藏在中國人民內心深處的人生理想。但在最近期間，羅素先生所發表的一些談話，牽涉到中國問題的，（例如法新社紐約十五日電，羅素在紐約招待記者會中，表示意見時，曾說：「假如早一點善待新中國，世界局勢當已好轉」云云。）實在不免使中國愛敬他的人對他失望。不僅對羅素先生個人學養，發生一種幻滅之感，而且因為他的言論，牽連到使中國人——至少是中國人——對整個人類文化之前途，發生一種極深極大的黯澹與淒涼的感覺。

羅素先生知道，中國人一向崇拜孔子。孔子所講的忠恕之道，己所不欲，勿施於人，那是中國人兩千多年來一條最堅強的人生信條。羅素先生又是一位最崇拜自由主義，崇拜人文精神，反對極權政治與站在唯物立場的階級鬥爭的人，他因此深惡蘇聯的現行政治，及其背後的一套共產思想，那是舉世皆知的。中國人因其幾千年來傳統文化之陶冶，絕對不能在極權政治與唯物立場的階級鬥爭下生活，而且也不該讓此四億五千萬人民陷落在這一深坑裏。只要羅素先生真當得起是一位哲人，真當得起是在為整個人類文化前途著想的一位哲人，我們中國人實在想不出，羅素先生為何屢次主張要承認中國的共產政權，乃至要說「早一點善待新中國，世界局勢當已好轉。」難道羅素先生會不知道，他所說的「新中國」，便是他所深惡痛疾的行使極權政治和主張唯物鬥爭的「新中國」嗎？若是羅素先生的話，當作一番到達人生真理目的的哲人的看法，則羅素先生何不說：早一點善待蘇聯，世界局勢當更好轉？更何不說：早一點英國和美國也如中國般變成了「新英國」，「新美國」，世界局勢當更好轉嗎？若使羅素先生這番話，只是一種在當前國際軍事商業外交種種現實的利害權衡下而使用這一手段，來姑且犧牲中國，來求達到羅素先生心中所想望的整個人類世界新文化之前途，則我們中國人敢忠告羅素先生：那是羅素先生自己說錯、想錯了，至少照中國文化觀點是如此。中國人的文化觀點，一向看不起縱橫捭闔的策士；一向看不起權謀欺詐；一向看不起太注重在目前現實的利害上打算，而把人類永恒的大道理姑且犧牲；一向看不起只為自己打算，而把別人當工具；一向看不起把自己所不要的加在別人身上。當然，在世俗上，這些事是永遠免不了。但照中國人看法，至少一位哲人，他的所思所說，絕對不應陷落到這一深穽中。中國人一向看重真理更勝於權力；只要人能純粹站在真理的一面，終會有衝破不合理的權力之一天。若先犧牲真理，歪曲真理，用權謀欺詐來求衝破不合真理的權力，那其本身也就轉成一種不合真理之權力。其先是為達到某一目的而運使某種手段，卻不知正因他所運使的手段先把他所期望的目的毀滅了。這是中國人對人類文化另一個很深的看法。羅素先生關切人類文化前途，屢次想要指導人如何渡過這一期間人類可能遭遇之黑暗，但由中國人眼光看，至少羅素先生主張「早一點善待新中國」這一番說法，便是確確實實地揭示了人類前途黑暗之一面。尤其是像羅素先生般用一哲人身份而如此想如此說，那是更深的黑暗，更深的淒涼！

中國人開始崇敬羅素先生，並不是崇敬他的數理邏輯與唯實論的哲學，而是由於第一次世界大戰期間，羅素先生能挺身而出，反對戰爭。就情勢言，那時大戰早已開始，羅素先生的主張是無法產生實際影響的。但中國人一向看重永恒的真理更勝過當前的事變。無論如何，戰爭終是人類暫時不幸的事變，和平終是人類希望的永恒的真理。羅素先生能不顧當前事變急劇的情勢，堅持人類永恒的真理，這是中國人最欣賞的。中國人一向認為權詐戰不勝權詐，戰勝權詐的只有真誠。戰爭贏不到和平，贏到和平的只有和平之自身。就世俗論，或許認為權詐，戰爭，一時不可免，但在人類永恆真理方面講，則只許有真誠與和平，不許有權詐與戰爭的。為著世俗權宜，而犧牲真理的立場，到底是可惋惜的。今天的羅素先生，面臨世界第三次大戰之前夕，似乎他的態度大變了。他一方面甚至也主張不惜使用原子彈來擊破蘇維埃的共產極權，卻在手法上先來一個「早一點善待新中國的共產極權」，使我們感到羅素先生的哲人態度，幾乎也就成為一個軍人和外交家了。羅素先生一向鼓勵人要有信心，有勇氣，要存希望，勿懼怕。但羅素先生此刻的言論，似乎和他平日鼓勵人的太相反了。我們一向有一種信心，認為運用外交手段，祇能更引生運用其他外交手段之需要；運用武力，祇能更引生運用其他武力之需要。外交與武力走不上真理的道路，打不開真理的大門；只有依仗真理，才能直接接近真理。依照羅素先生平昔的態度，似乎只該說：他一向欣賞中國傳統文化，卻不料中國人也會陷入唯物極權的深穽中，這在中國人自身，在整個世界人類文化之前途，是極堪惋惜的一件事，我希望中國人早一點能從此深穽中脫出。羅素先生應該知道中國人一向對他的崇敬，他只需要這樣幾句話，比較目前英國政府在聯合國情急謀求承認「新中國」所能獲致的功效，應該要強過百千倍。羅素先生是深研人類心理的人，應該承認一超然主持正義的哲人的誠懇呼聲，在人類文化上所能發生的影響。否則世界只該有外交權詐與軍事武力，早已把人類文化建設得更合理，更安全，何必再需求哲人呢？

羅素先生的哲學，就中國人的目光，從深一層看，本來就帶有甚深的悲觀氣氛，實在是不夠勇氣，不夠信心的。羅素先生平常不喜歡狂熱，喜歡冷靜，這一點和中國人一向的文化陶冶有其相契之點。狂熱的人，勢必不計利害，闖出大禍；但冷靜的人，也並不是只計利害而可以犧牲真理的人，所能冒充呀！羅素先生又是一位不信宗教的人，不信宗教，而又太講理智之冷靜，宜乎他要犧牲勇氣，犧牲信心，來計較利害，遷就現實。他曾指導我們如何來渡過此一人類可能遭遇之黑暗時期，但他不能提出具體的真理信仰，卻教我們追隨斯賓諾莎。他引斯賓諾莎的一句話，說人類應以永恒的眼光來觀察過去的世變。這是一句空洞話，沒有具體提示。但就字面講，終還是不錯的。但羅素先生應該知道，目前的「新中國」，也只是一短暫的變，不就是一永恒的真呀！目前英國政府主張承認「新中國」，中國人可以原諒，這也是一短暫的變，不就是一永恒的真。但中國人不能原諒羅素先生以世界哲人的身分，而竟與那般短見自私的政客們一樣發生同類的主張和言論！

中國人並不能全部接受耶蘇教，但對耶蘇十字架精神，是和西方人同樣崇拜的。耶蘇曾說過，「凱撒的事情讓凱撒管」。羅素先生至少應該在這一點上向耶蘇學習，外交家的事讓外交家去管。中國人崇敬羅素先生，是崇敬他哲人的地位，崇敬他為人類提倡自由與和平的哲人的地位。中國人一向不看重宗教，卻較西方人更看重哲人。中國人心目中哲人的思想和言論，應該代表人類之永恒真理，應該超脫當前國際軍事外交商業種種短暫的實際利害打算，「凱撒的事讓凱撒管」。現代世界之悲劇，由於哲人太少了，人人盡在軍事上外交上商業上，種種短暫的實際上打算，卻很少有人能為永恒的真理呼籲。我們不願羅素先生陷入此一窠臼。讓我們再進一步告訴羅素先生：中國人是一向看重言行如一表裏一致的人格的。儻使「早一點善待新中國」那句話，出自新近去世的英倫老戲劇作家蕭伯納口中，中國人也不會過分責備。這是中國人的態度。羅素先生應該知道，要善待某一國，該先瞭解這一國的文化傳統與人民心理。這一個意見，外交家可以不知道，像羅素先生卻是不該不知道的。

誰都知道，張伯倫先生的慕尼黑政策已顯然失敗了。但外交家的手段中可以有慕尼黑，在哲學家的思想言論中絕對不該有慕尼黑。慕尼黑的外交會失敗，慕尼黑的哲學更將失敗，失敗得更黯澹，更淒涼，這將給予人類文化前途以更黑暗的投影，這是羅素先生所應該更深警覺的。

今天的中國人，並不是真心誠意在悅服馬列主義，並不是真心誠意在向蘇聯一面倒；在目前的中國大陸上，正在積極從事再教育，從事「搞通思想」，在以一種一時無可抵抗的強力，用假和善的面孔，從事說服。在中國人的內心，一時自己力量抬不起頭來，轉而希望西方愛好自由愛好和平的友邦，從旁有一些助力，至少應該給以鼓勵，付以同情。而西方的國家，卻在單就自己利害打算中，姑且犧牲中國：又在把自己的利害打算偽裝為正義，為合法，來犧牲中國。照羅素先生的悲觀哲學來講，或許要說，人誰不先就自己打算呢？但這些畢竟是斯賓諾莎所謂的世變，而羅素先生畢竟是一個具有世界地位的哲人，應該為永恒宣言。人類今天的可悲，是連一位具有世界性的哲人也只知道從目前自己打算來犧牲別人，為世變來犧牲真理了。我們為此不能不為人類文化前途引起一種黯澹與淒涼的預感。拯救西方的，還該是信心與勇氣。拯救東方的，也還該是信心與勇氣。拯救世界文化前途的，一樣仍是信心與勇氣。但這信心與勇氣的後面，還該有一個具體的真理作底子。中國人有中國自己傳統四千年的文化，中國人不會因羅素先生的幾番話把自己的信心與勇氣打掉。我們站在中國人立場來為全世界人類文化前途，向羅素先生進忠告，勸他也和我們一樣抱著信心與勇氣，站在真理的一邊，來為世界人類文化前途努力，來渡過此人類可能遭遇的一段暫時黑暗。不要太消極太悲觀了，而成為一時的國際間軍事外交商業種種短暫的利害打算的代言人。

一七　張著：「辯證唯物主義駁論」序

民國四十六年

人類文化之得以緜延而進展，則胥賴有理智以為行為之指導。然正為理智乃所以指導行為，故理智之推衍，貴於就近切實，逐步有行為事實以為之證成，然後乃可奉為人類可寶貴之知識，而循此以益前。否然者，僅憑理智推衍，而無實可證，則僅是一番空洞之理論而已，僅是一番無據驗之談話與意見而已。若果憑此推衍而益遠，則成為以說話推說話，以意見推意見，縱使體系宏而組織密，其實則是人類理智之誤用。此屬謬論，非確論。乃意見，非知識。人苟憑於謬論與意見，而奉之以為行為之指導，則為禍將有不可得而預測者。

抑人類理智之所憑以為推，則復有其外在之情勢焉。故人類之善用其理智，則必通於情而明於勢，而求得其和順，然後其所推乃可以為準。夫情勢，則必具體在目前而可驗者。人能不慢於其當前，能不悍然敢於違情逆勢以求理，此始不失為一種中庸之道，而人類文化之所賴以緜延進展而不輟者，其一切無窮妙義，亦悉具乎是。

故人類之求理，忌乎鑿而貴乎通。人既不能孤立自生，則必與羣相處，又與物相處焉。凡其所以通於羣與物者，則理也。故人類惟當於人情物勢中明理，明理即所以求通，故必由近以及遠，自卑以登高，由淺以入深，自小而達大。譬如行路，一足踏實，一足向前，更替而進，千里之遙，在於足下。人類理智之足恃，則由於有當前之行為與事實為之證，復由此既經證成之理智，指導行為而益前。如此虛實相輔，乃可無往而不利也。

近代西方文化，特重科學知識。科學知識之可貴，正在其能逐步求證，乃始逐步向前。推理與實驗，相引而長。苟未經實驗作證，即不目為定論，即不憑此作推衍。故治科學而有得，則皆人類至可寶貴之知識，絕異於空論與意見。

東方文化向來之所貴，則曰道德精神。人文社會之有道德，亦猶自然世界之有科學。蓋道德亦重躬行實踐，成於經驗積久所公認，亦不憑空論與意見而建立。

由於東方向來所重之道德，可以推及於社會倫理政治經濟各方面，而無不得其通，而終以達於人我和順之境。由於近代西方所重之科學，可以推而及於宇宙之廣大，萬物之精微，以無不得其和順而終以達於通。此吾中庸之書，所謂盡人之性，盡物之性，其極在能和順於天地，以贊天地之化育，是即所謂天人之合一也。

若僅憑理智推衍，而鑿之益求其深，引之益求其遠，苟其慢於眼前之情勢，忽視乎當下之證驗，此如聳身雲端，其下視塵世，固已混茫一色，汗漫無辨。以如是之心胸，尚何足以厝懷乎人間實際之事務乎？

西方文化中有宗教，有哲學，此二者，嚴格言之，苟其務推而至乎極，則胥可與道德與科學皆有背。何者？亦以其徒騖於推衍引伸，而不逐步以躬行實驗為其前進之據點。於是重信解，輕行證。信解所詣，益深益遠，而後乃始求返之於行證，斯其流弊有不可勝者。

西方近代思想之有馬克斯，其事若介乎宗教與哲學之間，此亦僅憑理智推衍，所謂鑿愈深而騖益遠者。而又不能如西方之宗教，各踞一寺院，各成一宗派，僅自站於政治經濟社會人生種種現實事務之外而宣揚其教義。亦復不能如西方之哲學，各踞一大學講座，各就一己所見，著書立說，僅以思辨理論為務，於百家之外而復有此一家。故西方社會之有宗教與哲學，事事皆不為病。惟推衍之過當，乃有時見其病，而其病亦不甚著。不幸而馬氏之信徒，乃欲高揭所信，驅一世以必從。縱其違情逆勢，亦所不顧。於是其為禍之烈，乃至曠古未經，而人類文化之仍能緜延進展一如已往與否，乃成為人類當前一大問題。而馬氏信徒，轉誇其理論謂有合乎科學，譬其行為謂有當乎道德，而不知道德之與科學，此皆逐步證驗所得，並亦在逐步進展中。其可貴，在能始終和順於當前之人情與物勢，而曲折以赴，層累以前，以達於世人之公認。固非如馬氏之僅為一家之言，出於一時之推理，一人之意見，而遂可懸以為人類亙古今而莫能違之真理也。

然若僅憑理論思辨，以求直指馬氏思想病根之所在，其事亦不易。君勱張先生，於學無所不窺，而其浸潤於吾東方文化之傳統者乃特深。生平於宗教，無所信，亦無所排。其於哲學，特所愛好。然而行顧言，言顧行，其為慥慥一君子，尤勝於其為一純思辨之哲學家。故其治哲學，亦特深於東方情調。其平日持論，不鑿而深，不騖而遠，有不當以西方純哲學之尺度為衡量者。今老矣，平昔所學所負，既不獲一一實措之於當世，乃惟以著述自靖獻。頃方旅遊美國，所至講誦不倦，出其緒餘，為辯證唯物主義駁論一書。驟視之，若卑卑無高論，僅於數十年來蘇維埃政權之未能徹底遂行其所信奉之主義，而不得不時時反復變動其所持論，而終以不免於不和不順不通不達之困境者，若僅止於就事敷陳，羅舉枝節之末，不成為一種哲學專著，以自舉其甚深妙義，以自成一家言，以與馬氏相對壘，以直搗馬氏思想之窟穴，不知此正君勱之深於東方學養，所由以迥乎不同於人人也。否則以言思想，則所謂此亦一是非，彼亦一是非，五十步之與百步，其又何以相懸絕乎？故君勱之書，乃不期而時時流露其對於東方道德精神之深情厚意焉。嗟乎！此君勱之書之所以為深遠也。

君勱書既成，遠道馳書相告，而督予為之序。予學淺陋，何足以序君勱之書。抑願抒其所窺見，若稍有當於君勱著書之用意，庶於讀此書者，有所裨益云爾。爰不辭而之序。

中華民國四十六年十一月十二日錢穆謹拜序

一八 訪問日本的一些感想

我們一行八人，在去年十月十一日間，匆匆去日本，作了將近一月的訪問。同行諸君，均寫了一篇報告，獨我一人，回香港後，事冗嬾未下筆，遷延迄今。同行諸君，待我文字一並發表。社會人士也很想知道一些我們此行訪問之所得。但此事為我一人拖延擱置了，為此殊感不安。不得已，只有在百忙中偷暇來潦草完成我這一份的報告。

我想，我們同行諸君，必然將我們此行一切經過，都已分別敘述，我為避免重複，只想約略寫一些我個人此行之感想。有些則是我和我們同行諸君共同的意見，但在此文中，則拉雜寫來，不再逐一清楚交代了。

我們此行之訪問目的，僅限在教育對象上。但要了解一個國家的教育，必然得連帶注意到這一個國家的文化傳統與其文化特徵。其次，又該注意到這一國家之當前的國情。我們若要衡量任何一國家之教育意義，及其教育功能，絕對不能抽離了上舉之兩項。因此，我們此行之訪問目的，雖說僅限於教育一項，但我們不得不同時放寬眼光，注意到對於日本文化之一般的考察，以及其當時的國情實況。

所謂對於日本文化之一般的考察，也說不上從此來作歷史研究。我們的注意點，只偏重於日本傳統文化之活潑呈現於當前日本社會之各方面者。尤其重要在他們當前心理上的一種反映。換言之，即是當前日本各界對其自己傳統文化之現有的想像與態度。

其次說及國情，也不是來研究國際形勢與國力估計。我們所想知道者，亦只是日本人之一般心理，對其當前國情之自己內在的一種感覺與情緒。換言之，我們很想知道日本社會對其自己當前之國家出路，民族前途，抱有何種的打算和努力。

關於以上兩問題，說來好像更玄虛，不落實際，當然亦決非我們匆匆不到一個月的時期所能求得一個清析而明確的答案。但我們和日本，在文化傳統上，究竟是同源異流，有著許多相同點。而在雙方的國情上，也因為彼我同時進入現代世界之種種演變，極有其相似處。而尤其是彼我雙方目前的處境，更有其相似處。因此，我們自信，我們之於日本，實在應該比較其他異國人對他們更易有瞭解，更易抱同情。雖在我們這一段短促匆忙的時期中，我們不能盡量接觸到日本社會各界人士，獲得更廣泛，更深入，更親切的談話與討論。但我們此行，仍自信不無所得。我仍想就個人在此一番訪問後所留下來的某些淺薄影像，直率陳述。自謂我此下所陳述，或許對我國人求瞭解當前日本情況者，在某幾方面，可有一些助益。並私自期望，我之此種淺薄的影像，直率的陳述，或許亦可對日本方面可提起某些注意和研討。我極願意借此陳述，來報答日本各界人士對我們此行之誠懇招待，以及他們那一番親密的善意，與其深摯之友情之慨然的賜與。

我個人是喜歡研究歷史的。我之此行，因為直接接觸到日本的社會，我自信對於日本，尤其對於日本的近代史，對於日本明治維新以來的一段經過，有許多點，益發證實了我平昔之所揣測與想像。

我們初到日本，擺在我們眼前的，有一種極鮮明，極深刻的影像，即是在日本社會，不僅在新的方面，比我們要新得多，而在舊的方面，卻比我們更還要舊得多。現代日本，一面是維新，另一面卻是守舊。新的舊的，同樣地平放在日本社會上，卻不見有許多的衝突和激盪。我常想，日本明治維新一段歷史，所由較之我們約略同時的戊戌政變，乃及辛亥革命，更有成功，更易見效，其間固有種種原因可以分別推論，但至少有一點，值得在此鄭重提起者，正為近代日本，還能保留了他們許多舊的，因此而能獲得了他們所想要的很多新的。而中國社會，舊的一面變動得太大，破壞得太厲害了，因而不免動搖中國社會之基本，於是外面新的，遂急切無法安頓，無法生長。

我上面說，日本社會上一切舊的，比我們更舊，這一點，不煩具體作例，因一到日本，便可明白見到，而且未到日本，也可約略推知。我此刻只想更進一層來推論研究其所以然。我對此問題，暫時亦只能從粗淺處說之。我想，日本是一島國，孤懸海外，和外面接觸少，因此其對外來文化，感受較新鮮，並常能保持它原所感受的影像而使其標準化，又努力保持，使其不走作，不漫失了原來的底樣。但在中國，則是一大陸國，廣土眾民，任何一地區，都關不起門來，因此其文化比較富圓通性，比較能變，不固執滯著。而與日本相較，轉像有些處易於走作，易於漫失其本來的原形。因此，日本民族性與中國相較，好像比較嚴切，精細，能保守，能模倣，而少開拓與創造。

日本與中國，文化同源，正可與近代英美兩邦作比。所不同者，日本文化原自中國，而日本是島國，中國是一大陸國。美國文化原自英國，而英國是一個島國，美國是一大陸國。因此，有些處，日本轉近似英國，而美國卻與中國較相近。換言之，日本比較能保守，中國比較能變通。日本像是嚴切些，而中國像是活泛些。

日本的民族性，長於模倣。這是盡人如此說的。但日本人自己說，他們的模倣，也並不是依樣葫蘆。他們模倣別人，能轉來變成它自己。我此次去日本，好幾位在日本教育界負重望占要職的人，當面都對我如此說。並列舉了好多例。他們認為，他們在往日，能模倣中國，在現代，能模倣西方。但無論模倣那一面，其背後自有日本之本真。這番話，其實際分量，我們該仔細再加以估計。

遠在前清時，張之洞曾說過，中學為體，西學為用。這一句話，在中國，則僅成為一句話，而且還引起後來許多爭辨。今天中國知識界，對張之洞這句話，似乎譏諷反對的更佔優勢。似乎認為張之洞這句話，是無可能的一句廢話，甚至是一句不可恕的謬誤話。但在日本，明治維新的一段，由我觀察所得，卻是張之洞的那句話，在當時的日本實現了。在日本當時，正是以日本之舊有文化為體，以當時的西方文化為用，而醞釀出當時日本一段燦爛光明的歷史成績來。我們一到日本，到處所接觸的，當時日本明治維新一幕的光景，時時會刺射我們的眼簾，讓我們不啻如在讀歷史。但在明治維新當時的那一番新的，引進西方物質文明的那一面，此刻是苟日新，日日新，又日新，早已變換面目，迥非往昔了。而在明治維新當時的那一番舊的，保持日本傳統文化的那一面，卻比較仍多保留到現在，使我們更可撫今追昔，回想當時的情況在依稀彷彿中。

站在西方人立場來講世界現代史，他們總不免太過看重美國獨立與法蘭西革命。他們把此兩事在以後歷史的影響，太過渲染了。若我們站在東方人立場來講世界現代史，我想日本的明治維新，實在值得我們東方人特別重視。至少其重要性，並不在美國獨立與法蘭西大革命之下。何以故？因當前世界人類前途，其命運所繫，實大有賴於東西雙方兩大文化體系之綜合與調和這一番大工作之成功或失敗，此乃人類文化展演當前一大課題。而日本明治維新，實已開始面對此工作，站定了一腳步，已對此課題，寫下了一篇值得參考的試驗報告了。日本明治維新這一段歷史，我們實不該僅從日本在當時之能驟獲富強這一個淺薄的觀點上來闡述其意義，衡量其價值。日本明治維新，是否真如我們清代張之洞所言，中學為體，西學為用，這一種理想，已經給與了它一個可以具體實現的確切例證呢？惜乎當時的日本人，似乎並不感覺到這一問題之存在，與其對於此後世界人類文化展演之重大的意義與價值。他們在其驟獲富強之後，似乎隨即移步換形，一路追隨著當時西方帝國主義之後塵，憑恃武力，向外侵略，而引生起東方中日民族之幾番大衝突，甚至攪起世界二次大戰，而把日本國運陷入於今天的那一種局面。

而在中國呢，因於中日兩邦之不斷磨擦，不斷衝突，日本成為中國復興一大威脅，日本成為中國惟一最可怕的敵人，因於仇恨而生歧視，而轉為鄙視，仇視，遂致連帶對於日本明治維新這一段歷史，也不免歪曲了我們的視線。在我們，自經日本的二十一條件蠻橫的壓迫，中國全社會掀起大波，於是遂由新文化運動而轉出全盤西化，打倒孔家店，種種口號。更進一步，遂走上了赤化中國而向蘇俄一面倒。在這樣的情緒激進之下，張之洞的那句話，自然會極端的遭受現代中國人之鄙笑了。到今天，則自由中國與日本，遂同樣陷入於一個極度艱難的境況下。

這些，固然是歷史上的舊事重提，好像於當前實際的幹濟工作一無補。然而，我們若肯推擴我們的心胸，從全世界人類文化展演前途上著眼，我認為，必然要東方文化有出路，而後中日兩民族可以各有其出路。亦必中日兩民族各有其出路，而後世界可以有和平，人類文化亦可以有生機。這一層，似乎說得太抽象，太誇大，然而事實具在，眼前的歷史不煩細說，只從最近這一二十年來，由於東方問題而波及世界的種種糾紛與變化看，我想，我上面所說，即就不難獲得其論據。

我常想，若使日本，由於其當初明治維新之獲得其初步成功，而早就覺察到如我上所述說的世界人類文化演進落實在當時的這一大課題，而從此邁進一步，能自覺的在綜合調和東西兩大文化體系的這一意義與使命上努力。在中國呢，也能切實模倣日本，同向這一目標而前進。則中日兩邦，決然會知道他們之間的休戚與共，而互相親善，相互提攜。在日本，便不致盲目追隨當時西方的帝國主義。在中國，也決不致急切從事於對其自己傳統文化一意做一種自毀的工作。說不定，此下的世界史，便可在此幾十年內，由於東方中日兩民族之這一種覺醒與努力，而全然地改觀。

在這一方面，似乎只有中國　孫中山先生，約略有所見，而惜乎也只是一鱗片爪，偶然對此問題有一些呼籲，而終不能在中日兩民族間引起一種共信與共鳴。往事不諫，成事不說，歷史已然成其為歷史了，我們在此方面也不必再多論。

目前讓我再轉入正題，便要觸及到日本當前的國情。當然，日本是戰敗之餘，新興不久，此後的日本，究竟其國家民族的出路何在呢？我上面說過，在日本社會上，驟然看來，新的比我們更新，舊的比我們更舊。新舊兩方，同樣平鋪地存放著。然而，究竟在這裏面，是否有一種不可避免的衝突在深處潛伏，而此下演變所極，決然會暴露成為不可兩立呢？換言之，在日本明治維新之初期，固然他們能保守舊的，而同時引進了新的，而獲得他們的一番成功。但是否其演變趨勢，必然須得走上西方資本帝國主義的道路上去，這裏面有一種無形力量，逼得日本非此不可，而並非人謀之不臧，而如我上所云云，則僅是一種事後空想，與無當實際的責備呢？我想，我們若不信有歷史上的定命論，則如我上所述說，對於已往歷史有此一番惋惜與懺悔之情，也是不為過分和無益的。

對此問題暫勿深論。而此後的日本，那一些至今僅獲保存的舊的一面，是否終將為他們所引進的新的一面衝激淨盡，而使將來不遠的日本，真走上如我們中國一般分子所熱烈想望的所謂全盤西化呢？這卻值得我們再一深談。因為今天的日本，究竟是新敗之餘，與明治維新初期情況大不同。外面的新勢力，新潮流，正在不斷輸入。洪水橫流，滾滾而來，若自己築不起堤防，站不穩腳跟，一切隨人轉，真到日本自己社會上那一些舊的，到了不可復存的地步，試問那時的日本，究竟是禍是福？這一問題，似乎在日本目前一輩具有傳統文化薰陶的前輩老年人心中，已浮起了某種的隱憂。和我接觸，在有幾位為我所深深敬愛的老人之談吐中，也有情不自禁地吐露了這一番隱憂。而普通一輩的日本人，則似乎尚感不到此問題。

有一次，我和一位京都大學有甚深漢學修養的名教授談話，即曾正式談及此事。我問他，日本此後民族精神之中心維繫，究竟何在呢？日本一向有一個繼世不絕的天皇傳統來作日本民族之向心維繫的那一個力量，是盡人皆知的，此後日本人對天皇的信仰又如何呢？他說：戰後的天皇信仰，再不能如以往般存在了。我又問，在日本社會上，有一種神道教，也有它的一種潛存支配力量的，目前的情況如何呢？他說：神道教的信仰，在戰後日本，是無法維持了。我又問，那麼日本人對佛教的信仰又如何呢？他說：佛教雖在日本社會上還流行著，然而一般僧侶，有些只是把佛教當作一種學術思想來研究，有些則只是一種生活職業。他又說：像我們一般家庭，雖遇喪葬之禮，依然還是請僧侶們作佛事，然此只是習俗相沿，說不上對佛法有信仰。我又問：日本方面耶教的發展情況又如何呢？他說：耶教在日本，一向無深厚基礎，即在將來，恐亦如是。我於是問：那麼，維繫日本民族的一種中心精神，究竟何在呢？若說民族團結，在其已往的歷史，究竟幾百千年已往的舊歷史，無從向國人說得盡人皆喻。若僅從現地域，現利害來團結民族精神，便會走上向外發展，帝國主義的老路。但我知道，日本此後是無意，而且也無法，再走此路了。

若如是，日本總該有一個足以維繫它的內部民族精神的一種中心力量才成呀！他反問我，在中國，有沒有像你所說的那種民族精神的維繫中心呢？我答道：有。在中國是孔子與儒家教義。所惜者，是這一分力量，在中國近代社會上，已失卻其維繫的力量了。中國這幾十年來，大病便犯在此。那位教授聽我言，沈思有頃，他說：維繫日本民族的中心精神也還是中國的儒教，也還是孔子與論語。他隨即舉出一個實例來。他說：當我們在家庭，在學校，父兄師長教導青年後生，有時斥責他說：你這樣還像一個人嗎？這句話，由斥責者說來，是極嚴重的。在被斥者聽來，是極難堪的。但這一句話，說與西方人聽，恐不易得瞭解。在耶穌聖經裏，也無此義。在日本社會，則此一教訓，極普遍，極深入。若要尋它根源，究其義理，便只有推本於孔子論語的教訓了。他又說：儒教主人性善，此可謂是我們東方人所特有的一種宗教信仰吧！我很同意他所說。我隨又問：日本近來主張盡量減少漢字，在一般國民教育上，又如何灌輸孔子的道理和論語的教訓呢？他說：在日本一般的國民教育，此刻雖不直接教讀論語，但論語書中精義，仍然盡量設法保存在各級學校的教科書裏面。

我們那天的談話止於此。但我想，對此問題，似乎還未透露出來真形成了一問題。似乎日本的學術和思想界，即以各大學的教授們為例，他們正走上近代西方所謂分析專門的研究，各在其所專攻上，尋題目，找材料。用中國觀點講，老一輩講宋學的風氣早衰了，新一輩講漢學的風氣正盛行。他們只在圖書館研究室裏，孜孜兀兀有寫作，有著述。但多是些博士式的論文，專家式的報道。他們在當前的文化問題的分析與綜合上，在實際的維繫民族領導社會的日常教訓與普通信仰上，他們似乎不見有用全力來探討的。在中國社會，這幾十年來，熱烈討論著所謂東西文化問題，多半是主張毀滅了舊的，來引進新的，全盤西化，只成一番空嚷，而向蘇俄一面倒，則此刻正在大陸積極進行。但在日本，對此問題，還是淡焉置之，好像並不覺得此問題之急切與嚴重。這或正是日本之較勝於中國處，亦或是日本在其新敗之餘，而社會仍有這一點基礎，還能就這一點基礎上來謀求復興處。

有一次，我和一位日本朋友談天，他並不是一位大學教授，他卻告訴我說：你此來，只接觸了些我們的大學教授們，但你須知，他們早已自己封閉在自己的學術圈子裏，早與日本社會脫節了，隔離了。我們日本的社會基礎，奠定在農村，在企業界。你要想瞭解日本，要想探討日本問題，該多與這兩方面接觸。他又說：在日本農村和日本大企業界，並非沒有知識分子，沒有思想嚮往，你莫把我們當前的一輩大學教授們來代表了日本的知識分子與思想界。

我不知他說的對不對，但在中國，在我們未離大陸以前，我們一般大學教授們之封閉在其自己的學術圈子裏，而和社會杜絕，則確是給他一語道中了。我上文說，在日本社會上，新的比我們更新，舊的比我們更舊。其實此種現象，也正從他們的農村和企業界最易看出。我所謂舊的，便多半指的是在鄉村裏那些根深柢固，牢守勿失的，屬於傳統文化之一面的。我所謂新的，便多半指的是大都市，大企業組織方面，所日新月異，向外模倣接受而來的。因此我想，那位朋友對我之所說，實在是大堪玩味的。

但我想，日本此後問題或許便出在這上面。我們可以極簡極粗地作一分析，認為東方傳統文化，主要培植在農村，西方現代化，主要發動在都市。這樣的論斷，我想也不致太離題。但西方現代都市，本從他們中古社會裏自身茁展出來，因此大都市在西方，尚可以不見有大病。若在東方，無端地安裝進一個西方式的現代都市來替代做東方傳統社會之新中心，那就麻煩多，毛病大了。在日本明治維新，算把他們舊的鄉村文化保留了，又把他們所想要的新的都市文明引進了。在當時，自然有一個中心的領導，更高的結合，在那裏主宰策動。那一個中心的領導和更高的策動，便形成在當時他們的政府和教育界。而此刻，則這一個中心領導和更高的策動力，變質了，垮臺了。若我們求其病根所在，讓我說一句大膽的但不一定準確的批評。日本民族的長處，在其能模倣，此話盡人能說，而也是無可懷疑的。但有所長，同時即有所短，日本民族之所短，到底何在呢？據我想，日本民族之所短，或許正在其無問題。所謂無問題者，不僅是自己找不出問題來，而在乎問題在前面，而他們仍不認為是問題。他們能襲取外來長處，能鮮明的印下一個標準的影像而審細保持之，此是日本民族之所長。但一意模倣外來的，嚴切地使之標準化，而更不深一層去求問其一個所以然，於是便成為無問題。說得過分些，便陷入於所謂知其然而不知其所以然。因此一切外來的，與本所內在的，可以平鋪安放在一起，而暫時間卻不見有衝突。然而問題終是問題，此問題之內在嚴重性，終會向外暴露。而一到問題暴露時，他們便會手足無措，在其自身內部將找不到一解決，而依然只有向外尋求，向外襲取。這一層，在我只是姑妄言之，深望我言之無當而不中。我決不願，也決不敢自信，我此所言，將成為對日本國民性一種深沈之先見。

或許是抱著自己的一個主觀來對日本民族作衡量。在我此行，我似乎不感到日本方面對其當前處境，有何沈深急切的問題，在打擾他們對前途瞻望之迷惘與困惑。似乎在日本方面當前所感為問題者，僅只是些眼前實際利害上的小問題，他們似乎只想在此許多小問題上能打開一出路。據我想，或許，正因於他們之沒有感到有更深沈，更急切的較大問題之存在，於是纔使他們，都注意到些小問題，小利害上去打算，找出路。

目前世界所感為甚大問題的，自然首先必會感到對於共產思想與共產主義之迎拒的一問題。此問題，對日本，似乎應該感得更急切。外面形勢，已逼得他們對此問題該有一態度。而在他社會內部，左傾思想也確在成長與瀰漫中。但日本一般人對此問題，似乎並不深感其可慮。他們似乎也僅把共產思想當如一般外來的新鮮東西般。這不錯，日本人注意介紹共產思想，尚在中國之前，或許他們也會感到，共產思想之進入日本，也會一樣地平鋪安放下來，不成為嚴重一問題。

否則是他們依違兩可，游移無主，只想在夾縫中偷巧找得自己的出路。他們把大問題誤當作小問題，因而把問題的嚴重性忽略了。他們似乎並不深感到目前世界共產思想之與西方文化，早已成為一種不可兩立的對壘，目前整個世界，正在此兩壁壘之對立下感於沒出路，而他們卻只想在此整個無出路之大局面之下，來從夾縫中求尋自身之小出路，這實在只是一種危險的想像，而他們不感其危險。

正惟現世界，在此兩大壁壘之對立下實感無出路，因此欲求出路，則必冒危難，從本身努力來自求打開一出路。說到此處，我們東方人處此現局，該有一打算，首先是對此兩大壁壘，究該何去何從？其次，而實是更重要者，則當問我們的自身立場，當如何得所憑藉而自存。憑何力量而能為自己打開一出路。此一問題，便問到東方文化本身的前途問題。

至少在我所接觸到的許多談話中，他們似乎都想避免此兩問題，不肯作深談。關於日本社會之思想左傾，他們承認有此現象，而把罪過推諉到外面去。關於東方文化問題，他們間，有許多人，似乎只想說明日本文化和中國，雖在歷史上不斷有許多接觸，而日本是日本，並不能把中國文化來包括了日本。這一點，本是自明的，不必細分辨。而使我擔心者，似乎日本人對其自身的固有傳統，也並沒有一種深切的自覺與自信。他們好像認為外面的長處，他們盡能學，儘可學來成為他們自己的長處，而其實問題決不這樣地簡單。日本民族種種長處，和其種種努力，在我此一度匆促的訪問中，實存著無限的敬佩與愛好，此處不必逐一列舉。我卻想在中日兩民族之間之有些相異處，不妨在此隨便提及。首先如我上文之所舉，日本人對其傳統文化之一種標準化的審細保持，此便和中國之尚時中與通變者不同。其次，說到東方文化，無論中日雙方，同尊孔子儒家教義，而兩民族間亦有其偏長偏短之不同處。若論仁義，則日本似乎是義勝過了仁。若說忠恕，則日本似乎是忠勝過了恕。明白言之，日本人之美德，似乎在忠義方面更過於仁恕，以與中國相較，則中國顯然是仁恕更勝於忠義。此因雙方民族性不同。雖受同一文化精神之陶鑄，其成就與表現亦儘可不同。此即在中國內部，黃河長江珠江三流域，相互間亦何嘗無分別？因此，日本文化與中國文化之有些小區別，殊不值大討論。只是有偏長，同時即有偏短。日本明治維新初期，他們曾高揭著孔子春秋尊王攘夷的大義來鼓勵當時的人心，此正用了日本民族性之特長處。其追隨西方，而為所熱切模倣者是德國。其後結成親密戰友，而對日本國運有大幫忙者是英國。那時英德兩國較與日本的民性國情為相近。若論今天的日本，尊王情緒既屬無法維持，攘夷的論調，他們亦不便再提。西方勢力的牛耳，轉入美國人之手。就美國與英德相較，美國的民性國情，又轉與日本距離得遠了。若今天的日本，僅注意在物質建設工商企業方面，追隨美國，僅把眼光注意在一切現實利害上，而把其他較深較大的問題擱置起，竊恐如此般的模倣，即未必再能有如明治初期那樣的成功。我們若單看大都市物質文明之進展，在戰後新興的日本，似乎此三數年來，雖已有長足之進步，然而稍具深思遠慮之士，決不會即就此點上，對日本前途，付以放膽的欣慰吧。

我又曾和一位深慕中國儒家教義之某教授暢談了幾小時，他也只在不大段緊要處提出論點。到臨了相別，他卻說：錢先生，你對我們日本的人口問題，抱何感想呢？這問題，確是值得提起的。在戰後日本，關於科學智識與科學技術方面，他們在戰前之累積，在戰後並未十分破壞。日本民族對於勤奮刻苦種種的美德，也比戰前並無損減。一面得著外來經濟上種種扶助，一面解除了戰前大帝國主義向外侵略所必需的海陸空三軍武裝配備之無底消耗。在日本，若再經幾年如目前般的休養生息，它的人口問題，定會成為一舉世當為之焦慮的一個真問題。然而這一問題，也該有好幾方面的考慮與研究。若僅從發展生產，增加財富，乃至國外覓原料，尋市場，如是等等的，仍只是僅限於現實利害上的估計與打量，而不再觸及到更深一層的如文化祈嚮與立國大方針等幾項大原則上澈底作一番反省，竊謂此一觀點，便顯然又會落向於唯物的，一轉身，便會是鬬爭的。鬬爭不向外，便會轉向內。不是國際民族鬬爭，便是社會階級鬬爭，二者可以相引而至，而二者之間必居其一，這將使日本仍走入歧途。

目前日本的政黨，顯然還沒有一種指導社會的力量。從前，日本政治的安定力，依仗在上面的王室尊嚴，現在是無可依仗了。若說把政治重心下移到社會羣眾，此固是近代民主潮流之正趨，日本此後政治，也只有向此一潮流迎上去。然而氓之蚩蚩，抱布貿絲，若使社會羣眾，盡陷在唯物實利的觀點與立場，而更沒有一種精神力量與立國大計在背後潛移默運，作中心之指導，與夫更高之策動，則所謂民主政治，也決不是一帖可治萬病的海上仙方。

由此各方面，說來說去，日本前途，還得寄託在教育，而日本的教育方針，還得從它基本的文化精神上出發。而所謂文化精神，則必然有其民族內在的大傳統，無可向外模倣。因此，我認為日本當前的建國大任，依然得落在他們知識分子和思想界的肩膀上，這是無可懷疑的。

讓我再從日本現行的教育制度上另說幾句話。我們曾去參觀過他們的教育大學，它的前身，是一向有名的東京高師。現在則改名為教育大學了。但考問其實際內容，則早已變成一個普通大學，而僅存了教育大學之虛名。在教育大學內，教育僅成為一系。教育似乎僅只是一種知識研究，說不上有所謂師範教育之精神陶冶那一面。明白言之，日本當前的教育界，我們固不能說他們沒精神，然而日本教育界的主要精神，則似乎已只限於一種學校精神，而很少見他們的教育精神。至少日本教育界在依循這一方面演進。他們全國大學，戰後劇增到三百所以上，而私立大學的數量，共逾兩百所。他們的國民義務教育，已提升年限，直到初中為止，然而各地國民教育，似乎有一種各自為政的趨勢。在文部省，則並無一個總攬大局，高瞻遠矚，為全日本國民提示一種最高精神與共同目標的教育宗旨。我們似乎可以這樣說，日本教育是在趨向於民主自由的新趨向，那豈不是一個極可歌誦的趨向嗎？然而民主自由，免不了夾進個人主義，又免不了夾進唯物觀點。

全國青年，盡在知識上，技能上，將來的個人職業上，現實利害上，作打算，生計較。一面是大都市物質生活之繼漲增高的壓迫，更鼓勵人在這些個別的職業與現實的利害上競爭而努力。我只怕日本農村種種美德，也會逐漸轉移配合到這一方面而合流。如此一個大潮流，儘量往前推，究竟算是一個新的現代社會之逐步成長呢？還是一個舊的傳統社會之逐步消失呢？這好像是一體之兩面，而其實卻值得我們審細分析，來作個別的觀察和考慮的。

或許我以上這許多話，全不合拍到日本的真實問題上。其實我只就我對自己中國這幾十年來的情形，為我所瞭解者，而移到對日本作過慮。有好多人常向我如此說：日本今天的思想界，學術界，教育界，乃至社會一切情況，正如我們離開大陸之前夕。日本人似乎並不深切感覺到在他們內部那一種左傾活動之可怕。一輩青年，把共產主義當作一理想在追求。一輩野心家，乃及好出風頭的前進學者們，推波助瀾，無異在玩火。而一般社會，則因不滿現實，認為能變總是好。一切一切，都好像在為赤化日本開路。而很少把此問題作嚴重看法。我們這一次去日本，所見所聞，卻把這許多話多少證實了。然而我之所慮，則猶不盡於此。

我常想，這一兩個世紀以來，世界東西兩大文化之接觸與交流，實為人類有史以來最大一課題。西方文化，挾其物質進步所造成的一種無上威力，影響到東方，使得東方人無法不接受。然而西方文化之內部自身，實也有許多點發展到病痛處該得從頭調整，作某些角度的轉向。試問掀動起兩次世界大戰，而貽當前人類以莫大禍害者，其主要動力，是不是發起在西方？在東方則只是被動波及而已。在第二次世界大戰中，日本扮演了一主要角色，然而這又何嘗不是日本感染了西方潮流，而遂致如此呢？最近美蘇對立，自由資本主義與極權共產主義之兩大壁壘之對立，威脅到人類文化前途逼近生死絕續的大關口，在東方人立場看來，這一現象，還只是西方文化之內部破裂，自身反動，而造成。在西方有些有名的文化學者，如英國之湯恩比教授，卻把蘇俄當前種種劃歸到東方系統一邊來。認為此一對立，好像是一種東西對立之新面貌，新花樣。我們站在東方人立場，自認對東方文化精神較有深切認識者，實不能接受此等皮相之意見與分析。我常想，要挽回世界頹勢，為將來人類文化開新途徑，東方文化精神，實有值得提倡闡發之必要。但問題所在，若東方人不能接受西方近代物質進步之大潮流，則東方文化將連根被剷，無法再生存。而為要接受西方近代物質文明之急速進步，而隄防一開，洪流橫決，東方文化仍將飄盪失所，衝刷以盡。這實是東方人在走進近代世界史以來的一個大難題。因此說到日本明治維新，其初步成功，實在決非日本民族短期的在狹義的國家主義下的一種淺薄的實利的成功，而更帶有關涉到人類文化當前課題一個涵有甚深意義的大啓示。惜乎此一成功，在日本，急速轉入歧途，而引生了當前日本之大禍害。此亦不僅日本民族身受此害，更從廣義言之，亦可謂是近代人類文化在其應有進程中之一個大挫折。此後的日本，縱使撇去赤化隱憂一層暫置不論，我之所慮，日本此後，似乎至少會和近代中國遭遇到在其大陸未赤化前那一段長時期的同樣的磨折和苦難。只要日本人對其當前處境，沒有一番更深刻的警惕的話。我此顧慮，只以我們中國的遭遇作榜樣，也許會不盡是過慮呀！

若使目前世界的冷戰局面，延持較長時期，我上面此一種過慮，怕會愈顯其真實。就東方人此刻所必有的一種內心苦悶而言，一面是舊傳統光明之逐漸消失，不可復保。一面是新的物質文明如沙上築塔般，終沒有一個堅穩的基址。而個人主義與物質主義，又為引進新文明所必不可免的一種夾帶品，又苦無法拒絕。先是厭惡自己的，接著又會厭惡外來的。在於此種徬徨苦悶衝突失望的心情下，反動的推翻一切的情緒與理論，必然會得勢。此實為東方人處此東西兩大文化衝突鼓盪之形勢下，急切未能獲得一種合理的結合與更高的調和之際，在其內心所不易避免之一種磨折。今天的日本，似乎也將無逃於此磨折之來臨，而又似乎尚未達到一種面對此必然會有之磨折而清楚地認受，而從此來尋覓其出路之顯著的迹兆。

若我們就今日世界人類文化之前途來作一展望，站在東方人立場看，我們東方人必然須對其自己傳統有一個真正認識與妥貼安排。自己有了立場，然後可以憑此立場來迎受新的，而逐漸將其消融為己有。其次，我們也必得自信，必待東方文化精神能融入於現有世界潮流中，而後此世界始得救。否然者，今天的西方人，永遠看東方認為是一些落後的地區，永遠看東方人只是一些落後的民族。他們把他們的民主潮流乃及科學技能傳授給東方，認為惟有如此，纔好讓東方人也獲得了個人自由乃及物質享受。但他們又嫌如此依然太現實，太卑下，因此必得再傳授東方人以他們的耶穌教，來作我們靈魂的救濟。這是西方人的向來意趣。他們不明白循此意趣，終會招致東方人一種不自覺的反抗心理。此一種反抗心理，潛伏到某一相當程度，而共產思想卻乘隙蹈罅，來挑動東方對西方傳統掀起大反動。其在儒教傳統地區的情勢是如此，其對印回各傳統地區的情勢又何嘗不如此。若循此情勢演進，實恐冷戰時期越拖長，那一種情勢會越鮮明，而世界人類文化浩劫，終會有一段大黑暗時期橫梗在前面。

中國與日本，此刻則站在同一情勢下，面對此同一危機。中國大陸早已赤化，在日本人還如隔岸觀火。而且有許多日本人，也同樣運使所謂中日兩民族同文同種那些流行口頭語，來向大陸送秋波，來高談其文化交流與文化合作。我們一行去日本，日本人如此說。接著大陸郭沫若一批人去日本，日本人還是如此說。而且確有同一人在此兩場合說同一此類話者。我從此等處，不禁要懇切提醒我們的鄰邦，對此問題，該把嚴肅心情澈頭澈尾作反省纔是！

然而我以上所云云，似乎對日本方面過慮的話說得太多了，對我們自己方面，轉而像放鬆了。我還得重申我最先之所述。我還是覺得，日本人在新的方面，比我們要新得多，而在舊的方面，也比我們更要舊得多。日本人實在是能學得了西方，而同時還保留了東方。若是東西文化，在其本質上，必然會有一種不可避免之衝突，至少日本到現時，此種衝突還未表面化。若說我們必先排除了東方舊的，纔能真學到西方新的，則我們何不且多去日本作考察。他們在排除舊的方面，並不比我們努力，但在效法新的方面，卻比我們遠為成功。我們國內一輩學者，自五四運動以來，似乎在其心目中，只有西方，沒有日本。如此般用著全力來提倡全盤西化，但我們西化的成績，較之日本，究竟是好些還是壞些呢？究竟是成功還是失敗呢？讓我退一百步言，我們若誠心一意慕求西化，也該奉日本為師資，向日本去學習。我們縱說不想要學日本，但豈不該學日本之學西方嗎？至少日本在其學西方這一面，比中國是遠為成功了。此乃一種不可爭之事實，擺放在面前。若我們說日本人只懂模倣，沒出息，因此不如歐美，但我們既主張全盤西化，豈不是主張澈底模倣嗎？在我們自己，則儘不妨主張澈底模倣，但對日本，卻偏看不起，偏笑他們僅知模倣，這又是何種的邏輯呢？我想，其惟一理由，正為日本尚保留了幾許東方舊傳統，還配不上我們中國那一輩學者所想望。這幾十年來，留學歐美，是中國知識分子之最高榮譽，而留學日本，則幾於是一種奇恥大辱。說也可慚可笑。我們此一行，這一次去日本，口頭說的，是中日兩邦在同一文化傳統下，該在文化工作方面更緊聯繫，更緊合作。但至少在研究東方古典籍這一方面，中國也遠落日本之後。我們到任何一大學，他們對於研究漢文典籍之努力與貢獻，平心說來，要比我們強。他們對西方各學科的翻譯工作，也還比我們努力。西方典籍，在日本是應有盡有的不斷在翻譯。

在中國，則只聽見一批批青年讀英文，去歐美，蠶喫盡了桑葉不吐絲，若有人肯埋頭死心做翻譯工作，這無疑又將為我們的先進學者認為沒出息。我想，我們若要挽回我們自五四運動以來學術界那一種不救的死證，無疑的，我們該多去日本，向日本人學習。

戰後日本，無疑的，有許多方面，比我們自由中國強多了。我們再不該自誤，我們該把日本作自己的榜樣。我們若想糾正我們這幾十年來的盲目媚外心理，外國的月亮總是圓的，一到中國便不圓了，則我們不妨且多去日本，因為日本也算得是外國，日本的月亮，照理也該比我們中國的圓一些。若我們真肯承認日本月亮也還是圓的，則進一步或許能承認中國月亮有時也還可以是圓的了。

我因於衷心愛好東方文化，因而使我十分愛好日本。我平常很深愛中國的書法，然而今天在中國，肯用毛筆寫字的人越來越少了。我此次去日本，正值他們全國美術展覽會開幕，中國書法懸掛到四五百幅以上，真是琳瑯滿目。目前日本社會，對中國書道的研究，正在熱烈推進中。毛筆店和煙墨舖，規模甚大，在日本尚有絕大的銷路。我們這一行人，大家爭著去買日本的毛筆和煙墨。

我又喜歡下圍棋，我們的大國手吳清源，若非東渡留日，那能有他今天的成就。我很想乘機去拜訪他，惜乎未得暇。有些處，我實在感得日本比中國要更中國。我以前愛讀小泉八雲描寫欣賞日本風情的書。我因於讀了小泉八雲的書，使我遊神到中國文化之某幾面。我常想，日本可愛，他們不僅能保留許多他們自己的，而且也代替我們保留許多中國的。至少東方風情，在日本確實是保留得不少。我在寫此文時，不禁馨香禱祝，在我友邦日本，能繼續保留此許多東方風情，能憑他們善於模倣的民族天才，好好來學習西方的，而同時又保留此一分東方的。我同時也誠懇期望我們中國的學者們，你們儘不妨盡量宣傳西方長處，好使此古老中國獲得了新生機，但千萬不要把打倒中國之一切來作宣傳的開場鑼鼓。我想，在明治維新時代，日本人豈不也有講究中國書道的，豈不也有一心一意在下圍棋的，這些也何損於日本之急速學得西方而向富強方面躍進呢？

這是當前人類在發展文化前途一大課題。即是東方人如何學習西方而能保留得東方，如何能將東西雙方之文化傳統獲得某種結合而從此再有更高之躍進。我深信，日本人在此方面，正有其莫大之任務與使命，儘可不太過於縈心在其目前現實利害之打算上。而中國的學者與青年們，我更希望他們能多去日本，多訪問，多學習。我們此行，匆匆不到一月的短時期，太匆促，太膚淺了。我回國以來，只想把此行所得，備作私人談話，與關心此問題的人交換意見，並不敢牟然寫公開文字，因其太不成話了。而各方面敦促我必須寫一篇文字來公開作報告。我既不願敷衍只寫門面話，則只有直率而道，把個人積壓在心尚未褪色的幾點感想，拉雜寫出，以請教於中日兩邦之共同關心於東方文化之前途問題者。

一九　中國今日所需要的新史學與新史學家

民國三十一年

歷史乃人事之記載，故史學亦為一種人事之研究。歷史所載人事，雖若限於過去，而按實殊不然。人事必有持續性，有持續數年之久者，亦有持續數十年數百年乃至數千年以上者。既有持續、即有變動。當其尚在持續變動之中，即不得遽目之謂過去。且人事惟其有持續，故方其端緒初生，即有可然之將來隨以俱至。嚴格言之，亦不得盡目今日以下者為未來。請舉實事言之。當前之對日抗戰，持續已逾五年，然不得謂今日以前五年內事俱屬過去。當知此等事皆尚現在，皆在持續變動中，絕未過去。今日中日戰爭尚未到最後決定之階段，吾儕即絕不當認為首都已淪陷，平津滬杭武漢廣州已喪失，五年來戰事已失敗。此等雖若過去，而實未過去，實尚現在，而正在不斷演變中。不得遽目今日以前為過去。而今日以下，亦不得盡謂之未來。因其已有某種必然性，雖未來而實已來。吾儕當知今日以後中日戰事仍必持續一相當年月，決非旬日間所能解決，此雖至愚者亦知之。未來之事有絕對把握，首都淪陷雖屬過去事，然其事尚在變動中，絕非永成淪陷，則過去事轉無把握。至謂此後半年數月內中日仍必在戰爭局面下相持，則此事絕對真確，亦絕對可信。故知雖為未來事，而實有極堅強之把握，可信其將來之必然，則不得全認為未來。當民二十六年七七事變初起，中日雙方稍有識者，均知必演成一長期戰爭，七七僅屬此一事件之端緒，今此一事件，早於七七之變全身湧現。若謂只七七一天乃屬現在，此下即屬未來，即當歸之渺茫不可知之域，其人當為狂惑之流。故知就人事論，大體上自有其起迄，自始至終，自有其必然之持續與可能之演變。惟其有必然之持續，故未來者等於已來。惟其有可能之演變，故已往者實尚未往。換辭言之，過去者尚未去，未來者則已來。就人事言之，必有其時間上之寬度。人事之現在性，絕非如普通所想，過去者已過去，未來者尚未來，而現在則在剎那剎那間刻刻轉換，刻刻消失。此等觀念，乃排除一切人事，冥坐觀心，或排除一切人事，凝神注視時鐘針擺之移轉，乃有之，此可謂是心理上或物理上之時間感。若就事理言之，則絕不然。事理上之現在必有寬度，其事愈大，持續性愈久，變動性愈多，其現在之寬度亦愈廣。即如中日抗戰，其事現在已逾五足年，絕不能謂其剎那剎那全成過去，全歸消失。今再就此推進一層言之，中日戰事亦不得謂其起於民二十六年之七七。當知自民二十年九一八以來，其事端緒已見，此不待深識洞鑒之士，亦可預矚中日戰局之必然性，其事早已逐步展開，惟昧者不之察，必待事變之愈演愈著乃覺耳。如此再推前言之，當知中日抗爭，其事亦不待於民二十年之九一八事件，今為省卻文字累贅，徑可謂中日相爭，其事遠始於甲午之役。而甲午之役尚復有其前因。當知甲午一役，中國雖敗，日本雖勝，然不得謂其事已屬過去。甲午一役之勝敗，僅為中日兩邦開始鬬爭之第一幕，其事必有持續，而於持續中又必有變動，故絕不當竟目日本為勝者，中國為敗者。旅順大連之割讓，臺灣之吞併，東四省之喪失，亦與平津京滬武漢粵廣之佔領，同在持續演變中，同為一現今尚存在之事變之一部分，不得徑目之為過去，其事實尚活躍而現在。而中日戰爭，亦絕不能在今日忽然遽止，而仍必有其必然之將來。則此中日戰爭一歷史事件之有其活躍之現在性者至少當延及百年之久。舉此一例，始知人事乃由過去穿透現在而直達將來，過去與將來凝成一片，而共成其為一有寬度之現在。研究歷史者，實即研究此一有寬度之現在事件也。其事活潑現在，且已直透而達將來，豈得謂歷史只屬於過去人事？

今再就此更進一步論之，當知中日抗爭雖為百年來之一事件，而目前活躍現在之事件，則尚有不盡限於百年之間者。如東西文化接觸而發生交涉，此又一事件也。就其某一性質論之，中日抗爭亦可消納融化於東西文化接觸而發生交涉之過程中而認為僅屬於彼事件之一節。而此東西文化接觸而生交涉之一歷史事件，則其端緒之湧現，已不止三百年之久，而其事尚活躍而現在，為人類當前一大事件，而此事仍有其必然之持續與演變。此一事件之活躍現在性，較之中日抗爭更為寬闊，更為持久，而其全歷程之可能的變動亦更大。吾儕研究歷史，實即研究此一活躍現在之事件。惟此事件之現在性既甚寬闊，故研究此一事件者，勢必回瞻數百年之前，遠眺數百年之後，乃克勝任。否則若僅目歷史研究為只限於人事之已往，則其人與骨既已朽矣，其事亦如煙消雲散，不復存在於天壤之間，吾儕何必耗此閒心血為陳死人算舊帳，為許子之不憚煩？

今再推進一步論之，則所謂歷史事件之活躍而現在，其事復有不盡限於三百年之久者。姑隨意想偶及，再舉數例言之。如中國人之南洋移殖，中國西南與東北之開發，中國西北部之經濟衰替，此等事件，繼續演進，皆不止三百年之久。其事皆遠在東西文化接觸以前早已開端發軔，而持續迄於今日，尚未見其停歇。然則歷史如千絲萬縷，長條垂掛，各自有其端末，亦各自有其體狀。同時又相互牽搭，經緯交織，而成一整幅。其間有長條，亦有短縷。如辛亥革命，其事雖屬過去，而實未過去，此乃一長絲，將緜延永恒，影響於中國民族歷史之將來者漫無窮竭。如洪憲稱帝，其事則只為一短縷，只為經緯交錯中一衪搭，其在歷史事變中，僅屬曇花一現，僅有其消極之妨害性，終將隨歷史大浪沖刷澌盡，而無所謂積極之持續。故凡一歷史事件，莫不有其相當之持續性，而其間復有積極消極之分。積極者，乃此歷史大流之主潮。消極者，乃此歷史大流之漩洑。更有泡沫浪花，雖亦歷史大流之一相，而實無當於大體。然則為吾中國歷史之主要大流者緊何？曰：此必為吾國家民族文化之緜歷與發皇，吾國家民族文化之奮鬪與爭存，捨此皆不足以當吾歷史之主流。此一事活躍現在，而自有文字記載以來，辜較言之，亦已持續及於五千年之久。而繼此以往，仍必繼續演進，繼續不失其活躍之現在性。研究歷史者，苟得此總綱，則千條萬縷，縱經橫緯，無不入扣。做研究歷史者，其最要宗旨，厥為研究此當前活躍現在一大事，直上直下，無過去，無將來，而一囊括盡，非此不足以語夫歷史研究之終極意義而克勝任愉快。

今再轉辭申說。歷史乃一時間性的學問。而歷史上之時間，則與心理物理上之時間不同。如循鐘上尖針，一分一秒，歷歷移轉，此一秒以前為無窮之過去，此一秒以後為無窮之將來，僅此針尖目前所指乃屬現在，而針尖又息息不停，目視所指而所指已移，一秒之間，仍可劃分。推極言之，勢必更無現在。世界只有過去與未來兩大片，上無端，下無底，現在則晃盪移動，更無著落。譬之一紙，黑白相半，白屬過去，黑為未來，黑白之間，若有一線判其際限，此為現在。實則紙上只有黑白，黑白以外更無他線。世間亦當如是，只有過去未來，別無現在。再以內心默觀相證。念念相續，而亦念念不停。前念倏去，後念倏來，前後念際，別無空隙可駐一現在。方認此念現在，而此念早成過去。一如鐘上針尖，刻刻移動，刻刻轉變，前推後擁，轉瞬同歸消滅。然此等皆超脫事外，始有此象。若一落事業，性質則復不同。事業莫不有其相當寬度之現在，不得如鐘行一秒，心轉一念，割裂劃分，而實為一有距離之進行。在此進行中，有持續，亦有變動，而自有其起迄，而成為一事業，成為一生命。歷史正為一大事業，一大生命。故歷史上之過去非過去，而歷史上之未來非未來，歷史學者當凝合過去未來為一大現在，而後始克當歷史研究之任務。然由此再深入一層論之，歷史上之過去非過去而依然現在，歷史上之未來非未來而亦儼然現在，則過去尚未去，未來早已來，過去與未來將如兩大厚鐵板交壓在現在之上，豈不使現在將絲毫動抬不得，歷史成一十分命定之恠局乎？曰此又不然。若就超乎事為之時間言之，則現在剎那即逝，誠有不可控摶之感。若就本乎事為之時間言之，則現在有無限量之寬度，吾儕正可在此無限量寬度之現在中不斷努力，以把握將來而改變過去，以完成其理想與完美之現在。此何以言之，請再舉實事為證。若謂中日已往衝突全成過去，則過去不可改，此如鐘針一移，時不再來，前一秒之光陰即永久消失。心念一轉，則前念亦空，瞬息逝去，萬馬難追。如此則不僅朝鮮臺灣東四省盡成敵境，即南京滬杭平津武漢粵廣亦永屬淪陷。惟其不然，故事雖過而未過，猶可改變。所謂改變過去，實即改變將來。此將來與過去，實同一現在也。故將來雖若不可知，而早已全身湧現，儼然現在，故使吾儕乃得著手將其改變。否則如後念未起，永不知所念為何，又如何著手用力？故凡歷史上之事變，扼要言之，乃盡屬一種改變過去與改變將來之事業也。若不能改變過去，復不能改變將來，則人類歷史將永遠如水之流，如花之放，成一自然景象，復何歷史可言。故歷史實為人類事業之不斷改進，而決非命定。研究歷史，即謂其乃研究如何改進現在人事之一種學問，亦無不可。

今請再設一譬以喻吾意。作者曾將此文大旨於某大學作一公開講演，講演乃人生中一事業，此一事業亦自有首尾起迄與其寬度之現在。蒞場聽講者，雖在事前，早知講者為誰，講題緊何，講演過程當歷幾何時，此則事雖未來，儘已前知。若論所講內容，則聽者非通貫前後，不能遽曉。若中途入席，羼聽一二語即行離去，將茫然不知所講之何義。當知一番講演，乃整個一現在，不可分割。豈可謂前半時所講已屬過去，後半時所講則尚未來。實則其事乃全體湧現，不過自有其時間上之寬度以為其持續與變動之地而已。若將一篇演講，一分一秒割裂，即失去演講之意義。將所講某語，一字一聲割裂，亦將失去此一語之意義。今獨於全部講演中羼聽一語，又於全語中羼聽一字，即就此字此語，自謂明得全部所講宗旨，豈不大謬。同樣言之，若其人對七七以來中日戰爭全未理會，只看今日報紙，便謂瞭解目前戰局，其謬直與聽一語一字自謂已知全篇演辭者正相等。今之謀國是論時局者，皆於已往歷史絕不曉瞭，彼意特謂歷史乃前人陳迹，與己不涉，而不悟其猶聽講演只聞一語一字便妄加評衡測度，則宜乎其多戾也。

割截前後，只就一語一字衡量全講，其為無當，固已顯矣。若其人只聽半截講演，即離席他去，此亦未必能知得全講大意。不僅不知得全講，抑其所聽前半截，亦尚在動盪變化中，苟非聽徹下半截，將仍不明其究竟意義之所在。此如讀中日戰史者，若僅看至今日為止，亦安知此次戰爭之究竟如何結束乎？古語云：蓋棺論定，此謂人之一生非到終極，即不易判其真相。歷史事件亦各有一終極，若非徹底研尋，只認得過去，便謂一成不變，則是震於項王之破邯鄲，而不知其有陔下之圍也。然若就大題目大綱領看，則歷史事件之較大有關係者莫不活躍現在，莫不各有其將來，莫不如神龍之見首不見尾。然則研究歷史，不斷在記憶過去，瞭解現在，與把握將來，其理自顯。故謂過去為一成不變者既誤，謂將來乃茫無把握者亦誤。當知將來可以改定過去，而過去亦可控制將來。此如聽演講人，雖聽前半截，雖未徹底領略後半截，然此後半截講演辭之路途傾向則大體自可預知。其實過去事糢糊不清者甚多，聽一小時講演，豈能從頭到尾，語語記得，字字勿忘。未來事情清楚有把握者亦甚多。聽人講演，所講尚在此，而所聽已可越而至彼，故所聽有早於所講而呈現於聽眾之腦際者。若聽前言絕不知後語，此必講者漫無章則，首尾衡決，聽者非索然寡味，即儻然欲睡。過去不能包孕未來，不能控制未來，則此過去便成死絕，便成寂滅，亦便與歷史無關。人之一生，以前種種早經忘卻者不知幾何，以後種種可以預料者亦不知幾何。故謂過去必可知，未來必不可知者，亦妄也。然則過去有可知有不可知，未來亦然，亦有可知有不可知，過去與未來相互擁抱，相互滲透，而其機括則操之於現在。而現在則絕非一瞬息一剎那，即過去即未來皆在此現在之寬度中。必領略此意，乃始於歷史研究得有神悟，得有妙契。

將欲於歷史研究得神悟妙契，則必先訓練其心智，習為一種綜合貫通之看法。請再就內心默觀之一事論。若僅就心相變化分別體玩，則前念後念倏起倏滅，剎那剎那各歸寂盡。然若就心相變化綜合而通看之，則心包性情，自有條貫，並非念念無常，而乃生生不息。念念無常者，前念後念各自獨立，不相滲透，不相融貫。生生不息者，前後念際自有生機，融通貫注。儒釋之辨，即在於此。孟子論牛山之木，亦就去來今三境，融會綜合，識取其生機，而曉瞭其前後之變化。若分別割裂，使去來今三界各各凝定，即各各隔絕，生機已窒塞，實相亦解體，此去來今三世，便全成虛空，渺無著落。即如人之一身，若呼吸，若血行循環，若消化排洩，若細胞新陳代謝，苟不從其人全體生命綜合融通看之，亦莫非剎那剎那各自起滅，各自寂盡。然就生命全體看，則起滅中有生命貫注，寂盡中有生機常在。讀史當悟此意。否則秦皇漢帝唐宗明祖何一非歸滅盡？然此亦如一呼吸，一循環，就民族生命全程觀之，此乃生生不息中一過程，此過程尚活躍現在，豈得謂是過去之陳迹。故於空間諸相不能融貫，即於時間諸相亦難通透。此所講之新史學，其實昔人已早言之。司馬遷所謂究天人之際，通古今之變，此即融貫空間諸相，通透時間諸相，而綜合一視之，故曰，述往事，思來者。惟昔人雖有此意，而未嘗以今世語道達之，今則姑以名號相假借，稱之為新史學。史學殊無新舊，真有得於史學者，則未有不能融貫時間相，通透空間相，而綜合一視之者。亦必能如此，而後於史學真有得，而後於世事真有補。

本此推說，則今日所需之新史學家，其人必具下開諸條件。一、其人於世事現實有極懇切之關懷者。二、其人又能明於察往，勇於迎來，不拘拘於世事現實者。三、其人必於天界物界人界諸凡世間諸事相各科學智識有相當曉瞭者。四、其人必具哲學頭腦，能融會貫通而籀得時空諸事態相互間之經緯條理者。乃可當於司馬氏所謂究天人之際，通古今之變，而後始可以成其一家之言。否則記注之官，無當於史學之大任。孔子曰，焉知來者之不如今，姑懸此說以待之。

故友張君蔭麟，始相識在民國二十三年春夏間。時余與張君方共有志為通史。常謂張君天才英發，年力方富，又博通中西文哲諸科，學既博洽，而復關懷時事，不甘僅僅為記注考訂而止。中國新史學大業，殆將於張君之身完成之。豈期天不假年，溘然長逝。此數年來，強寇壓境，蹙吾半國，黌舍播遷，學殖荒落。老者壯者無所長進，少者弱者喪其瞻依，張君獨奮志潛精，日就月將，吾見其進，未見其止。明星遽墜，長夜失照，眺前矚後，豈勝悼愴。特草此文以當追念，而斯人不作，安得復相與一暢論之。然後生可畏，焉知來者之不如今，是所望於誦斯文而有慕於張君者。

二〇 中國政治與中國文化

民國三十五年

國人當前，殆莫不有兩大問題在其胸中。一者較標末，較切近，即問中國此後政治出路何在。一者較根本，較深遠，即問中國傳統文化，有否再保存再發揚之價值。實則此二問題本屬一事。政治即文化之一部門，一機構。一國之政治，斷不能脫離其全部文化意義而獨立，政治不能違背其全部文化精神而自為發展。政治與文化脫節，此種政治即無生命。故求解決第一問題，必連帶牽涉到第二問題。

試先檢討國內近百年來之新思想與新潮流，大體可劃分四階段說之。最先可謂是一種新軍運動，即國防革新運動。咸同以下，曾李諸人倡之。直至甲午之戰，國人始知國防軍備乃政治之一部門一機構，不能超政治而獨立。故求國防革新，軍備革新，必先要求政治之革新。由是遂從新軍運動轉入新政運動。戊戌維新以至辛亥革命，此為第二期。然新政運動之成績，復不能滿人意，於是又轉入於所謂新文化運動，則為第三期。自後一般國人意見，又謂文化植基於經濟，要創造新文化，必先創造新經濟，於是從新文化運動轉入新社會運動，亦可謂之新經濟運動，此時則共產思想盛為流行，是為中國近百年來新思想新潮流之第四期。今所欲討論者，請自第三期新文化運動始。

新文化運動，一面主張打倒孔家店，線裝書扔毛廁裏，全盤西化；一面標揭以為西方文化之兩大主幹者，則曰賽因斯先生科學，與德謨克拉西先生民主政治。此處有一特須注意之要點，即政治與科學實不同其性質。科學無國界，可以模倣鈔襲，迎頭趕上；而政治則不然，不能擺脫國別性，不能模倣鈔襲，迎頭趕上。政治必將自本自根，切合於其本國之精神傳統與文化特性。必將由其本國之精神傳統與文化特性中生根發芽。若以全部鈔襲為政治，則不得謂之真政治，此種政治斷無生命。然苟政治無生命，永不上軌道，社會無秩序，人民生活不安寧，則科學亦將無由發榮滋長。當知科學亦並不能脫離政治而獨立進展。今因科學不發展，誤認為傳統文化作梗，肆意詆排，高呼打倒，於是政治重心終不得不依附模倣與鈔襲，如此則政治永不上軌道，科學亦無地寄託，永不發展，於是再回頭咒咀傳統文化，再努力為之挖根掘柢，如此將形成一循環無底之破壞，而終於自招毀滅。此實為中國今日思想界一悲劇。

今論西方所謂民主政治，本由中產階級興起，爭奪政權，逐漸形成。最先起於英國，而美法繼之。然此三國政治之機構與組織，亦復互異。其他歐陸諸國，本未能一一走上英美法三邦之道路。及第一次世界大戰結束，德意蘇三國，各自有其新政治出現。無論此三國政治之是非得失，要之與英美法三國之所謂民主政治則顯然不同。今既主張模倣，主張西化，則德意蘇與英美法，豈不同屬西方？何以只許主張英美化，而不能主張德蘇化？既謂西方盡是，中國盡非。新者全是，舊者全非。則德蘇政治同屬西方，而又為西方之更新者。則何不迎頭趕上，模倣其更新者之為愈？故接著五四新文化運動而來者，厥為共產主義之新潮流。此亦順理成章，所謂勢有必至，事有固然也。

但問題癥結則依然存在。今欲改造政治，不能不牽涉及全文化。中國有中國之傳統，有中國之特性。雖有強力，不能一切抹搬而肆言改造。當時則頗有一輩人，謂人類文化並無根本上之歧異，中國文化只相當於西方之中古時代，西方文化僅是走先一步，而現代化了，中國文化則只是落後一步，依然留在彼方之中古狀態下。故西方文化乃工業化的，中國文化則是農業化的，西方文化譬如城市人，中國文化譬如鄉裏人。只要鄉裏人遷居城市，只要中國工業現代化，則東西文化便根本無歧異之可尋。此一論點，認為文化精神全為經濟形態所決定，而其實則不若是其簡單。經濟亦文化發展之一項基本條件，然並非惟一條件。經濟勢力固可範圍文化，但未必能決定文化。

人類文化固不能不謂其有大同，然亦不能不認其有小異。譬如人之面貌，耳目口鼻五官位置及其輪廓，固是大體相同，然亦千差萬別。相同者在大體，相異者只屬小節，然有時則毋寧小節之相異更重要於大體之相同。即依歷史實證言，西方中古時期以前之歷史演進，並不與中國歷史相似。抑且人類歷史，亦並不止中國與歐西之兩支。我儕固不能謂中國文化只相當於西方之中古時期，亦不能謂印度波斯土耳其諸族之文化亦都相當於西方之中古時期也。西方各國脫離中古而現代化，但其相互間仍各不同。如英美法與德意蘇不同，甚而英美英法之間亦各不同。我儕何能謂中國印度波斯土耳其諸邦現代化了，便在其文化精神上可以各各相似，更無相互間之特性可言。故知只論經濟形態，不問文化本質，其說實無是處。

以上既指出純經濟觀的文化論者之無當，而此種意見，則大率盛行於上述新潮流之第四期，即主張新經濟運動的時期。若上溯第三期，即新文化運動時期，則其對文化論之意見又別。大率彼等頗認東西文化亦各有相異處，但彼輩意見，以為中國文化乃一種失敗或較次的文化，已不適於現代之爭存。欲求國家民族重獲生命，則非澈底改造其傳統文化不為功。此種意見蓋先有一中劣西優之觀念橫梗其胸膈。殊不知文化價值之估定，亦不若是簡單。文化進程，並非如誤信淺薄的進化論者所想像，以為如一直線然永永向上，今日必勝於昨日，近代必勝於古代。當知文化進展常走波浪曲線，有升有降，正如人之健康，可以時病時健，常有反復。稍有經驗之醫生，斷不即據目前一日之情態，而評定一人之體格。近代中國，正在病時，而近代之西方則正在健時，一方正屬上升，一方正屬下降，然若橫切此平面之一點，來指示此兩條曲線之全個形態與動勢，則無不大謬。正亦如有經驗醫生，決不單看某人一天病象而判斷其人之體況，與其全部生命力之強弱也。此本極明顯之事理，而惜乎不為今日一般國人所了解。若使今日一般國人肯放眼縱觀東西雙方全部歷史，只從大體上人人俱知處稍一思之，便知其間各有起伏，各有升降，以前如此，以後何獨不然。如何能單把眼前短短一段而判定其全部。

此一番話，若在三四十年前說，恐難徵信。其時則歐西各國，正值如日中天，豐亨裕大，當時人羣認彼為黃金時代，若真一盛不致復衰矣。但不久第一次大戰起，繼之以第二次大戰，西方局勢全部改觀，居今而言，誰能保證第三次大戰定可幸免。若不幸而第三次大戰終於到來，誰能保證西方文化依然欣欣向榮而繼漲增高乎。回想第一次大戰以前之德國，其炙手可熱之勢為何如，但兩次慘敗，此後前途，誠難逆料。意大利雖一度乘機躍起，但到底不能復興。此乃西方兩個最後新興之大國，前後不滿一百年，目下都已摧殘。第三輪到法國，此乃歐陸現代興起最先之大強國，但在此兩次戰爭中，國際地位逐步降低，此次亡而復存，以後恐難再為歐陸之盟主。英國在歐洲大陸以及世界之領導地位，亦復在此兩次戰爭中失去。故從大體言之，此兩次世界大戰，歐洲列強轉衰勢者多；轉盛勢者少。但回頭試看歐洲以外之國家，土耳其見稱為近東病夫，但在第一次大戰後一躍而為一新興國家，第二次大戰居然能嚴守中立，縱身局外。中國則見稱為遠東病夫，但在第二次大戰後，一躍而為世界四大強之一。其次說到印度，其國家地位無疑亦將逐步升高。苟使第三次世界大戰再起，印度獨立當不成問題。此上所說，只在指出列國強弱盛衰，時時變動，不必遠溯於往昔，即據眼前現勢已足證明。故知我儕若專據一短時期之現狀，來衡量各種文化之悠久價值，實為淺見之尤。其次當知此幾世紀以來，自歐洲人發見新大陸，商業革命，繼之以工業革命，一時西方勢力，瀰漫全球，但除卻菲澳美陸之土人慘遭吞滅以外，亞洲大陸凡有文化舊傳統之民族與國家，如上述土耳其印度中國之類，雖亦一時受其影響，譬如大海中島嶼為狂濤所掩，終未消失，依然成為暗礁，兀立水底，待其潮流退落，此諸島嶼還自透露。此可證明人類文化積累之無量潛力，決非具體可見之事象所能指陳而估計。根據上述，我儕豈能遽信中國文化在此後世界上更無其存在與再發揚之價值與機會乎？

今且讓我們承認東西文化各有其相異處，並亦各有其優劣點，並非在彼者全是而在我者全非。則試問中國文化長處何在，其劣處又何在？我姑粗率從大處言之，以中國文化較之近代西方，其短處自在自然科學，其長處則在人文政教。若言短處，幾於盡人皆知，不煩細論。至其長處，則似乎並不為今日一般國人所認許。所幸者，歷史具在，例證燦然。試看中國四千年來蔚為一大民族，構成一大國家，此種累積，豈西方所有。試將西方古代希臘與中國春秋戰國時代相較，希臘人在極小的地面上始終未能統一凝成一國家，中國春秋戰國時代，早已走上一大局面。其時雖列國紛爭，而其先則有周室之王統，其次則有齊晉之霸政，在分裂中依然不失有一種統一之力量。最後秦漢當朝，還是中國人統一了中國。而西方則由希臘人轉換到馬其頓人羅馬人手裏，其事態與中國全不同。今再以羅馬與漢代相比。漢代向心凝結，乃一文化一統的國家。羅馬向外征服，乃一武力一統的國家。所以兩漢以後，依然還是中國人統治了中國。而西方則又要從羅馬人手裏轉換到北方之蠻族。中國唐宋時代，其文物治平之景象，自不當與西方中古封建時期同類相比。即論最近世，彼方所謂現代國家之興起，依然還是長期分裂，長期鬪爭，中國明清時代，依然還是一統，還是和平。若論將來人類新文化，謂將永遠分裂，永遠鬪爭，則中國傳統文化誠為一歧路，不足為訓。若世界將來文化，也還有回頭走上彼此協調與和平之需要，則中國文化目下縱或見其不合時，到底是走先了一步，在此方面，實別有其長處與特點也。

以上粗舉一歷史實證。當然事象複雜，其間之所以然，並非單就一端可資說明。今就政治而論政治，則中國傳統政治確於此已盡其一部分之職責。今日一般國人，認為中國自秦以下之政治，只是一種專制黑暗的政治，此種說法，用為辛亥革命時期之宣傳，或無不可。若認為是歷史情實，則相去殊遠。試問中國廣土眾民，舉世莫匹，為帝王者，將何藉而肆其專制？若謂憑藉貴族乎？則中國自秦以下，早已推行郡縣政治，封建已破壞，世祿已取消，何來再有貴族政權？若謂憑藉軍人乎？則中國自秦以下，固未有純以軍人組織之政府，何來而有軍人政權？若謂憑藉商人富人以共治乎？則中國自秦以下，在漢則不許官吏兼營商業，在唐則不許工商人入仕，商人勢力向未在中國傳統政治下抬頭，何來而有富人政治？然則中國帝王，不憑貴族封建，不憑軍人武力，不憑工商富勢，彼固何道而得肆其一人之專制？豈上帝乃專為中國誕生一輩不世傑出之大皇帝，綿綿不絕，以完成其二千年專制之怪局乎？

今明白言之。中國傳統政治，實乃一種士人政治。換言之，亦可謂之賢能政治。因士人即比較屬於民眾中之賢能也。有帝王，乃表示其國家之統一，而政府則由士人組成，此即表示政府之民主。因政府既非貴族政權，又非軍人政權與富人政權，更非帝王一人所專制，則此種政治，自必名之為民主政治矣。若必謂其與西方民主政治不同，則姑謂之東方式的民主，或中國式的民主，亦無不可。

今試再一比較東方式民主與西方式民主之異同。蓋西方民主政體，前已言之，乃富人中產階級興起，與上層貴族僧侶封建勢力相衝突，其次乃上撼王室之大權以組織國會，代表民意，此一種政治精神，實由其時政府與民眾之對體敵立而起。若中國傳統政治，則政府早由民眾中之賢能所組成，政府與民眾固已融為一體，政府自身即已代表民眾，何必再需一監督政府之機關，再來一代表民意之團體，而後始得成其為民主乎？故西方現代民主政治，乃由政民敵立而起。中國傳統民主政治，則以政民一體為尚，此其異一也。

西方民主政治，既由政民敵立而起，故其政治風尚貴能鬪爭。彼方之政治事業，始終不脫一種相互鬪爭之形態。其先以富人與貴族僧侶乃至王室相鬪爭，而有今日所謂英法美政治的民主。其次乃有窮人與富人相鬪爭，而有今日所謂蘇維埃式經濟的民主。若中國則傳統政權本不屬於任何一階級，惟賢是用，惟能是任，選擇民間之賢能，以為政府之柱石，故政民一體，其政治形態乃常見為和協而非鬪爭，其政治意識上並無貴賤貧富之界劃分別，此其異二也。

惟其以鬪爭為政治，故彼方政治理論之惟一基礎乃為權力，西方政治，實即一種權力政治也。彼方政治理論之首要問題，即為主權之誰屬。然此問題實難解答。若謂主權屬於政府，則政府民眾初不融為一體。若謂主權在民眾，民眾散漫無組織，何從表顯運用其主權。若民眾各各自以為主權在我，豈不成一無政府狀態。若謂主權不在各個民眾，而在民眾之全體，則此全體民眾，究其極，乃一空洞之名詞而已，何從去尋覓此全體。抑且主權在民眾一語，乃規定於憲法，乃經憲法之認可而成立。然若謂主權在憲法，則憲法乃死物，本由民眾與政府創成之，亦可由民眾與政府改為之，憲法自身不能獨立握有此主權。然則此最後主權竟將何屬。當知在英美法諸邦革命初起，民權思想勃興，彼輩只向與彼對立之政府爭奪政權，遂一時高呼主權在民之口號。其言非不爽朗有力，若果細細推尋，則知此說亦非若是其簡單。若在今日而仍堅持西方主權論之舊思想，實已有不切時宜之嫌。抑更有進者，若以主權論為政治理論之最後礎石，則綜合民眾政府憲法三體合一之國家整體，無疑將為主權之最高象徵與最高代表。然不幸而近世列國並立，抑且一次二次世界大戰，已陷人類文化於不測之危境。試問國與國相遇，彼亦一最高主權，此亦一最高主權，兩最高主權有衝突，除卻武力撕殺，更有其他解決妙道乎？故國家主權論必不適於國際之和平，此已為近人所習知。故知西方政治理論之惟一礎石所謂主權論者，在國內則嫌渺茫，尋不到主權之真主翁，在國際則又嫌魯莽，主權至高無上，勢必闖禍。今若反論中國傳統政治理論，實與西方所謂主權論者大異其趣。論語云：「不仕無義」，中國士大夫從政，在理論上，並非爭奪此一分應得之主權，實為完成此一分應盡之義務。故曰：「達則兼善天下」，以天下為己任，「先天下之憂而憂，後天下之樂而樂」，民饑民溺，若己推而納之溝中，可見中國傳統政治理論乃一種義務的，而非權利的。乃一種道義的，而非權力的。此即所謂王道的，非霸道的也。民眾參加政治乃為一種義務或道義，政府之責任，亦為一種道義責任。當知政府並非一主權或權利之代表，乃一種責任與義務及道義之代表也。政府非一權力體，而為一道義體，則知國家亦僅為一道義體，而非權力體也。故民眾對國家有其應盡之道義，國家對全世界人類亦有其應盡之道義。在道義論之下，政治始終和協，修身齊家治國平天下一以貫之，此為中西政治精神極不同之第三點。

西方政治精神在其主權論，主權則人各一分，人人平等，又看成政府與民眾對立，民眾要行使主權，監督政府，則有選舉。被選舉的代表，則有會議以決意見之從違。其選舉與議會之進行，則莫不以多數為準。此種政治，亦可稱之為多數政治。多數政治者，即一種權力政治也。多數可以更有力，可以取勝少數；然多數未必更有道理，未必更是於少數也。西方政治既尚權力與鬪爭，故其取決於多數不為病。然在目前環境下，則多數政治亦已不免要遇到困難。原本英美法三國民主政治初興，乃由中產階級爭取政權，其時所謂多數，則有名無實，實際仍是少數。惟因少數者有力，故能爭能得權。政權既落在少數財富者之手，故其政治亦代表少數財富階級之利益與意見。資本主義與帝國主義相引而長，結果則國內財富日見充盈，其時諸國則皆成為強大之富國，受其害者不在本國而在國外。而其本國一輩窮人，反亦相引漸富。從此彼諸國遂逐漸推行普選，實行真的多數主義。但此種多數，依然代表資本主義與帝國主義之氣味，因其國家之富強，即植根於此也。逮其比較後起的新興國家，則情形又不然。彼等雖羨慕民主先進國如英美法之富樂強盛，彼等亦想推行多數政治，然彼等國內之多數，則大體為窮人，為無產階級，故新興的民主政治苟以多數為從違，其勢必變為共產政治以及無產階級專制，此亦事理之至易顯者。何以故？因此等國家根本為一窮國故。根本以無產階級占絕大多數故。此非一想像的理論，而確係一事實。舉證不在遠，如第一次世界大戰後，蘇維埃開始即以推翻專制而創成其共產主義與無產階級專制之新政治。此即其顯例也。其他德意二邦，雖或為勝國，或為敗國，然其為窮國則一。窮國而推行多數民主，則必趨於無產階級專政。此兩國者，為欲壓制共產思想無產階級專政之潮流，而於是有一黨獨裁之新政治出現。德意之與蘇聯，同為一黨獨裁，同為與英美法三國已往之民主不同。其他歐陸各小國，亦竟無逃此二例之外者。第二次世界大戰告終，德意獨裁政權一時似已推倒，而蘇俄則獲躋於民主政治之行列。然政治民主與經濟民主的對立之形，終難泯滅。今若除卻英美，世界諸邦幾乎全屬窮國，而英美則一心欲推行其所信仰之多數政治於斯世，不知此即無異鼓吹無產階級專制與共產主義，使舉世盡步蘇俄之後塵也。然既為窮國，則根本無產可共，如此則窮國之所謂共產主義，勢必仍變成帝國主義，此即所謂赤色帝國主義是也。當知推行多數政治而能不走上共產主義與無產階級專制之路子者，必因其國已為一富國故。換辭言之，即其國內富人已占多數，而窮人則占少數故。不論其為大富與小富，要之當屬於富人。何以其國能富人多而窮人少？則因其國早走上財富政權的路子，已先一步推行資本主義帝國主義於世界其他各部而獲得其利益故。故西方今日，扼要言之，乃財富多數與貧窮多數對立之政治鬪爭，而就其對外言，勢必同走上一種帝國主義之道路，此乃今日世界一幕絕大悲劇。第三次世界大戰之能否避免，無人敢作擔保者，其癥結即在此。若中國傳統政治，則以道義為標的，以和協為手段，以賢能為代表，不論貴賤貧富，絕不致產生階級政治以及國外侵略。此又其相異者四也。

西方既尚多數政治；而多數意見無法表示，於是以政黨為操縱。若論選舉，一忠良智慧之士，其勢頗不易為多數人所知。多數人所熟知者，首必為大權在握之貴人，次則生殺如意之有大軍權者，又次則為積資鉅萬之大富豪。今試觀任何一社會，調查其為人所耳聞心憶之人物，其有逃出此三數典型之外者否？故多數政治，其實仍是貴人政治軍人政治與富人政治之變相。民眾無法直接表示其意見，並亦無意見可表示，則由民眾推選代表。其所推選者，斷斷必推選其所知，決不推選其所不知。而多數民眾之所知，則必在於大貴大富大強，其為土豪歟，劣紳歟，貪官歟，污吏歟，地痞歟？流氓歟，則不計也。故若真由民眾直率推選，勢必先及此數型。今西方之民主政治，所以幸不至此，則因其為一政黨政治故。選舉大權實不在民眾，而由政黨操縱之。民眾以政黨之意見為意見。政黨所推選，則民眾從而推選之。政黨所擯棄，民眾亦從而擯棄之。會議亦由政黨掌持，政黨之從違，民眾亦從而從違之。若是而已。故其所謂民意，實則黨意也。然政黨所代表者，其主要亦在權利，而不在道義。何以故？惟權利始可以分黨，如利於我不利於彼是也。道義則不能分黨，因道義僅有一是，不能謂此亦一是非，彼亦一是非，是於我者必非於彼也。故主權利則自可分黨而爭，主道義則惟有擇賢而從。今既主分黨而爭，而政黨之名義則尚處於政府之外，則且問此政黨之一切活動費從何而來？其勢自不得不由社會供養之。故惟富國有多數富人，乃能供養兩三大政黨以恣其活動。若在貧國，多數皆窮人，何來餘力供養此政黨之活動？故窮國政黨惟有轉而仰給於政府。如是則政黨已混處於政府之內。試問一黨握得政權，彼既分政費以供黨費，豈肯再供養敵黨以自制己命乎？故窮國必為一黨專政，如蘇俄如德如意，皆窮國也，則皆必為一黨專政矣。若富國，由社會供養政黨，其社會經濟情形，又必為高度資本主義化者，其民眾間之彼我利害乃能判然劃分，然後乃可有兩大政黨之鮮明壁壘。若其社會經濟未臻於高度資本化，則其政黨分野必難嚴立，於是常有多數小黨之分立，此於政治情勢極為不利。前者如英美，後者如法國。故富國而推行多數政治，又必為大富之國，如英美者乃能有利而無弊。若非大富之國，非高度資本化之國家，而推行多數政治，則往往有利不償害者，如法國即其例也。即在大富之國，若當大難臨前，向外抗爭之際，亦不宜於分黨內爭，則其時國內黨爭必暫告寧息，否則不啻自招覆敗。由上言之，可見分黨而爭之政治，並非理想中推之四海而皆準，行之百世而無弊之政治也。且既為政黨政治，則其政府必永永自居於代表一黨之地位。其一黨專政者無論矣，即分黨而爭者，甲黨占多數，即由甲黨握政，而政府即以甲黨為代表，其時則乙黨為少數黨，為在野黨，彼則自居於政府之外，自居於政府之反對黨之地位。待反對黨得勢，則政府黨下野，於是政府黨轉成反對黨，反對黨乃轉成政府黨。然則此等政府，乃永不能代表國家之全部民眾，永只能代表國家比較多數之民眾而已。試問一國之內，何以必自分其民眾為甲黨乙黨之壁壘，而始可以臻郅治之盛世乎？若中國傳統政治，則在理論上乃為代表舉國之全民眾者，而並非為代表其民眾中之某一黨某一派者，此又中西之相異五也。

今再約述中國傳統政治之主要關鍵，則首在選拔賢能。若使政府之所拔用者，果為社會之賢能，則賢能自能代表道義，代表道義者自能相互和協，而完成政府之目標與職責。否則政府非賢能，其所代表者亦將不盡為道義，其相互間自亦不盡能和協，而政府之職責自亦不能完成。故曰其關鍵在如何選拔賢能也。中國傳統政治，自秦漢以下有地方察舉制，自隋唐以下有科舉考試制，此等法規，皆為政府選拔賢能而設。當知此等法規，上自皇帝，下至民眾，共所遵守。若論法治，則此即法治精神一實例也。茲姑舉一小節言之，漢代選舉，已按各地戶口分配選額，在東漢時代，大率二十萬人口得舉一人入政府，故漢代政府官吏，乃普遍選拔，來自全國之各地，絕無偏頗不均之病。此制用意，即在隋唐以下，自由公開競選之科舉制成立，依然各地均有定額，故當時各地考試，有十人取一者，有百人取一者，由其有此法規，故中國之政府人員，自秦至清，乃大率能平均分配於全國之各區域。此一情形，若推行於政黨政治則便不適。何以故？政黨只問黨派故。試問今日西方各國之政府，是否有一規定，按額分配其政府之職官於全國各區域而絕無偏頗乎？故此層在西方國家殊不認為重要。此亦由西方現代國家興起，如英法諸邦，壤地褊小，率不過為中國一二省，故彼自不感此需要。若中國則地大民眾，苟非有此一法，則何能全國永永一統而長治久安乎？今試設想今日之英國人，亦能定一法規，按戶口比率，使印度人推舉賢能，平等參加英國政府，豈非英國政府即等於代表印度人民之政府，印度人亦何須再向英國要求自由與獨立乎？

又使英國人於新大陸初闢殖民地之際，即許美國人按戶口比率，推選賢能，平等參加英國政府，則英國政府即為新大陸人民之政府，其時新大陸人民亦何必再要求獨立創造一美國乎？今使兩漢時代，只許由江蘇人或陝西人組織政府，而其他各區域人皆在例外，而希望其他各區域人民之不離叛，豈非難事。今日國人輕詆以往傳統政治，以謂只是帝王黑暗專制，則試問何以不經民眾要求爭奪而先已有此賢明之立法乎？從此自知欲明政治，不得不於全部文化意義有所瞭解。否則妄逞臆測，斷然無當也。

中國傳統政治，乃由全國各區域平均選拔賢能組織政府，卻不許於政府之下再分彼我。故中國傳統政治，其各區域之地方長官，例須他區域人為之，至其下之僚屬，則在兩漢時代，例用本地人，隋唐以下亦須用外區人。此一法制之用意，乃在只許以中國人治中國，而不許以各地方人治各地方。此一制度，對於中國之文化一統與政治一統，亦有莫大之功效。今日國人則濡染西方權利政治論之意見，乃有主張各地方之自治，而發起川人治川，粵人治粵，東北人治東北之類之呼聲。不僅呼聲而已，今已逐漸見之於事實。三年五年，其為利病誠難言，然政治非為三年五年而設者。今試設想中國人若自秦漢以來即已發明此等理論，川人治川者二千年，豈不將獨立成一四川國？粵人治粵者亦二千年，豈不將獨立成一廣東國？今日之中國，早已如今日之西方，四分五裂，不僅政治相異，語言文字風俗禮教亦將各各不同，何來有此一泱泱大國風之中華民國乎？

然則今日之國人，由中國人治中國之觀念，轉而為川人治川，粵人治粵，豈斷然為政治意識或政治理論之進步乎？抑未必乎？今日國人乃謂川人不治川，粵人不治粵，乃昔日專制帝國特定之制度，不知中國傳統政治，乃主由中國人治中國，非由帝王一人治中國也。由中國人治中國，則中國和協一體，何煩再分川粵。今日轉而改法西方，則民眾已與政府對立，各地域又與中央對立，如是之政治意識，果為進步之意識乎？抑未必乎？此真值得吾人之深思也。中國傳統政治選拔賢能，有察舉與考試，此僅為國民進入仕途之初步。至其已登仕籍，則進退升降別有法規，此則謂之銓敘。銓敘掌於吏部，亦非帝王所得而專制。此種考試銓敘制度，今已為西方所採用，如英國之文官考試制度是也。然英國政制自有淵源，彼固不能盡捨其故常而效我，故彼之考試銓敘，亦僅止於事務官而止，若政務官則依然由政黨推選，不經考試與銓敘之資歷也。彼不能盡捨故常以效我，我奈何獨能盡捨故常而效彼？且我惟一，而彼則十百而未已，捨我之一以效彼之十百，則國是常無由定。譬如汽車，或主向左，或主向右，此惟兩途。若惟主模倣鈔襲，尚將惶惑回轉，莫衷一是。何者？其重心基準不在我而在外，則固不能定其宜左或宜右。況乎政治，毋恠其轟喧逐競，紛爭日啓，或主左傾，或主右傾，水火日深，干戈日逼，而更無寧日也。

且政治亦人事之一種。無論其為何種之政制，要不能徒法而自治，必有活人之參加，故做官不能與做人相分離，從政不能與為人相隔絕。此亦極淺顯之事理，而仍為今日一般國人所不瞭。

若謂有新法制便可有新政治，有新政治便可有新人生，則人生依法制為轉移，豈不直捷易簡，而惜乎其不如是之可以企而及也。就實言之，政治乃從全部人生來，法制乃從全部政治來，若此理而信，則將來中國新政治之新生命，端將在其整個社會之做人道理中重獲健康，而並不在於向外邦異國鈔襲其法律制度以為紙上之粉飾。而其整個社會之做人道理，則仍必與其傳統精神與文化特性有不可解脫之關係，此固無從模倣鈔襲而有之。他日者，政治新生命一朝煥發，則一切新法制亦有所附麗而顯其用，而物質經濟亦有所寄託而植其根，而後科學事業乃可迎頭趕上，以盡量吸收他人之所長。故竊謂晚近百年來中國新思想新潮流之四階段，其最值商討者，乃在第三階段，乃在其主張全盤西化，而以政治與科學等量齊觀之一點。

上來所陳，已於國人近日縈繞心中之兩大問題粗有解答。今再扼要言之，將來新中國之前途，必將由新政治開始。若政治有辦法，則科學自可生根發脈，而政治辦法則必從本位文化之傳統精神中求得之。故今日之中國，固貴有政治家，而尤要有政論家。所謂政論家者，自非鈔襲稗販者所能當，必將於傳統文化深知其義，又能深切瞭解現世界之大趨勢，斟酌中外，權衡古今，乃能盡其高瞻遠矚發蹤指示之大任。近代中國，惟　孫中山先生一人，創此偉業，然而知難行易，在孫先生之及身，已屢歎而屢言之。今日一般國人之意見，則所欲創建者為新中國，而所心摹口頌者，則必曰英美之與蘇俄。今日國人，乃將以英美蘇俄之政治創建中國，乃不幸而英美蘇俄或左或右，步調不同，然則新中國之建國工作，其必陷於分黨而爭，分國而靠，政事屬於我，而政論則仰於彼。捨却彼方之理論，我乃二千年如長夜，漆黑一團，未見天日。試問中國政治之新生命，其尚為有希冀者幾許？故知三民主義必以民族主義為第一，政治問題必以文化問題為歸宿，中國人非先對其傳統文化有自信，恐終無政治新生命之可言也。

二一　主義與制度

民國四十年

政治上有一個主義，必然將形成一種制度。政治上有一個制度，其背後亦必然有一番主義。有主義，無制度，是落空。有制度，無主義，是盲目。

主義不必人人能懂，更不必人人肯信。但制度却必須人人恪守，人人勉行。別人不懂不信，依然是主義，或許更顯其主義之高。別人不守不行，則不成一制度，只見此制度之虛之壞。

孔子說：民可使由之，不可使知之。知之是指主義，由之是指制度。　孫中山先生亦說：知難行易。知亦重在主義，行亦重在制度。

中國人一向在政治上的表現，比西方人高明處，即在其不高談主義，而能把其所懷抱的主義具體形成出一個人人願守人人能行的制度。西方人則往往喜歡在沒有確立制度之前高談主義。

柏拉圖的理想國，全是一番主義，其中包涵一些想像中的制度，幾乎是人人所不願遵守、不能奉行的。中國戰國時，有一部周官，書中詳列六部三百六十個官職，全是一套制度，更不談主義，實則主義全寄託在制度中而充分表現了。這是中西政治智慧不同最早最重要的分歧點。

此後西方種種政治思想，種種政治上的主義，多少都和柏拉圖理想國有淵源。直到今天，蘇維埃的共產極權政治，便很有許多與柏拉圖理想國相像。中國從秦漢以後，很少大部發揮政治主義與政治理想的著作。若要研究中國人的政治思想，便該注意中國人的政治制度。思想與主義全融化進制度，而此種種制度又確能推行，往往兩百年三百年乃至推行到一千年以上。唐六典是唐代一部最精詳最圓密的制度，杜佑通典是一部最精詳最圓密的唐代以前的制度史。但唐代卻很少高談政治主義的人。

中國史上曾有幾次根據周禮來變法的，王莽、蘇綽、王安石皆是。王莽與王安石都在制度的建立上失敗了。徒留下他們當時的許多主義、許多理想，來供我們今天作討論。蘇綽便很少關於政治主義與政治理想之發表，他只注重在制度之如何確立、與如何推行，終於為此後隋唐兩代統一盛運奠定基礎。

晚清末年，康有為主張保王，但亦主張變法。他主張速變，全變，要變得快，要全體變，但他沒有細想變了後的新法新制度，是否人人願守、人人能行。他是一個變法主義者，實可說是一個看重主義，更勝過於制度的。孫中山主張革命，但他只主張排除滿清，廢止王室，卻沒有說過要全部的變法。在他南京臨時大總統任內，便把政權交與袁世凱，他想以在野之身為中國建造二十萬里的鐵路。此後他在廣州，寫出他的三民主義，在現實制度上，他是主張新舊參酌，中西交融的。他把中國傳統的考試制度與監察制度配合西方三權分立的理論，又提出權能分職的主張，來顧全實際、配合國情。他又劃分軍政訓政憲政三時期，顧慮到一種新制度的如何逐步建立、逐步推行。他實可說是看重制度更勝過於主義的。

只要你能看重制度，你自能想到一個制度必得人人願遵守，人人能奉行。你自會顧到此制度之實際性。你自能注意到國情民情。你注意到國情民情，自將注意到歷史。任何一種制度，必有它的歷史性。任何一種制度，必面對著它那時的許多實際問題。那許多實際問題，是由它本身以往歷史傳統繼續變來的。是由它的地域性與國民性以及種種自然環境而與人不同的。試問我們的問題既和別人不同，我們的制度如何能與人一律？政治制度之真革新，是就自己問題求新解決，謀新途徑。決不是不管自己問題何在、困難何在，只一意鈔襲別人家現成制度來冒昧推行。那是一種假革新。別人家此刻的現成制度，也由別人家自有問題，自經歷史演進，生長完成，我如何能迎頭趕上，生吞活剝，強奪他人的變成了我自己的呢？

馬克斯是一個經濟學者，最多可說他是一個歷史學者或哲學者，他頭腦中根本沒有國家觀念，因此也沒有政治考慮。他只是一個想推翻現狀的革命人物。因此馬克斯頭腦中只有主義，沒有制度。列寧史達林憑藉馬克斯主義來謀如何攫取政權，如何鞏固政權，他們只有手段、方法，亦沒有制度。若說蘇維埃有制度，那仍是沿襲沙皇的。列寧史達林是運用沙皇制度來推行馬克斯主義，來鞏固他們自己的政權的。今天的中國共產黨，一樣只知有主義，不知有制度。此刻全國各級學校多要注重政治課程，其實他們自己便不懂政治。要你搞通思想，此乃推行主義，非建立制度。要你清算鬪爭，此仍是推行主義，非建立制度。制度須人人願守、人人能行。制度的對象是全體性的。在共產主義的政權之下，永遠有反動，便永遠要清算，永遠要鬪爭，便永遠建立不起制度來。試問那有一個無制度的政府與政權而能長久的呢？

若使共產主義而真能制度化，那便要走上此刻英國工黨內閣所主持的那種社會主義、或是像孫中山先生所說的民生主義，而決非共產主義了。因為共產主義根本是一個革命運動，並非政治理論與政治制度。共產主義非制度化，便決不能穩定，決不能長久。但共產主義而制度化了，便也非共產主義了。

辛亥革命以後的中國，始終在推翻自己的舊制度，羨慕人家的異制度，卻不能創建出一套自己的新制度。將來中國之出路，定在政治之制度化。將來中國新制度之建立，定不是墨守舊的，但也非鈔襲異的，而是培養生長出新的來。要培養生長新制度，定要回頭注意國情民情，定要在自己歷史傳統上生根，定還要走上像　孫中山先生所大體指示的路向。

二二 反攻大陸聲中向國民政府進一忠告

民國三十九年

中國共產黨在未滿一年的短短時期，席捲了中國大陸。大家說，這不是中共之成功，而是國民黨之失敗。這固然不錯。但我們也該平心細論，在中共本身，到底不能說他們絕沒有成功之因素。中共之成功，在其被逼離開江西，開始二萬五千里長征的一段。在其困處延安，過土窰生活的一段。然而好景不常，一到毛澤東走進北平，志得意滿的時候，失敗的命運便開始轉到他們的身邊了。中共第一個失敗，在其不能稍稍放寬條件，與國民政府謀和。第二個失敗，在毛澤東正式宣布一面倒的外交政策，以及由共產黨一黨專制的所謂人民民主專政。這一來，逼得他在中國國內軍事未結束，政權未穩定的緊要關頭，匆匆鑽進鐵幕，向克林姆宮磕頭求媚。這半年來的急劇變化，迫得中國大陸民眾重新回頭來想望國民政府由臺灣重回大陸。中共政權既已失盡人心，而他們在內政外交上的種種措施，又暴露得太過偏激，太過猛烈了。縱使他們此刻內心有不少的悔悟，急切也回不轉身來。中共政權的前途，實是夠悲觀的。在這種空氣的急劇轉變中，臺灣的國民政府又重新恢復勇氣信心，揭起反攻大陸的旗幟，這不是不可能的事。但我們又得平心細論，我們為國家民族前途打算，我們實不願又讓人說，這不是國民黨之成功而祇是中共政權之失敗。我們希望此刻國民政府在其本身應該具備幾許自己可以成功的條件與因素。平心論之，國民政府在其已往，也不是沒有幾許成功的。尤其是九一八事變以後，外面是日本帝國主義嚴重的侵略，內部是共產黨心腹大患，在內憂外患雙重壓迫下，當時的國民政府，確實磨礪出一段精神。直從西安事變到七七抗戰，國民政府曾為全國人民所擁護，所愛戴。它之開始走上失敗的惡運，是在太平洋戰事發動，大批美援源源而來之後。若使我們明白得上面指出的一段教訓，此刻的國民政府，既已失盡大陸，倘處海隅，困心衡慮，應該是他們覺悟與轉機的時候了。我們為國家民族前途打算，不得不對此刻的國府再寄以十分衷誠的期望。

但我們又得平心細論，若果國民政府在此最近期一年或一年半的時間內重回大陸，果真把共產政權推翻了，試問那時國民政府果能對中國民眾有幾多貢獻呢？說到這裏，不得不使我們對中國國家民族之前途，重新浮現起一番十分嚴肅與深沉的心情。固然，飢者易為食，渴者易為飲，此刻國民政府只要「反共」兩字的招牌，已經可以解民倒懸，博得全國大陸人民之歸嚮。但若使國民政府在軍事反攻上得手了，而在政治的革新上沒有把握，豈不仍要重蹈對日抗戰勝利復員後的那番覆轍？若使要對政治上有辦法，我們不得不面對現實，仔細估量。此刻中國大陸，較之對日抗戰勝利復員的那一時，真不知又要破壞了幾多倍，艱難了幾多倍。從前國民政府正為掉以輕心，認為只要軍事勝利，其他可以迎刃而解，纔有這幾年來的失敗。當前的中共政權，也誤認為只要軍事勝利，其他可以迎刃而解，因而又招致了此刻勢將陷於不可避免的失敗。若果今天的國民政府，還是認為只要軍事勝利，其他可以迎刃而解，則殷鑑不遠，此後國家民族的前途，真要使人想來不寒而慄。

此刻中國共產黨的口號是「有困難，有辦法，有希望」。當知困難是真實的，辦法是想像的，希望是虛渺的。他們只因以一套想像的辦法，認為可以解決一切真實的困難，纔使他們堅決信仰他們那番虛渺的希望，纔使他們掉以輕心，在臨到成功關頭，重陷失敗。此刻的國民政府，似乎連一套想像的辦法還沒有，一旦重返大陸，將是有困難，無辦法，那會有希望呢？然而我這番話，並不是故意來宣傳悲觀心理；讓我引用中國歷史上一句成語，說此刻的中國，誰也救不得，除非佛菩薩出世纔救得。我的意思，並不是說中國真個將救不得，但若你把此刻的中國問題看得太容易了，誰認為我可以救中國，誰即將加深中國之不得救。誰能真切瞭解中國不易救，誰能深刻認識對目前的中國無辦法，那纔始有辦法可尋，纔始有得救之希望。毛澤東在其完成了二萬五千里長征，困處在延安土窰中的幾年，在他內心深處，應該不時感到他所領導的共產黨無辦法，無出路；在其深切感到無辦法無出路的心情中，纔始有辦法有出路可見。當他走進出京，軍事勝利衝昏了他頭腦，他開始感覺到前面一切有辦法，一切有希望，因而招致了他今天的無辦法，無希望。在他或許尚不肯認為真個無辦法，無希望，那將使他之無辦法無希望更加深，更嚴重。一切失敗，全由掉以輕心，認為我有辦法而終至於無辦法，認為我有希望而終至於無希望。今天的中共，便是國民政府當前一個好榜樣，好教訓。今天的國民政府，應該痛切覺悟，在他們軍事勝利重返大陸之後，他們將一無辦法，一無希望。這是中國目前千真萬確的一個現實。誰明白了這一點，便知道，誰來掌握政權，誰來負責中國，誰就命定在跳火坑，誰就走近了惡運的失敗之神的面前。真有此瞭解，真有此認識，你能真切認為無辦法，纔始有辦法可言。你能真切感到無希望，纔始有希望可覓。這不是一句隨便說的空理論，只要你真切面對中國大陸之現實，你肯勿再掉以輕心，你自將接受我上面的意見。

中國共產黨在其軍事勝利之前，他們曾對中國民眾許下了好許的諾言，在這許多諾言裏，也曾獲得了中國民眾對他們的幻想而加速其勝利。此刻這許多諾言不能兌現，全國民眾開始失望而離心。為國民政府打算，在他們開始軍事反攻的前奏，是不是也該給與大陸民眾以幾許諾言呢？在我想來，凡有諾言，在最近的當前，是可以引起國內民眾幾許幻想的。在不遠的將來，勢將仍不能兌現，而徒然招致他們更大的失望。然而，若是一無諾言，豈不成為為反攻而反攻，為重回大陸而重回大陸嗎？這又何貴於有這一番反攻，這一番重回大陸呢？在我想來，理想的新政權，應該是肯痛切面對現實的，應該勿再掉以輕心而完全以嚴肅與深沉的心情出之的，應該痛切承認自己之無辦法，而始於這種痛切認識之下來另找辦法的。今請本此意見，來代當前國民政府借箸一籌。

興國大業，決不是一件容易事。從國民革命創建民國到今三十有九年，試問興國成績何在？這裏面自然有許多因素，然而最大的則在全體國民對此興國大業實在沒有一番堅定的信心。這一種信心之建立，更不是一件容易事。至少在國民心裏，應該有幾個成功的人物來維繫他們的信仰，來鼓舞他們的精神。不幸而在此三十九年中，只有孫中山先生一人，算得是一個。當中共握得政權，試要將中國從頭五千年歷史一氣推翻的狂妄決心之下，他們對　孫中山先生還是不敢輕易誣蔑，這是一件當前最好的例證。蔣先生無疑是此刻中國唯一偉大的領袖，目前大陸民眾在中共政權水深火熱之下，無不重回頭來，希望蔣先生再回大陸。然而蔣先生再回大陸之後，如何使中國民眾對他不再感到失望？我們愛護中國，不得不愛護蔣先生，希望蔣先生此後不再失敗，成為中國近代興國史裏又一位成功的人物，好讓他也在中國民眾心裏永遠維繫著對他的信仰來作鼓舞精神的一個象徵。若能由此著想，蔣先生果能在抗日勝利復員的前夕，早就潔身引退，國民黨政權最近的崩潰是否可免，我們暫不深論，然而蔣先生則早已成為中國全國民眾心坎裏一個象徵。中共軍事勝利，可以糟蹋國民黨與國民政府，卻糟蹋不到蔣先生。這樣幾年來的蔣先生，他對國家的貢獻，我想一定較之當前的蔣先生更偉大而且更輕易。中國歷史所以能綿延五千年，經歷如許艱難挫折而屹然常在，我想有兩點值得在此一提。第一點是中國人常常崇拜失敗英雄而故意看輕成功的英雄，因此使中國人常在成功時適可而止，而在失敗時能奮鬥不輟。第二點是中國人常教人功成身退，因此中國歷史上常養育出許多成功的人物，永遠維繫著中國人的信心，永遠鼓舞著中國人的勇氣。此番蔣先生若果軍事反攻勝利，重返大陸，我想無論為國家前途計，為蔣先生自身計，是應該適可而止，急流勇退了。這便是無辦法下一個最好的辦法。蔣先生從此將不再失敗；蔣先生成功了，便是中國民眾內心精神上一番大成功。在當前的中國，又出來一個成功的人物，好讓中國人增加信心，增加勇氣。這並不是蔣先生對當前中國困難不負責任，僅為個人功業名譽打算，實在是對當前中國打破困難的一個最好最有效的打算。一個人的功業，到底有限度。蔣先生自民十六領導北伐，完成統一，又經過抗日勝利一番艱苦卓絕的大奮鬥，此後若能重返大陸，把中國民眾再從中共政權下解放出來，蔣先生的一生事業，該可告一段落了。重返大陸後之一切安排，一切收拾，我們不該再來重勞蔣先生。蔣先生抽身事外，無形中，在精神上可以鼓舞國人，可以讓國人心中多一成功的象徵人物，來增添信心，增添活力。美國建國到今不過兩百年，美國人所以有今天，華盛頓林肯許多人物之留在美國人心裏的影響，是遠超過今日之金元與原子彈的力量的。若使中國人對近代史的記憶裏只有袁世凱吳佩孚一些人，中國人將永不會有對自己的信心與勇氣，將來的興國大業，將永無希望。此刻的中共政府，在百無聊賴中，只有借列寧史太林來建立信心，來鼓舞精神，這是他們命定的失敗處，而且蔣先生在他內心深處，必然也感覺到這一次流亡臺灣重返大陸的波折，本不是不可避免的。他自該為此事真誠引咎，痛切表明他這一番再膺艱鉅，計劃反攻，並不在為個人爭勝敗，爭權位。一俟反攻勝利，即日翩然引退。這一表示，無形中必然在全國人心中引生一種說不出說不盡的精神感召與內心影響。而且蔣先生若在事前懇切有此決心，有此表示，他自己個人當前的一切用心，和一切措施，也會更達到一個意想不到的境界的。

其次說到國民黨。國民黨在此三十九年的興國史裏，有他不朽的功績，這是不煩再言的。然而今天的國民黨，實在是腐化了，變質了，這也不容掩飾。今天的國民黨，應該首先來改造黨自身，其次纔談得到再來擔當改造國家。然而國民黨要改造自身，這不是件容易事。國民黨自身對他所揭櫫的三民主義的信仰，早已淡漠而且散失了。三民主義本身，無論在理論上乃及實際措施上，也該有一番與時俱新的改進。這一層，斷非急切所能完成。國民黨對自身改造無信心，如何會對再來擔負改造中國的艱鉅重任有信心呢？自己沒有信心的事，是千萬嘗試不得的。你若勉強嘗試，勢必失敗多於成功。我想國民黨應該坦白承認，對中國當前的困難無辦法，一到重返大陸，來一個道地而真誠的還政於民，國民黨自身退歸一平常政黨的地位，埋頭來改造自己。待它精神新生，組織重歸健全，國民黨依然有它的前途。此刻國民黨在政治上的一筆本錢，拆穿說來，只在蔣先生一人身上。若國民黨仍要利用蔣先生來做政治上的賭注，把國民黨來拖垮了蔣先生，這是於黨於國兩俱無益的。

其三要說到一輩黨國要人以及政府大僚。有些在黨在政占居高位已逾二十年，有些也在十年之上，他們都已成為黨國之元老。其次五六年七八年不等的，也至少是要人，是顯宦了。這裏面當然不可一概論，其聲名狼籍，久為國人輿情所吐棄的不必說，其他雖無昭昭之惡，卻亦無赫赫之功。國事敗壞至此，我們並不是在春秋責備賢者，只是他們身居要津的時期太長了，他們理當負此一部分責任。現在他們有些是在臺灣，有些是在香港，有些則已遠颺國外。若果國民政府重返大陸，試問此輩人誠有良心，何面目重見國人父老？此刻正該是他們從頭懺悔的時期。我想他們此刻無論是依然在政府，或是不在政府，都該在良心上懇切負疚。第一是他們萬不能處身事外。第二是他們再不該鬧派系，耍手段。第三是他們再不該作馮婦之想，再不該重溫他們往日身踞高津之迷夢。他們應該一心一意，徹底認錯，徹底懺悔。他們若果真心反對共產黨唯物的理論，他們便應該瞭解，只要他們此刻一念轉變，無形中便可有一番情神力量發揮出來。他們無論如何，此刻還是在代表著舊政府，代表著國民黨。他們每一個人，只在他們杜門閒居之中，只要真從良心肺腑中，肯吐露出一句兩句引咎認錯的黨，出於一人之口，入於別一人之耳，一個傳兩個，兩個傳十個百個，這真是速於置郵而傳命。較之無線電放送，較之飛機發傳單，更有力，更有效。只要以前十年二十年乃至五六年七八年來的黨國要人，真說是覺悟了，懺悔了，這一風聲傳播開來，同樣有它說不出說不盡的影響的。只要和他們接近的人，真個相信他們是在認錯，在懺悔，真個相信他們只待一旦政府重回大陸，他們是只想做一個老百姓終身，再沒有絲毫功名之念的，而今日則只是盡其所能，在各自的崗位上，作真誠的努力，求贖罪，不求建功。這一個集團的精神懺悔，無疑地決然將產生無限而不可計的影響。這將給別人的精神上一番絕大的刺激與興奮。將來的新中國，明明再不是他們的事了，然而他們還如此般地在良心上奮鬪，在人格上努力。一輩自覺地感到對將來新中國會有地位有擔負的人，決然不會不從他們身上引生出內心的感動。舊政府的污點，國民黨的頹風，都將在他們這一番集團的精神懺悔下洗刷，而淨化，而感召新生。至少在國民黨自身改造上，非得這一番壓在上層的元老要人之徹底懺悔，懇切認錯，集團的良心表白，是不會急切有下手處的。勇於悔過，勇於認錯，這也不是一件容易事，而且是一件難能而極可貴的事。縱使一個犯了絕大罪惡的人，當他判定死罪，在臨刑的一剎那，若誠心懺悔，這一剎那的懺悔心，仍將留在人世間，有其莫大之作用，回贖了他生前千罪萬惡而有餘。這不是宗教家的隨便話，這裏面實在有顛撲不破之真理。此刻一輩國民政府元老要人，若是一個個分別而論，未必都可指摘。然而認錯懺悔，並不真就坐落在錯字上，這只是表現人的一種美德，一種至高無上的純潔心情。平心說來，也不該把國家當前局面盡推在幾十個政府顯要的身上。然而這幾十個人，真個肯將這一番罪孽認真擔當，認受在自己身上，即此一點，也便是國家前途一番光明。這不是假意做得出來的事，這要在以往的黨國要人內心深處痛切真誠的感覺到，纔是真精神，纔有真力量。然而這事也並不難，一人如是，即可感召十人，十人感召百人，心理變了，空氣變了，局面也變了。革命先革心，攻敵先攻心。這纔真是一個聖潔的戰爭，可以勝敵於廟堂之上的。你若不信我話，我試問你，依然是那番舊心理，依然是那番舊作風，如何有把握重返大陸？又如何有把握在重返大陸後不再蹈已往的覆轍？

其四，我要說到此刻在政府的一批統兵大員。無疑的，目前是軍事第一。除非軍事勝利，其他一切談不上。然而軍事勝利，並不是一切的勝利，毋寧是軍事勝利最易冀。政治接收之困難，將萬倍於軍事佔領。軍人執政，至少是民國三十九年來一件對完成興國大業最大的障礙。軍人在勝利來臨的時期，在歌頌勝利崇拜英雄的一片歡樂空氣中，最易忽忘了他們的本分。若要此後真有一個理想的新中國出現，一天軍事勝利，一應統兵大員便應該即速交出軍權，再不重蹈以前三十九年來軍人執政的舊覆轍。一面也好讓政府即速裁軍。這一點，此刻在臺灣一應的統兵大員，均應事先深切覺悟。若使以往三十九年來，每一次戰爭結束，在勝利一方的統兵大員，早就有此覺悟，中國決不致有今天。若使此後的中國，仍將由統兵大員來領導政治，中國前途也決然無望。這決不是看輕目前的統兵大員們；即為目前一批統兵大員私人打算，他們肯在事前早有此覺悟，早有此決心，一旦勝利來臨，即決然解甲歸田，絕對不預聞政事，只在這一決心上，便將使全部軍心士氣，振作百倍。真個明白我們的統兵大帥，出生入死，所為是國家，是民族。這一信心，便強過了平添百萬大軍。而統兵大員們的一切計劃，一切措施，在此公忠為國，恬澹犧牲的偉大決心之下，自然也會平添無限智慧，無限勇決。而在勝利以後的那番退不居功，灑然物外的高風亮節，更將形成軍人的最高典範，與英雄的最高風格。如是的勝利，始是永遠的真勝利。否則民國以來，一應軍人在軍事勝利後留戀政權的最後下場，豈不可做自己的借鏡？

上面說了許多話，或者要疑心我太消極，太悲觀，沒有提出正面積極的主張。若果今天國民政府誠心接受我此一番忠告，將來重返大陸，全都潔身引退，此後中國殘局，又將是誰來收拾，誰來安排？我想這並算不得是一問題。若果如作者所言，此後將引致中國一新生，中國全體民眾將會在此新生中歡欣鼓舞。「老僧已死成新塔，壞壁無由見舊題」。若果抗戰勝利時的國民政府，早具備了我上文所述的這一番心情，中國斷不致有今天。若果共產政權初在北平得志，也具備此一番心情，中國也斷不致有今天。若果民國三十九年來一切操握政權者，在其政權到手之日，能具備此一番心情，中國將隨時有新生，隨時可以扭轉局面，都不會有今天。若果真瞭解真信仰民主自由的政治理論的人，也決不懷疑到我在消極，在悲觀，而怪我不曾提出正面積極的主張來。中國的將來，終會有具備此一番心情的操握政權者出現，而中國遂以得救。誰具備這一副心情，誰就是佛菩薩。

一三 對新政府的希望

民國四十三年

「中國一周」要我寫一篇對新政府的希望，我很高興能有此機會，我將最簡單扼要地述說我所希望於新政府的唯一必備的條件。

我只盼望，新政府能真做成一個代表民眾的政府，更勝於其是一代表真理的政府。政府必須是代表民眾的，這句話，本身即是政府至高的真理。政府代表民眾，同時即已代表著真理，此謂兩得之。若政府有時自認為是站在真理的立場上，而寧願違離了民眾，如是，則它不僅違離了民眾，且已違離了真理，是謂兩失之。

中國儒家政治理論，本來是最強調政府必該代表民眾的。所以說：「天視自我民視，天聽自我民聽」。天尚且爾，何論政府。這是說：民眾的眼睛向那裏看，政府的眼睛也該向那裏看。民眾的耳朵往那裏聽，政府的耳朵也該往那裏聽。政府不該有自己的作為與行動，一切作為行動都隨著民眾。

故又說：「民之所好好之，民之所惡惡之」。民眾喜歡的，政府也喜歡。民眾厭惡的，政府也厭惡。政府不僅沒有它自己的作為與行動，而且沒有它自己的好惡，一切皆以民眾的好惡為好惡。

故又說：「國人皆曰賢，然後察之。見賢焉，然後用之。國人皆曰可殺，然後察之。見可殺焉，然後殺之。如此然後可以為民父母」。可見政府不輕考慮用一人，必俟民眾都說他賢，纔考慮用。政府不輕考慮殺一人，必俟民眾都說他可殺，纔考慮殺。這樣的政府，民眾自會愛戴它，如子女之愛戴父母般。中國儒家所謂為民父母，並不是說政府可以隨心所欲來指使民眾，只是使民眾親近政府，如一家父母子女般。這只有真能代表民眾的政府，纔能得民眾如是般反應。

道家思想，沒有儒家那樣積極而富正義感。但道家至少也懂得，政府不該太違背民意，太遠離民眾。道家對政府至少不敢自認為是站在真理一邊，而不顧了民眾。

法家便不然。法家的意態，似乎像一朝權在手，便可獨行己是，不再顧慮到民眾之從違。因他們認為，他們是站在真理一邊了，他們認為他們已代表著真理，遠離他，便是遠離了真理。反抗他，便是反抗了真理。於是用法來指揮民，壓制民。所不幸者，民眾往往像愚蠢胡塗，豈僅不懂得客觀的真理，而且往往不懂得當身的利害。所以說：「民可與樂成，不可與慮始」。商君講這句話，他認為是真理。因其自認為把握了真理，而同時遂挾帶了傲心。因其挾帶有傲心，而同時遂表現出愎性。他在想：我所作所為，你們那懂得？讓我放手做，做成了，你們來享受，你們也會高興的。我把握有真理，因此必然會把握有民眾。民眾離不開真理，因而也離不開我。他不懂得，他只要掌握了政治大權，只要在幹政治，他便時時不該離開民眾。他隨時離開了民眾。也即隨時離開了真理。他既站在政治立場，既掌握了政治大權，他只有遷就民眾，代表民眾，纔是他唯一的真理。其他一切真理，在他立場，有時會變成非真理，他使不得。只因商君不懂得這一條真理，使他自遭了殺身之禍。而秦人之亡天下，後人還認為是商鞅立法之所賜。

宋代的王荊公，也頗帶些法家味。他所以說：「天命不足畏，祖宗不足法，人言不足恤」。其實天命祖宗也只是人言。人言之所以不足恤，由他看來，人多只是流俗。他自信深，自負高，自謂是超出流俗，握有了真理。在他未跑上政治舞臺，著書立說，自信自負，儘不妨。但既當了宰相，做了政府領袖，這態度便要不得。荊公與人議事，怪人不讀書。他豈不自負讀書多，見理明，真理在他這一邊。程明道一日赴中堂議事，荊公方怒言者，厲色待之。明道徐曰：「天下事非一家私議，願平氣以聽」。荊公為之媿屈。你若想當大教主，做萬世師表，你儘可伸私議，儘可說別人盡錯了，只你對。但你若為政府領袖，政治是眾人事，政府該代表民眾，不能高踞上位，儘伸私議。你見解儘高，議論儘是，儘算是站在真理一邊，你還得俯順羣情，平下氣來聽公眾意見。

你不該憑權位，把私議壓眾見。人家便會說你有傲心，有愎性，有拗癖。所以荊公被人稱為拗宰相。但荊公到底也拗不過眾人。他晚年有詠商鞅絕句，云：「自古驅民在信誠，一言為重百金輕。今人未可非商鞅，商鞅能令法必行」。可證荊公到老沒有明白得他政治生涯失敗的原因。他還在欣賞商鞅之能驅民使法必行。若真要法必行，必先使政府為一代表民眾的政府。若政府果能代表民眾，不在把權位與形勢驅其民，而一切法令，那有不行之理。荊公只在想如何使法必行，如何把政府一言的價值增重了。他欣賞商鞅不惜百金之貴來增成政府一言之重，那錯了。商君所為，明明是權術，非信誠。而且他不想政府如何去看重民眾，只想民眾如何來看重政府，把先後輕重顛倒了。

近代中國，開始接受西方民主潮流，開始推崇西方法治精神。但西方民主潮流之激起，正為以前西方人，不懂得政府該代表民眾，而認為政府乃代表天，代表權力與地位。西方所謂法治精神，正是由代表民眾的議會來創訂憲法，限制政府，使它不得離開民眾而妄有所作為。而近代中國學術界，因於提倡法治，又誤認商鞅、王安石、張居正之流為中國歷史上的大政治家。其實此諸人的內心意態，決不近於近代西方之民主與法治。

因於這一種歧見與誤解，遂使近代中國人的政治想望，很易從歌誦民主與法治，滑落到崇拜法西斯、納粹與共產政權之獨裁。凡屬獨裁政權，則無不自認為政府乃代表了真理。因此，他們只在盡力想出一套使法必行之法而驅民以必從。不僅在西方，這是近代民主與法治潮流下一反動。即在中國，亦是傳統儒家思想傳統政治一反動。

因此，我絕不希望以後的新政府，自居為是一個代表真理的政府。我還是卑之無甚高論，寧願希望將來的新政府，肯切實做一個代表民眾的政府。要代表民眾，既具體，又淺近，人盡能之。若要代表真理，則既抽象，又高深，非有名世傑出超絕羣倫的大人物出現，斷難勝其任。縱使有一名世傑出超絕羣倫的大人物出現，只要他不是在社會下位想當大教主，想做萬世師表，而他已高踞政府上位，成為一個政府領袖，則他仍必降低自己來遷就民眾，代表民眾，把遷就民眾與代表民眾來作為他在政府職位上唯一的真理。

所以堯舜與孔子，雖說「先聖後聖，其揆一也」。但堯舜是政治上領袖，他們似乎沒有說什麼，沒有主張什麼，只是「恭己正南面而已」。到孔子，纔始主張了許多真理，教人該如何般做人。即堯舜之為大聖人，亦由孔子始指出。孔子的意思：你若做了政治領袖，便該像堯舜般。中國古語又說：「作之君，作之師」。堯舜是君，孔子是師。作之君，在一時。作之師，卻不限於一時。所以後人說：「孔子賢於堯舜遠矣，自生民以來，未有孔子也」。當知社會人物之所以高出於政治人物者正在此。但並非一當政治人物，便不得為大人物。他只要懂得自己政治上職分，他只要不因踞高位而誤謂自己是社會上至高的人物，他肯不高談真理，而俯就羣眾，他只循循在他政治領袖的地位，他若懂得俯就羣情，即是他自身最高的真理，那他也即是一至高的人物了。因此，正使有一超絕羣倫名世傑出的人來當了政治領袖，他自會懂得，他的政府該代表民眾的意見，而不再另有他一套與眾違異的主張與真理。

我希望，我們的新政府，肯真心真力做成一代表民眾的政府。此一原則若希望到，其他一切希望，將會連帶有希望。否則，政府不成為一代表民眾的政府，其他一切希望，也全可不必再希望。

二四　歷史真理與殺人事業

民國四十六年

若使人類歷史果寓有真理，則人類之必然趨嚮於自由，應是歷史真理一要端。人類該有兩大自由，一為經濟自由，一為思想自由。經濟自由，乃一切人身自由之本。思想自由，則為一切心靈自由之主。此兩自由，實相互連帶。如失卻經濟自由，則思想自由必然受牽制。若無思想自由，則經濟自由亦徒存一軀殼。

所謂封建社會，亦有兩特徵。一為特權階級操縱了思想權，一為特權階級掌握了經濟權。此惟西方歷史中古時期一段社會，曾有此形態。那時思想統制於教會，經濟依仗於農奴。中國史上之所謂封建，乃是由上而下的一套政治制度，並不指由下而上的一種社會形態。西方由羅馬統一政府崩潰，乃始有封建。中國是由封建來完成了大一統。中國歷史上向來的統一政府，也從未曾主宰著民間思想，占有了民間經濟。有思想自由、經濟自由的社會，決不能認為是封建社會。即由西周與春秋言，宗法非宗教，井田非農奴。至於戰國以下，思想自由，經濟自由，史實具在，更不待言。

這幾十年來，共產黨的口號，儘嚷著打倒封建社會，其實他們的做法，卻是十足道地的新封建。所幸是歷史浪潮，再不能倒捲複演，而歷史教訓，又更是鐵面無情。若果共黨那一套作風真有前途，則以往歷史，大可束諸高閣，更無再事研尋的價值了。

若果歷史有真理，則人無法來清算歷史，只有歷史纔能來清算人。史達林屍骨未朽，尚裝在桐棺裏，與列甯遺屍並列，但他已在遭清算。清算史達林，誠然應該。但也只有人類已往歷史所昭示的那些真理，纔有力量來清算人。若使赫魯歇夫米高揚之流，昧於歷史真理，貪天之功以為己力，認為清算史達林，由於他們的力量，那他們之該受歷史清算，為期亦決不遠。

歷史本與人以共見。歷史真理，亦非秘奧而難知。即如赫魯歇夫米高揚之流，他們何嘗不是模糊地也瞥見了一些歷史真理，他們纔肯挺身出來清算史達林。可是西方有一輩自負為先知的智者們，他們好把歷史真理來專家化、玄秘化，好像只有他們，纔能認識歷史真理。歷史真理好像成了一條線。其實只是那些智者們，目光所射，視線所及。他們愚而好自用，堅認為只此一線，始是歷史真理。隨著黑格爾所見，人類只循著一條線，直走到日耳曼血統得志便成終點。隨著馬克思所見，直走到無產階級專政，便是末路。他們不知歷史是人類共業。歷史真理，只是人類共同意志之反映。人類生生不絕，歷史亦將演化無窮。歷史公開向全人類，並不是人類歷史只為某血統，某一階級作跑龍套。那有像他們之所見，歷史只成一條線，只鑽向一個牛角尖的呢？

但是古今中外，迷向牛角尖的英雄好漢，為數也不少。即如最近，和我們同時代，便有了兩位。希特勒之後，繼之以史達林。其實這些人，該是不獲善終，不得好死，不會結好果。在已往的歷史真理中，早反覆表演過，只是人們好自作聰明，捧高了黑格爾，纔像希特勒真該統治全世界。迷信了馬克思，纔像史達林真如神聖不可侵犯。

東方紅，中國出了毛澤東。毛澤東走進北平，坐席未暖，便親自去蘇聯，朝拜史達林。他朝拜回來，不僅正色直言，而且大聲疾呼，中國該一面倒，倒向蘇維埃。他強迫中華六億人民都呼史達林爸爸。他那些御用文人，不知人間尚有羞恥事，搖筆歌誦，史達林是鋼、是太陽。他們當然深信了歷史上那一條馬克思路線的真理，故而也一意想循此路線去鑽牛角尖。

他們常說存在決定了意識。今試問：人類究竟是先有了歷史存在，纔再有馬克思意識的呢？還是先有了馬克思意識纔再有歷史存在？試再問：究竟是馬克思該來清算歷史，還是歷史該來清算馬克思？

再又問：究竟是先有了中國人與中國歷史之存在纔再有毛澤東的呢？還是先有了毛澤東，纔始有中國歷史與中國人？然而毛澤東卻單憑馬克思的那一條線來清算中國人，清算中國歷史，中國人死於此番清算之下者，至少也過千萬。

我們且莫高談歷史真理，不論是黑格爾或是馬克思，不論是那一條線。讓我們且憑人類常識，且照眼前親見的歷史事例來試作推論吧。史達林屍骨未爛，已在遭清算。我們的東方紅，試問有沒有也遭清算之可能？

春秋責備賢者，歷史真理本該清算時代主要的負責人。毛澤東清算了中國歷史和中國人，難道中國歷史和中國人便不會清算毛澤東？毛澤東所憑的是一條歷史真理，但我們得告訴他，好殺人，敢殺人，多殺人，決非歷史真理。若果殺人成為歷史真理，世界將不會有人類，人類將不會有歷史。那些擁護毛澤東，尊奉之為神明，認為他只差史達林一級的，也何嘗不糢糊地早瞥見了一些歷史真理呢？有一時，大陸的歷史教本，一意稱誦黃巢、李闖與張獻忠，豈不是他們自知他們在放手殺人，也如巢闖般，良心昧了又昧不盡，於是來清算歷史，尊捧巢闖。但試問，歷史具在，究竟是巢闖清算了歷史，還是歷史清算了巢闖？

個人崇拜與集體領導，現在又成為共黨討論一題目。但歷史既是人類之共業，人類中自有傑出之個人。此諸個人，受人崇拜，亦為歷史真理之所有。人類中有孔子，有釋迦，有耶穌，有穆罕默德，豈不是歷久受人崇拜？即如近代，美國有華盛頓林肯，中國有　孫中山，印度有甘地，此諸個人，豈不也受人們之崇拜？即如黑格爾，如馬克思，他們提出他們的一條線真理，在他們也已糢糊地瞥見了歷史真理中那一條線，有些人來崇拜他們，此也未嘗不可為歷史真理之所許。但若認為有了馬克思，便只許有列甯和史達林，再不許有孔子釋迦耶穌和穆罕默德。有了史達林，便只許有毛澤東，再不許有狄托。那樣的一條線主義，就會出問題。試看今天，狄托去蘇維埃，受隆重招待，豈不已勝過了當年的毛澤東？這些，究竟是人在清算歷史，還是歷史在清算人，也就不問可知了。

若說集體領導，此自然又為歷史真理之所許。但若有了共黨一集體，便不許有其他集體。只許有崇拜馬克思的集體，只許此一集體來領導人。此等集體領導與個人崇拜，實是五十步與百步，同樣要不得，同樣該受歷史之清算。

歷史真理，本來是日新富有，以多點多線多面合成一體。真理不止如一條線，若要在歷史真理中只認定一條線來歸納其他一切全體真理，我想這一條線該是尊重人類之本身價值！歷史本由人類共同所演出，故歷史真理決不會不尊重人類之自身。若要尊重人類，則思想自由和經濟自由便會連帶引生出。而總之好殺人，與多殺人，則決不能歸納到歷史真理中。

共黨的歷史觀，自詡為是科學的歷史觀。讓我們只用客觀統計方法來一檢查已往的歷史，好殺人，敢殺人，和多殺人的，中國已往如黃巢與李闖，現代世界如史達林，其他不必多舉，試問有那幾位多殺人的人物，在他身前身後，沒有受歷史真理清算過。

用其他種種方法來剝奪人自由，已不為歷史真理之所許。何況用屠殺方法來剝奪人自由？好殺人者，人亦得而殺之。用多殺人的方法來維持的事業，決不能成為歷史的事業。我們若要問此一事業之是非，和其成敗與久暫，我們且先清算他究曾為此事業殺了多少人。我想這一公理，縱使馬克思復生，也得承認。否則，憑藉資本，剝奪勞工賸餘價值，尚為不可，憑藉政治，剝奪人思想乃及生命之一切自由，轉成應該。牽牛而蹊人之田，並奪其牛，人知其不可。難道人命更賤於牛命？撇却了人的本身價值，又從何處去高談歷史真理？馬克思信徒，憑藉了他們那一條線的歷史真理，來蠻幹殺人事業，試問該清算的，是否只限於一個史達林！我願大家懸此一問題，來靜觀明天的歷史真理之演出。

二五　理想的大學教育

民國三十九年

中國近六十年來的國家社會種種部門種種方面的一切頓挫與失敗的歷史，一言以蔽之，可以說是一部教育失敗史。更要的，是大學教育的失敗史。任何一個國家，所以能存在而達於興盛，必然有它一段立國精神。那一種立國精神之培養保持與宣傳，則必待於國家之教育，而大學教育，則尤是這一種精神之發源地與司令臺。所以一國的大學教育，乃是這一國家文教大業之所寄。由文教而培植出士風。士風所播，乃在全國政治社會各部門各方面發生一種領導力量。無形中，它是這一個國家的立國精神之中心集散點。必得明白了這一層，乃算明白了大學教育在整個國家中的真任務。

一

明清之際的遺老們，算是完成了中國學術思想史上最後一次的結集。不幸而這一期的學術精神，並不能在中國政治社會各方面發生應有的積極光輝的功能。清代自雍乾以下，滿洲部族政權不斷摧壓，晚明諸遺老的理想，不能形成為國家文教精神之準則。乾嘉時代對於古經籍之考據訓詁，雖盛極一時，亦只在向故紙堆中圖躲避。道咸以下，流弊襮著。接著是近代新教育開始。那時如張之洞梁啓超一輩人，提出中學為體西學為用的口號。但那時又那裏有所謂中學呢？科舉八股可勿論。即就乾嘉經學說，也夠不上為中學建體。那時經學已走上末路，支離破碎，遠不是乾嘉之舊規模。那時的中國，正已學絕道喪，奄奄一息。國家文教精神掃地無餘，士風極度敗壞，政治社會各部門各方面，無領導，無支撐。正如一隻無舵之船，隨風飄盪，又值驚濤駭浪，相襲而來，顛覆沉沒，隨時可遇。那時的中國人，雖高呼教育救國，其實所謂近代新教育開始，只在國民教育普及通俗方面，稍稍有些成績。這是無本源無目標的。由小學中學歷級而上，一到大學階段，便顯見得無主張，無把握。大學教育只成為留學教育之一種過渡與預備。整個國家，根本沒有一個提綱挈領，由源竟委的學術中心與最高學府作領導。試問那裏談得上所謂文教精神？若說有，那是在國外，不在國內。精神上，國家的領導權，茫無所歸，向外尋求，乞討徬徨。試問這樣一個國家，如何談得上建國？如何談得上政治社會各部門各方面之邁進？

然而大學教育對於整個國家政治社會各部門各方面的真切使命，縱不能得國人透徹的瞭解，也終將為國人朦朧中所憧憬。於是民初以來，五四運動前後的北京大學——這是當時國內惟一僅有之大學——遂隱然出來擔任這一個領導的工作。然而當時北京大學內部所有的學術空氣，依然沒有深厚的文化淵源。他們所認為的一些中國學術，依然是前清道咸以下支離破碎，途窮路絕的舊經學與舊文學。抱殘守缺，孤芳自賞，全不能與時代相啣接。而他們那時所想像為新文化之前景，也依然是依樣葫蘆，如法泡製的，向外襲取，徬徨乞討。最多是想左右采獲，見其標末，不見其根柢，挹其涓滴，未逢其源泉的零星雜亂的一些西洋貨。他們只把當時已在中小學設施見效的普及與通俗的傳布與排斥，移用到大學最高學府中來，便認為是正對著中國傳統文化的摧陷廓清。便認為已盡了傳布新文化移植新學風的最大能事。他們一時的風起雲湧，高呼打倒孔家店，改造漢字，並至於進而坦率述說，除卻太監姨太太女子纏小脚馬雀牌雅片烟等之外，中國文化一無所有。於是遂寄託他們對於整個國家政治社會種種方面之惟一希望於全盤西化。而他們所認識的西方文化，則列舉為兩大綱：曰科學方法，民主精神。暫不論他們理論之是非，認識之深淺，要之這一次的文化運動，却完全十足表現了以前中國新教育之兩大病徵：第一是整個教育精神並不由大學教育之高深研究推衍到中小學，而只把中小學的普及與通俗教育的作風搬移到大學最高學府來。第二是對整個國家政治社會各部門各方面的最後領導權，轉讓於國外，在國內則並沒有生根，並沒有通氣。

二

五四運動命定的不能完成立國精神的培養保持與宣傳的應有的大學教育之功能，於是乃有黨化教育之繼起。在國民政府時代的黨化教育，只是在各級學校加進每星期一次的紀念週，以及幾點鐘三民主義的課程。國民黨的黨義，自身未臻於深度的學術化，於是乃僅有黨化教育之名，而並無黨化教育之實。最近所謂中共人民政府，乃始徹頭徹尾，立意推行從前國民黨所有志未竟的黨化教育。所謂黨化教育之主要意識，不外是強迫全國學術文化教育事業向某一政黨投遞無條件的忠誠降表。教育事業既不能善盡其對整個國家政治社會各部門各方面的領導作用，而整個國家的政治社會各部門各方面到底不能沒有一個領導的中心與力量。於是這一個領導全國的中心力量不得不別有寄託，而遂移轉到某一政黨之掌握。今試問這一政黨又憑藉著何種力量來做全國政治社會各部門各方面的領導呢？順著上述中國近六十年來學術文化教育之大趨勢，這一個政黨，自然也只有向外襲取，徬徨乞討。晚清時期的教育理想，是學習德意志與日本。民國以來，乃至於五四運動之後，由學習德日轉變成學習英美。今天的中共，由學習英美再轉成學習蘇俄。中國傳統文化，既然一無所有，則終極所趨，只有全盤西化。但西方文化並不是道一風同，只此一家的。我們又用什麼標準，什麼資格，來調和折衷取捨從違呢？我們若果是一個一無所有的淺演落後的民族，自然也沒資格沒能力來簡別、衡量、調和、取捨。則順理成章的，最好莫如擇一而從。現在的中共，繼承著中國近六十年來學德日學英美學不成一個花樣之後，決心掉頭來學蘇俄。中國傳統文化根本要不得，或許根本無所謂中國文化，則痛快從馬恩列史開始，來從新建設新中國的新文化。而這一使命，正是中國共產黨的惟一大使命。則中國國內的大學教育，宜乎其依然還得如小學中學般，只要盡量把馬恩列史的主義與理論來普及，來通俗。只是從前允許全國學人自由向外國學，現在是全國學人只許向政府學。從前是散漫自由的，現在則集合統制著，在國內總算要努力建立起一個領導中心，只是這一個中心，不是學術的，文化的，教育的，而僅是政黨的。而這一個領導中心，其自身也還在被領導，領導著它的依然不在國內，而仍還在國外。明白言之，今天以後，中國民族的立國文教精神在蘇俄。中國民族的文化淵源，應從新溯源於馬恩列史。中國民族的新文化，乃蘇俄人所指示的文化。中國新文化運動的最後目標所謂全盤西化者，則指定為全盤蘇俄化。中國共產黨所積極主張的黨化教育，依然是中國六十年來所謂新教育的一貫精神。其最高領導權，始終寄放在國外。國內教育，始終是一套普及與通俗的教育。連大學教育在內，也不能例外。則試問古今中外歷史上，又那裏有這樣一種的立國精神呢？若果由這樣一種的立國精神來建立起的國家，自然不能是他本國，而只是他所刻意學習的那一國。

三

固然，近代一兩百年來的世界變動，其主要動力並不發生在中國。西方人在這一兩百年內發生了一種新力量，把整個世界變了。中國依然在舊世界的邊沿，一旦和此新世界接觸，中國也不得不變。但這一個變，並不是中國內部本身自己在變，而是在外面有一種新力量來逼著中國人變。中國人要追上現時代，它的問題應在如何把它原有文化打開一條生路，使和現時代接氣，又如何把西方現代的新文化，打開一條通路，使它和中國原有的舊文化接氣。這是現代中國人所特有的問題。凡屬變，定是主動的，定是在其內部自身的。近代西方，正是在其內部自身發生了一種變，而其力量影響及於它四圍。現代中國之變，其最先動因雖是外來的，被動的，是四圍的力量在迫得中國變。但中國若果真能變，其最後必然得轉為內在的，自主的。即是說由舊中國變成新中國，只是將自己的舊變成自己的新，決不是全部割捨了自家，來另外換一個別人。世界沒有一個外在現成的新，可以換去你本身原有之舊。問題在如何把此原有之舊，自身變成新。不幸自道咸以來的中國學者，他們早已在學絕道喪之餘，只知抱殘守缺，孤芳自賞，只能頑固地把自己隔離在世界大變的新潮流之外，無法把中國的舊學術舊文化，打開一條生路，來與外面新變化鬪筍，使其血脈相通，靈氣相接。而高唱全盤西化論的新文化運動的志士，連今天的中國共產黨在內，他們也並不能把外面世界新潮流打開一條通路，使它澆灌到我們原有的舊園地上來。他們似乎只想把自己舊的全部割捨，來另換別人家的一番新的，而不幸這是人類文化進程中所萬不可能的必然的悲劇。沒有一個固定的立場，決不能有一番清楚的認識。隨著走馬燈而轉，決然看不真走馬燈之如何轉。抹去了自己，便無從學習得他人。不站在中國原有文化立場上，也將看不出現代西方新文化之真意義與真姿態。世界不能有「無主觀的純客觀」，也不能有「無本身的變」。中國固有文化，是現代中國人求認識西方新文化的一個獨特自有的立場。中國固有文化，是現代中國求變中唯一能變之自身。現代西方，惟其是他們本身內部主動的變，因而他們的學術文化，雖有古今之異，卻沒有古今之隔閡。他們並不要打倒古代希臘羅馬，才始能有現代的意法英美與德蘇。惟其他們之變，是一種本身內部主動的變，因而他們源一流分，各變成一個局面，一個樣子，各有各的獨創，各有各的立國精神。今天中國一般人心理，似乎在想，不打倒自己的已往，便變不像別人的新；似乎又在想，只可能學成別人家的某一種新，卻萬不能創出自己的另一種新。於是，是今則非古，入主則出奴。自己的根深蒂固，一時恨打不倒，外面的五光十色，一時又恨學不像。這上面，我們需要一種通學，來融通古今，融通彼我。好把我們固有之舊，與他們現有之新，鬭接起來，溝通一氣，好讓自己本身變出一個自己的新來。這一番責任，仍然應該寄放在從事學術文化高深研討的最高學府，即大學教育的肩膀上，卻不能寄放在以爭取當前現實政權為主要目標的一個政黨集團上。

四

中國近代大學教育，只為留學教育作準備，作過渡。這一層，中國學者間最近也曾感到不滿，於是有學術獨立的新口號。但所謂學術獨立，不過在求中國自設研究院，招請西方學術專家來中國設講座。把此手續，來代替派留學生，好讓中國國內大學漸漸與國外大學爭取學術水準上的平等地位。窺他們的立論意向，實也未能觸及學術獨立更真更深的義蘊。自然科學無國界，本無所謂獨立。不能有英國的物理學，法國的數學，德國的天文學，一類的鴻溝。自然科學既不需，也不能，有某一國家之獨立性。只有人文科學，關於某一國家之立國精神與其文化精神者，乃始有各自獨立之需要。今天中國大學教育所最感缺乏獨立精神者，其實並不在自然科學理工學院一面，而在人文科學文法學院的一面。尤其是法學院。中國大學的法學院，只有講述西洋各國的政治制度社會經濟法律等各課程，中國已往的一概不提。好像中國已往一向無政治，無制度，無社會，無法律。縱使有課程，也無教師。有了教師，也無精采。只是姑備一格。若使有一位地球以外的學者，來此地球參觀各國大學教育，他能猜正任何一國的法學院之國別性，但卻決猜不正中國現有的法學院是那一國家的法學院。這才真是中國大學教育沒有獨立性的最嚴重病症。法學院必應植基於文學院，文學院一應課程，如哲學文學史學之類，在中國大學裏一樣沒有獨立性，多半是一些抱殘自賞者在支撐門面。他們都已失卻在現時代的領導作用。文學院打不出一條生路，法學院必然隨著打不出一條生路，因而國家政治社會各部門各方面都失卻了獨立性，必然要偏倚在一邊，必然要一面倒。那種偏倚和一面倒，根本也不由中主，不由內發，只如風吹草偃，東風吹來西面倒，西風吹來東面倒。學術不獨立，影響到政治不獨立。政治不獨立，影響到國家民族不獨立。不能獨立，那裏會自由？所以說，中國近六十年來國家社會種種頓挫失敗，一言蔽之，是教育的失敗，尤其是大學教育之失敗。這一個癥結，更應著眼在中國目前大學文科教育的一方面。

五

這一個病痛，最大關鍵在打不通。我們該把自己以往舊傳統，從頭體認，統體研討，再把世界新的，也兼陳諸異，博觀會通，把舊傳統與新潮流打通一氣，那時中國學術文化界，纔始能再抬起頭來，有新精神，新理想。隔離新的，固是打不通。切斷舊的，一樣是打不通。學英美，打不通蘇俄。學蘇俄，又打不通英美。全盤西化，又打不通中國的已往。這樣的學術教育，影響到整個政治社會，六十年來，只聽到一片打倒聲。不幸是打倒又打倒，革命永不見成功，建設則擱棄在一邊。若要建設，只有向外學習，又只有一面倒，其苦處仍在打不通。如此循環，其大病根只在六十年來的教育學術界，不能有一番獨立精神。要求學術獨立，並不是深閉固拒，其首先要務必在提倡通學。而不幸自五四運動以來的大學教育，又專偏向在學術之專門化。

學術專門化，也是中國近代教育盲目西化之一要點。西方學術界自有淵源，自本自根，遞衍遞分，枝葉雖繁，不害其同發於一本。流派雖別，不害其同出於一源。我們只外襲而取，但見枝葉，不見根本。只沿流派，不尋源頭。只看見別人家之專精，卻忽略了別人家之會通。別人家也是先由通學而漸趨於專精的，我們則學步人家之專精，而昧失其通學。如是則將永遠隨人腳跟轉。即就自然科學言，也將永遠無獨立自通之一日。中國最近大學教育分院分系分科之支離破碎，國人也知厭倦，目之為鑽牛角尖。其病已見於自然科學的一面，而尤以在人文科學方面者為甚。照生物學言，應該有了人纔始有耳目口鼻，並不是有了耳目口鼻，纔始拼湊得一個人。照建築學言，是有了房屋纔始有門窗戶壁，並不是有了門窗戶壁，纔始拼湊得一間屋。同樣道理，先有政府，纔始有文武百官，並不是先有了文武百官，纔始拼湊成一個政府。所謂通學，即是從文化大原來辨認學術分野。並不是在學術分野中割據一方，所能通透得文化大原的。人的聰明，只看其如何用。你若專看五指，將看不見一掌。你若轉眼看掌，看掌也如看指般，仍只是一看，並沒有特別的困難。今天中國的大學教育，高抬著科學家專精的好聽口號，只許人看指，不許人看掌。人的聰明，全化在看指上，結果只知有五指，不知有一掌。如此學風，應該不能有通學；應該不能達成如我上述現代中國大學教育應負之使命。

近代中國大學教育過分提倡學術專門化的更嚴重的流弊，是太注重在每一門的學科上，而忽略了整個如何做人的大體系。教育職責，本應該把陶冶做人為其主要目標的。人必先做得一個人，纔始可以做學術家政治家宗教家軍事家外交家等等角色。昧卻如何做人，而徑自各務專門，只想做成一個學術家政治宗教家軍事家外交家等等角色，則必然會出大毛病。所謂如何做人，並不指做一個自然人，而指如何做一個文化人。人生自始只是一個自然人，必待人文教育之陶冶，而始成為一個文化人。學術政治宗教軍事外交種種職務，種種活動，在其外形上，似乎各各分離，互不相關，但在其背後，有一個共通深厚的文化領域。文化並不能憑空形成，必得落實在人身上。人必得是完整的一個人，不能把人專門化，只變成學術家政治家宗教家等等角色。若昧卻如何做一完整的人，專門教導他如何做一學術家政治家宗教家等等角色，這便最多把人當成一件物，必然陷於個人功利的觀點下，使他只知有個人，不知有大羣。相反的流弊，又將陷於社會功利的觀點下，使人只知有大羣，不知有私人。在各個私人方面，把社會大羣當作完成他私人功利的一個對象，一項工具，一種物件。在社會大羣方面，也同樣把各個私人當作完成大羣功利的一個對象，一項工具，一種物件。於是文化境界必然陷落在經濟的現實局面中，不能超越。人生境界，也必然再墮退到自然人生的領域中，不能躍起。偏向私人，其極將如狼如虎；偏向大羣，其極將如蜂如蟻。完全只知有物質，經濟，自然，生存，而再沒有超乎物質經濟自然生存以上的文化意識。人類文化，無疑的必然建基於物質經濟自然生存的種種條件上，然不只限於物質經濟自然生存的種種條件內。一切學術分野，必從人類文化大原從頭認識，纔始瞭解得一切學術，全是文化領域中之一部門一機構；在文化大領域中纔始有其真實的地位與價值。瞭解得文化意義，纔始瞭解得人生意義。瞭解得人生意義，纔始瞭解得一切學術分野，一切知識，乃及一切活動的真實意義。自然科學也只是人類文化領域中一機構。游離了整個人類文化大領域，將不會有自然科學。自然科學之一切觀點，一切辨認，全站在人類文化大領域的基點上而產生。在虎狼蜂蟻的生活中，決不能產出如人類般的自然觀念。科學真理，也必建基於人類自身的文化真理上。並不能游離人類自身之文化真理，而獨立尋求出一種純自然的科學真理。所謂自然科學的客觀真理，依然附隨於人類文化之主觀真理的基點上，而始發現成立。昧失了人類文化大原，游離了人類文化領域，一切自然科學的種種真理將全不存在，至少將全部變質，變到與人類文化不相關。而且不僅於此，勢將變到對人類文化有害而無利。把末梢神經與中樞神經割斷，便不成其為末梢神經。把一切學術分野與文化大原相切斷，也將不成其為學術分野。學術專門化，若沒有一個總樞紐，把來綜結起，便成為學術之唯物化，學術之功利化，這即是學術之解體，即是文化之墮落，人生之倒退。

六

最近中國大學教育之偏重學術專門化，也是追隨西方的。但在西方，這一趨勢的流弊，並沒有像在中國般嚴重。這也有緣因。第一、近代世界變動，本由西方所引起。在西方，由其本身內部文化新生而發展出種種的新事態，大學教育只是種種新事態中之一。在西方，尚有並未完全失效的宗教，尚有能納人於軌道的一套完整的法律，尚有社會間互相配合的種種風尚與習俗。整個西方文化，無形中在陶冶西方的整個人生。大學教育只是近代西方文化中一部門一機構。他們的大學教育，即使偏重在智識傳授，偏重在學術之專門化，在西方尚有全社會的文化潛力在指導著人生的嚮往。不比中國，自前清道咸以來，舊有的文化大體系，已在逐步的腐爛而解體。全社會的各部門，已在逐步的崩潰而墮落。整個人生失卻信仰，失卻領導，國家的法律，社會的風習，家庭的傳統，舊禮教的各方面，均已失卻了精神與力量。在中國的大學教育，其所應負的使命，顯然不能如西方近代的大學教育般，也只偏重在智識的傳授上。即就智識傳授一項而論，近代西方科學興起，為時亦不過二百年。他們各項科學智識之演進，還是由完整的全體而逐步趨向分化的，還是有一個大總綱而逐步分演為許多專門的。他們在學術進展的階段上，還是典型未遠，並沒有昧失本原。他們許多大師，雖在大學裏設立著專門講座，他們的學術素養，依然對學術源頭的大總綱先受了一番洗禮，依然是未失榘矱，由本及末，由原竟委的。若論中國學術界，在道咸以來，即就中國學問的本身流變說，乾嘉經學的舊規模，早已墜地而盡。支離破碎的學風，早已使人見樹不見林。當時的學者，早已不知有所謂學術之大體。一批批年輕的留學生，一到西方，在短短的時間內，所接受的只是西方學術界的枝節與散末，並未能深入他們的堂奧。在智識上，已經是只知有一技一能之專長，不知有大本大原之閎通。更不論除卻智識以外的大體系，大領域。既沒有接觸到西方國家社會各部門各方面整個配合互相融通的文化大體與其領域。而在西方大學中所選習專攻的幾門學程，也並沒有接觸到他們兩百年來學術界之由整到散，由大總綱到各細目的通體演進之大路。這固不是盡人皆然，而多數則確不能例外。以這樣的胸襟，這樣的局度，回國來主持現代中國大學教育所應負之新使命，其不堪勝任愉快，是該原諒的。若使中國近代大學教育，真能模倣西洋得其精意，至少應該模倣一百年來英德法諸國大學的種種規模與氣象。現在則只知道模倣美國。美國式的大學，在西方最後起，最新，卻並不即是最好，在中國也並不即是最適合。這一點，正可明白說明，分門別類專精一科目，他所習得的知識，只可供作社會一工具，一物件，為社會所使用，卻並不能指導你怎樣完整地做一個人。在其本身，已並沒有懂得怎樣完整地做一個人，又如何能指導別人來完整地做一個人？既不能指導人完整地做一人，即已失卻在教育上最理想的應負之使命與應盡之功能。所以在近代中國，可以有擅長專門智識之學者，卻不能有我們所熱切盼望的合理想的大師與教育家。他們自身早已是工具化物化了。在西方，尚有完整的文化體系，完整的社會組織，這一擅有專長的學者，可以等待社會利用他。在中國，正當文化腐敗，社會崩潰的當口，他將有抱才不遇之感。最近的西方留學生，大體上都有此種感觸。他們一回國便感到，學無所施，技無所展，所學非所用，懷才不得舒。這是應有的，也是必然的。但他們卻回頭來咒咀中國文化，吐罵中國社會。那仍只可說是中國近六十年來一種教育之失敗，一種以留學教育為終極教育之大失敗。

在前清末期民國初年的中國人，無不抱有教育救國的理想，無不信仰教育救國的口號。但自五四運動以後，這一理想，這一信仰，即逐漸衰退，逐漸萎弱。一輩青年逐步轉換，走上革命救國的新路向，改抱革命救國的新偉願。這也是事勢所逼的。但建國必先建人，興國必先興才，這仍是一條顛撲不破的大原則。先救學術，先救人才，然後始能救國家。沒有學術，沒有人才的國家，到底將不得救。如何救學術，救人才，我們該轉換我們六十年來教育界上已告失敗的努力，我們該注重會通的學風，該注重完整的人格。這兩件事，只是一件事。有會通的學風，自能培養出完整的人格。我們該把人文主義的教育來糾正唯物的功利的教育。我們該從文化大原學術大總綱處著眼下手。我們該提倡做通學，我們纔能期望有宏才。這是我們現代大學教育所應負的新使命。

七

在整個人生領域中，太看重了智識。在整個智識領域中，又太看重了對於自然科學方面的智識。在整個自然科學智識的領域中，又太看重了繁細的分門的專精的智識。這一趨向，也可說是近代西方文化的大趨向。然而這一趨向，即在西方，也已有它的流弊。這一流弊，已在上文說過，容易使人陷入唯物功利的觀點。唯物功利觀點之流弊，即在對智識的對象，全看作一種物。對智識之自身，全看作一種工具。循而久之，不特人亦當一物，看待人亦當作一工具。這不僅馬克思一派唯物史觀的哲學，乃至在蘇維埃現行的共產主義，有如此的流弊。即在美國的個人自由主義，只要為資本主義所裹脅，何嘗不是一種唯物的？何嘗不把人當工具看？只要是功利主義的，必然是唯物的。只要是唯物的，必然是功利主義的。只要把全部人生偏傾在智識方面，把智識對象偏傾在自然科學方面的種種智識，逐步分割，逐步專精，其勢非走入唯物的功利觀點不止。只要走入唯物的功利觀點，則其勢非走入連人類自身也當作物與工具不止。連人類自身也當作物與工具，則不問其是主張個人自由，抑是集體統制，總之是人類文化本身之墮落。要救這種墮落趨向，則非重張人文主義的旗幟不可。

近代西方文化，推動了整個世界之大變局。當人們開始從中古時期上帝信仰的宗教束縛中解放出來的時候，已開始有人文主義的呼聲。但經歷了這五六個世紀之長期演變，人類從宗教中解放出來，又投身到物質經濟自然生活的束縛裏去。最近期間的美蘇對立，正是指出了近代西方文化重入歧途之病態的一體之兩面。這不是誰是誰非，誰勝誰敗的問題，只要西方現代文化沒有一條新出路，不能脫出物質經濟之嚴重壓迫，則此對立局面，終將無法消融。正如人之患病，忽冷忽熱，冷熱雖異，實只一病。病去了，人體恢復正常，不發熱，同時也便不發冷。那時自見有正常的溫度。人類文化的正常狀態，應該由學術文化來領導政治，再由政治來領導經濟。經濟只是一種無意志的自然物質的現實局面。這一種局面，消極的，可以限制人類的活動。積極的，卻並不足以決定人類之嚮往。人類就此現實的物質局面之限制下，抉擇了某一種可能的途徑，面對此局面打開一新出路，領導創闢一新局面，則正是政治的功能。政治活動是有意志，有理想的。只要在經濟環境之許可下，它有抉擇之自由，奮進之努力。但一般政治意志，自身也該是被領導的，它該是發源於人類整個學術文化的客觀的理性要求之下而產生而形成。若政治意志脫卻文化學術之領導，則必陷入於霸力的，權謀的，為個人與黨派之私利而鬬爭。若政治意志被決定於經濟局面，則仍必陷入於霸力的，權謀的，為個人與黨派間之私利而鬬爭。近代西方文化，已走上了由經濟來壓迫政治，再由政治來壓迫學術文化的途徑。近代的西方文化，已陷入此一重圍中，除非重來一次新的人文主義的教育精神，不足以資解救。

中國近六十年來的教育，永遠追隨西方的腳跟轉。中國在六十年前，早已在文化腐敗社會崩潰的歷程中，自身本已拖著一重病，再跟著別人的腳跟轉，舊病之外，增加新病，病情愈複雜，病勢愈沈重。除非自己有一套嶄新的人文主義的教育精神，解救不了這兩重的病勢。而這一套新人文主義的教育精神，必得自本自根，把自己傳統文化，打開一條新出路，來接上時代潮流，又必把時代潮流打開一條新通道，來接通中國傳統文化。這一個責任，根本便不是政治性的，而必是學術性的。新中國的政治家，若明白得這一番理論，他應該儘量容讓學術之自由，應該隨時接受學術界指導，這纔是政治的出路，也纔是中國之出路。至於今天中國的學術界，不足以擔負此一重任，則實是中國近六十年來一切病之最後病根；然而政治家終是無法越俎代庖，來肩挑這一個重任的。

八

從中國歷史教訓看，從中國最近的現實狀況看，要求新中國之新出路，只有「文化積極」「政治消極」的一條路，可以走得通。政治家應該明白自己之功能與範圍。政治不外是一種人事，人事必得人來幹。沒有好人才，再也幹不出好政治。中國是一個農業國，農民安常習故，喜舊不喜新，好靜不好動。若非政治走上絕頂貪污，絕頂無能，普遍貪污，普遍無能，廣大而散漫的農村，不易有絕大的波動。中國在六十年前，政治早已無生命，但農村老百姓，還是容忍，還是安靜。直自嘉道以來，川楚教匪，太平天國，接連著辛亥革命，國民革命北伐，以及最近國共鬬爭，社會始終安頓不下，騷亂逐步擴大，逐步展延，這正足證明中國近代政治之始終無出路，無辦法。政治不是一個法的問題，不是一個制度問題。探源究本，更要的，還是人才問題。其人存，則其政舉，其人亡，則其政熄，這雖是兩千年前的老話，但兩千年來，依然有它的真實性。只要沒有人，一切好法良規，還是要變質，要腐敗。只要有人，不一定要有理想的好法良規，還是勉強可支撐。而且中國的政治規制，又是平鋪的。中央腐敗，只要地方過得去，也不至於大動亂。中國歷史上，每逢一次大動亂，便是告訴你，這一時代普遍缺乏了人才。否則中國人才常是大部幹政治，非人才破產，政治極端腐敗，黑暗，這樣一個廣大的農業國，遍地是散漫安靜的小農村，也掀不起大亂子。必得全國人才枯竭，才始有廣泛的大動亂。在大動亂後，人才更枯竭，未必能急速產生大批的新人。以中國之廣大性，難驟亂，亦難驟治。難驟動，亦難驟定。這只是同一原因，其關鍵全在人，不在法。因此中國歷史在大動亂之後，必得與民休息，清靜無為。政治只采消極方式，不求有功，但求無過。過一些時，社會漸安寧，元氣漸恢復，新人才興起。到那時，纔再是文物光昌，從頭整頓的時代。二千年來的中國史，永遠遵循這一個旋律。西方聖人，不一定瞭解中國情節。孔子為漢制法，那是漢儒的託辭。今天的中國，只求澄清吏治，安定民生，政治家的任務，達成此兩點已不易。興學興才，最少也是十年二十年的事，那是整個學術教育界的事。那是大業，馬上得之，不能馬上治之。要打勝仗，必先練兵。建設開創，千頭萬緒，細針密縷，更不比推翻打倒，可以利用對方的弱點。三年五年的大學教育，便能急速造成一大批建國人才，這是誰也不會信的事。我們要學習，也得真學習。天不愛才，古今中外聖人賢哲，並不只出了一個或兩個。我們應該取精用宏。國家民族之前途，也決非兒戲。六十年來的向外竊取，如法泡製，依樣葫蘆，把別人家的一分，照樣抄襲到中國來，這斷斷要不得。六十年來的教育誤國，這已是極真確明白的公開史實。我們今天已學遍了人，我們所一心嚮往的，現在他們也已是病象褟著。世界大動亂的景象，昭彰難掩。途窮思返，正該是時候了。中國的學術界，再也不該逃避這一個重任。這纔是新中國未來的大學教育所應負的新使命。若說我言迂遠，三年之病，求七年之艾，這也沒奈何。文化積極，急切不易有速效，因而政治只得是消極。消極政治中含有無限積極的用心。真夠得上政治家的，必能明白政治功能之局限，必能接受文化學術上一切經驗之教訓。根據上述旨趣，中國未來的大學教育，應該怎麼辦，筆者有暇，願再更端以畢吾言。

二六　宗教在中國思想史裏的地位

民國四十一年

西歐、中東、印度和中國，代表著人類四大文化體系。在西歐有基督教，在中東有回教，在印度有印度教，中國呢？好像對宗教很淡漠，甚至有人說中國根本沒有宗教。

依我個人意見，無論那一個文化，都該有一個共同信仰。這一共同信仰，不單要超出個人，且要超出時代。有了這樣一個超個人超時代的共同信仰，才能在流變的歷史中，凝成社會文化。而這樣的一個信仰，也可叫做一種宗教的信仰。

中國歷史文化四五千年來維持到今天，我們既然找不到宗教的明顯地位，那麼他的共同信仰是怎樣的呢？

中國人在商代時便有了對「天」的信仰。到了周代，周公再三地表示對天不敢知，又說：「天難諶」，他說上天的意志是難以為信的。商代曾經自命是上帝（天）的意旨叫他們來統治中國，現在商代亡了，是不是上帝不喜歡商人，另請周人來呢？那時很多人還以為這都是天的旨意，周公對此不敢自以為知，並認為難以置信。所以他只教他姪兒好好地治理國家，不必管自己做了皇帝是不是上天的意思。所謂「疾敬德」，就是叫我們盡人事。

後來，春秋時代，子產說「天道遠，人道邇」，這是一句很有名的話。這是說，天的道理渺遠，人的道理卻很切近，所以我們該先從切近的人生注意起，不該追逐得太遠。

在這裏，我們該特別注意的，是他們都並沒有否認天道。周公說對天不敢知，難信，並不是沒有天。不可知，難信，只是本著學者的態度，謙恭的心情，不敢妄言知，有所信吧了。子產說「天道遠，人道邇」，也並沒有抹煞天道，只因天道太玄遠，我們應該踏實地從切近處做起。由於這兩人對天所持的恭謹態度，已使中國的宗教另外走上一條人文宗教的路上去。這種思想，到孔子而大成。

有一次，子路問孔子應該怎樣事奉鬼神。孔子說：「未能事人，焉能事鬼。」子路又問死後怎樣。孔子說：「未知生，焉知死。」所以孔子根本不講死後。他只注重人的生前。這便更和一般的宗教分途了。

在論語最後的一篇裏，孔子說：「不知命，無以為君子」。並說自己「五十而知天命」。所以孔子也存有天的觀念，不過他總是不肯講，平時只叫學生敬天畏天，抱著敬而遠之的態度。只有在他環境困厄時才說及。在宋國，有「天生德於予」的感慨。顏淵死，有「天喪予」的嘆惜。所以他的學生說：「夫子之文章，可得而聞，夫子之言性與天道，不可得而聞。」就是這原故。

戰國時，孟子說「盡心知性，盡性知天」也是承接中國人過去對天的觀念和態度。孟子最喜歡講人心。心是切近的，天是渺遠的。能夠澈底引發我們的心，便能懂得我們的性，能懂得我們的性，便可以知天了。

儒家是怎樣教人盡心知性的呢？孔子在這裏提出了忠恕兩個字。忠是盡自己的心，恕是由盡自己的心而推及於他人。能夠知己知人，才可以說知天。我們雖然不曉得「天」究竟是怎樣的，但是，如果我們能做到忠恕，孔子以為和天道也差不了好多了。所以說：「忠恕違道不遠。」

孟子講愛敬。人的最大要求是希望別人敬愛自己，所以求得敬愛的心情是人心共有的本性。我們既然知道人人都希望別人敬愛自己，為什麼我們不先去敬愛別人呢？倘使我們敬愛別人，別人未能敬愛我自己，也不必去責怨他，更不必因此便停止我敬愛的心。我們應該自己反省，是不是我自己對別人還不夠敬愛呢？那麼我們又再加倍地去敬愛他。這樣，我們只在自己身上用工夫，所謂「反求諸己」，「盡其在我」的道德實踐，便能夠盡我們的心了。由盡自己的心，而知公共的性與天命，是儒家「下學而上達」的最高明又最平易的法門。

孟子同時，中國又出了一個絕頂聰明的人，這就是莊子。孔子叫我們「知之為知之，不知為不知」。莊子也懂得我們不曉得的事情比曉得的多得多，但他總以為我們多少也該有所知！所以中國人一向不敢自以為知的天，他說他知道了。是怎樣的呢？莊子說，天是「一氣之化」。春變成夏，晝變成夜，水變成汽，蝌蚪變成青蛙，不都是那個氣在那裏化嗎？至於這是怎樣會化的，莊子便說不知了。這雖是一個小小的轉變，可是影響已夠大了。既然天只是「一氣之化」，那麼還有什麼值得我們敬畏的呢？在此以前的人對天所存的敬畏之心的喪失，是莊子以後一大轉變。

莊子以後的老子道德經，不但認為天是「一氣之化」，而且它的變化是有一定公式的，這個公式也可知，就是循環往復的道理。如「福兮禍所倚，禍兮福所伏」，就是一個例。既然這個公式我們也知道，我們便可拿來加以運用，於是權謀變詐術數由此而起，以下便開韓非法家言，這和儒家主張敬畏天命的態度更遠了。

墨子用天志來講兼愛，因為對天無所證明，所以也發展不成宗教。

秦漢統一中國，成了天無二日，人無二王的新局面，皇帝的尊嚴實在高得駭人。那時大家就這樣想，究竟在皇帝上面有沒有更具權威的呢？戰國時有一個鄒衍，用流行的五帝（黃、青、赤、白、黑）說來重建古代天帝的舊信仰。漢代人都很尊信他的話，本該他可以變成一個教主，但畢竟他只有宗教的知識，而沒有宗教的人格，人們還是拿孔子來尊為教主。然而孔子的思想，根本沒有像鄒衍所說的那樣詭異，而且孔子到底不是一個宗教家，所以鄒衍的學說也失敗了。

到魏晉南北朝時候，便分成兩路思想。其一是虛無主義。其一是自然主義。虛無主義認為一切從虛無生。自然主義認為一切自然的變化是自己如此的，並沒有其他力量使他如此。所以前者是無創始的，後者是無主宰的。

佛教只講法，他們有所謂三十三天，而佛法不自天上來，是自我悟得的，所以佛也不只一個，而佛的地位則比諸天還高，這和其他宗教為一獨一無二的上帝代言人的不同。

佛家所看的世界是空幻的。這和道家所說的自然主義不同。自然主義並沒有否定現實世界，只以為現實世界更無一主宰。佛家根本便否認現實世界，認為這世界是空幻的。在這空幻世界以外，另有一真常的湼槃境界。湼槃就是真的意思，它是怎樣的呢？則不可說，故謂之「真如」。「真如」的境界才是佛家的天堂。

宋代的理學，特別提出天理二字。但程明道說：「天理二字，是我自家體貼出來。」他不說天，也不只說理，而說天理，這有他們的一番苦心。因為單講理，不易見理的尊嚴與統一。單講天，卻不易明其意。天命難知，天理卻比較易知。但更重要的，是天理可由自家去體貼，怎樣去體貼呢，這又分成兩派。

程朱認為「理一分殊」。天只一理，但因萬物所分得的不同而各異。因此萬物各有本性，性與性相通便有理。故要體認天理，便該格物窮理。所以朱熹說，大學開始教人，一定使求學的人就著一切天下的事物，從他已知道的粗淺道理出發，加倍用心去考究它，希望將來能造詣到極頂，等到工夫用到足夠的時候，自然能夠把一切道理貫通起來，這便可以體貼出天理了。

但天地間理的分殊太多了，如果要一件件來窮究，那裏來這麼多工夫呢？如是便有認為此理即在我們心中，我們本心即知此天理，這是陸王良知之學。王陽明認為我們的本心便有一個天理，故他體貼天理的工夫，不在窮究天下的萬事萬物，而在反身而誠。

中國人一直到宋明為止，到底還是拿出天理兩字來作為我們的共同信仰。其間雖有派別分歧，但是如孔孟程朱陸王等人所講的，都不是些徒託空言的哲學上的爭論，而是以嚴肅的態度步步求實踐的。所謂「吃緊為人」，就是一種道德的人生。而他們的為人，實在都具有宗教的精神和教主的人格的。

今天中國人，對自己本有的一切都拋棄了，但新的宗教思想又不能建立，維持社會人心的，實在還是「天理」二字。在此我們希望熱心宗教工作的人，能先了解到中國人心的此一共同信仰，則今後中國的宗教事業，自當有其光明的前途。

二七 中國文化與科學(一)

民國四十七年

今天談此問題，首先必會有一問題浮現於諸位之腦際，即中國文化中何不產生科學?此有兩事當先承認。一、中國人並非沒有科學智慧，抑且中國人在科學界亦有卓越成就，決不遜於其他民族。二、中國文化亦非反科學，有使科學決不能在中國文化裏生長之內涵性質。其次又當知，西方現代科學，亦自最近三四百年來始產生。敘述西方科學史，固可遠涉及於希臘及遠古，但現代科學之正式產生，卻是嶄新的一事件。因此，現代科學之開始產生於西歐，此乃一種歷史機運，並不當涉及文化本質問題。至於西方科學傳入中國，亦已經三百年之長時期，而科學在中國，仍不生根，仍不能急起直追，突飛猛進，此亦屬於歷史機運，當從中國近代史求解答。

中國人不輕視物質

其次尚有第二問題，即西方現代科學傳入中國，在中國獲得其理想發展之後，是否與中國傳統文化有衝突？此一問題，當從兩方面討論：

一、就物質方面言

近人常說，西方是物質文明，東方是精神文明，此一分辨，實不恰當。當知科學便是一種精神事件，我們決不當從純物質方面的觀點來看科學。而且精神與物質，亦難嚴格分開。有物質便寓有精神，而且精神亦必在物質上表現。中國傳統一向亦並不忽視物質生活，中國古人常以衣冠文物，誇示其文化之優異，可見中國人一向亦以物質進展來代表文化之進展。易經言開物成務，自伏羲神農黃帝以下，凡中國古人所稱為聖人者，皆以其能開物成務之故。左傳言正德利用厚生，求厚生必先知利用物質。求能利用物質，必先懂得正德。正德一語涵有兩義，中庸盡人之性，盡物之性，皆正德也。大學言格物致知，朱子以窮理說格物，謂凡天下之物，莫不有理，即其已知之理而益窮之以求至乎其極，此為格物。中庸言盡物之性，即格物窮理。格物窮理，即是正物德，盡物性。但專窮物理盡物性，而人德不正，人性未盡，仍難言利用。故必二者兼盡，盡人之性，又能盡物之性，乃始可以贊天地之化育，與天地參。這即是人工與天德之合一。由於上引諸語，可見中國古人決不曾對物質方面予以輕視，最多只能說中國古人本有此一番極大理想，而後來未能切實到達之而已。

亦有人說，中國是一個農村社會，向以農業經濟為主，新科學發展，新的工商業興起，勢必對中國傳統社會發生甚大影響。此屬當然之事，毋寧亦可謂是中國人本所希望與理想。但中國歷史上之經濟發展，實際亦決非偏重農業。工商業在中國歷史上，遠從春秋戰國以下，早有高度發展，而且綿延繼續，從未中斷。並有逐步升進之勢。即就城市言，西方近代城市之興起，乃西方歷史上一大事件。因於城市興起，而有工商業中產階級興起。近代西洋史從此轉機，現代科學亦由此新機運中產出。但中國城市，遠從春秋戰國直迄現代，往往一城市緜亘踰二千年以上，其繁榮情形亦始終不衰。所與西方城市不同者，中國城市除為工商業中心外，同時又為一政治中心，各各隸屬於中央。故在中國歷史上，要舉出純與西方中古時期相同之情形，實不可得。此後因於新科學之利用，新的工商業興起，只是給社會增加繁榮，若謂將對傳統社會有激劇衝突激劇變動，似近杞憂，未符情實。

因此，此一問題，應變為下二問題：一、如何依照中國傳統文化，在科學發達，新的工商業驟興之下，來調整中國社會。二、中國社會應如何調整，始可使新科學有突飛猛進，新的工商業有發皇暢遂之新機運。此問題主要屬政治，亦可說仍是一歷史機運問題，非文化本質問題。最主要為道德精神。

二、就精神方面言

中國人一向重視現實與應用，亦可說重視事實與證驗。此一點，亦即是中國文化精神。因此在中國文化體系中，不僅宗教不發達，即哲學亦不發達。中國人一向所重，乃在道德與教育。教育之重心則仍是道德。故我常說中國文化精神之最主要者即為道德精神。道德非宗教，非哲學，亦非法律命令。道德乃是一種人類之躬行實踐，經歷長時期經驗，獲得多數之人共同證認而成立。故道德不離躬行實踐，不能由純理智之推衍而創生。論語說：人能宏道，非道宏人。此猶言道德乃由人生實踐產生，亦由人生實踐發展，離了人生實踐，道德便不存在。中庸說：言顧行，行顧言，君子何不慥慥爾。中國人一向所理想之君子，必是言行相顧，相引而益長。中國人不喜憑空建立一套哲學，或憑空發揮一番理論。中國人認為離開了人生實踐，即無理可得。真理產生於人生實踐中，並不先由信仰或純理智之推衍，先認識了此真理，再回頭來指導人生，那即是由道宏人了。中國人只是實事求是，在躬行實踐中求體悟有得，此是中國文化精神。即如論語開始第一章，學而時習之，不亦悅乎。此一語，正從孔子個人躬行實踐中體悟得來，並不是孔子純從理智之推衍而窺見了此真理。因此，只此一語，便可獨立存在。此一語，並不需要在某種思想體系之邏輯中而始能成立。孔子此語，只是一番人生經驗。後人亦只有各憑自己經驗，來體悟此學而時習之一事確是可悅，便夠了。若專從宗教信仰，或哲學推衍，即無法體悟得此語。我們正當用此方法來讀論語。論語好像只是幾許格言，分散不成條貫。但我們若把論語全書融會貫通，自見孔子思想自有一體系。只是孔子此一番思想體系。主要建基在孔子之人生實踐上。孔子亦是言顧行，行顧言，必待行有證驗，而後言始成立。由此推之，中國其他思想家，實都與孔子無甚大區別。因此在中國思想史上，乃不能有如西方哲學般之發展。

思想極重天人合一

其次，中國思想極重天人合一。因人類處於大自然之中，人類一切行動事為，不能不顧及大自然，亦不能不與大自然期求一和會合一之道。此即中國人之所謂天人合一。但中國人之所謂天，每主即於人以見天。即於人之身與即於人之心而見天。因人自天來，故天即在人身上表現。除人外，尚有物。物亦自天來，故中國人又主即於物以見天。因萬物莫非由天來，故天亦即在物上見。如此說來，除却人與物，是否更另有天之存在呢？孟子說：莫之為而為者謂之天。此語最道出了中國人心中天字之真體段與真意義。中國人心中之天，乃是一最高不可知境界，而實隱隱作為此一切現實可知界之最後主宰。換言之，一切現實界種種事象，或由人道起，或由物理生，此皆可知。而除此以外，尚有不為人類知識所能知者，中國人乃謂此為天意或天命。而在西方之宗教與哲學，則或由信仰，或由純理智之推衍，而確言天為如何如何之存在，此乃雙方一絕大不同點。

與科學精神較相近

上面所講，中國思想上之兩項主要態度，即主實驗與確認不可知，卻與西方現代科學精神甚接近。科學知識，正亦重視實事求是，重視證驗有據。科學知識亦為可以分割而各別存在。科學知識正貴逐步證驗，逐步推進。科學知識正貴從一些可證可驗各別獨立存在之逐項知識中來再求會通。科學知識亦不是由信仰或純理智推衍而先完成一大體系。科學體系乃由逐步證驗而逐步推擴改進。因此科學知識必有一限度。在目前科學知識之最高限度外，仍有一不可知境界，此正與中國人思想中之所謂天相近。因此我敢說，中國人之思想態度及其道德精神，實與西方現代科學精神較相近，實更近於西方宗教哲學之與其現代科學之距離。由此言之，又安得謂中國傳統文化精神乃與西方現代科學精神相衝突而不能並存乎？

如上所講，竊謂科學任務應可分為三方面：一、格天；二、格物；三、格心。西方現代科學，於格物方面成績卓著，但在格心方面，則似尚有缺。西方現代心理學，乃屬自然科學中一分支，乃從物理生理方面來探求心理。其間終是隔了一膜。最近西方心理學亦在逐步推進中，但仍不能脫離其原始規模。最多亦只是著眼在每一人之個體身上，常把人離開了人圈子，離開了日常羣體生活，而為之特別安排一環境，而來探求其現象。其實人心之靈，非投入人圈子，使其處於現實的羣體生活中，則不易見。中國文化傳統，於此方面，能直接注意到實際的活的人心，其成就似較西方現代心理學遠為超越。中國人自有一套心理學，乃在現實的日常羣體生活中，經歷潛深的自我修養，即實地用證驗工夫體悟而得。其另一途，則從曠觀歷史以往情實，與社會人羣種種繁變，而會通得之者。此兩途會并合一，而成為中國人所特有的一種心性之學。此種心性之學，固亦重於反省，但非反省二字所能盡。固亦存有主觀，但亦不能以主觀二字為詬病。中國的此種心性之學，仍是注重在躬行實踐與歷久觀察，此與西方唯心哲學家之以純理智之推衍來言心者甚不同，亦不當目之為是一種神秘主義。中國傳統文化，關於人倫道德政治社會一切理想與措施，乃悉以其所認識之心性之學作基礎，亦可謂中國之文化精神與道德精神即以其心性之學為中心。而此種心性之學，則實具有現代之科學精神者。

我們亦得謂西方現代科學，其勝場屬於自然界，其建基在數學。中國傳統文化，依照上面所講，亦當目之為是一種科學，至少乃甚接近於科學，其勝場則屬人文界，其建基則在心學。近代西方學者，亦主張自然科學之外，應有社會科學即人文科學，謂人文科學之基礎，應建基於歷史知識。史學在中國，亦有極長時期之發展，正為中國人一向所重視，其成績乃非其他民族可比。然究極言之，史學只是已往人事之記錄與解釋，雖可以鑒往知來，在人文科學中應占一重要地位，然究不比心學在人事上更直接、更主動、更積極，更把握到一切人事之主要動機及其終極嚮往。中國心性之學，正所謂明體達用，其受重視，尚遠在史學之上。然我們亦不妨說，心學史學，乃為中國傳統學術中兩大主幹。中國文化在此方面確有大貢獻，而格物之學則終較西方現代科學之所得為淺。故西方現代科學傳入中國，正於中國傳統文化有相得益彰之妙，而並有水乳交融之趣。格物之學與格心之學相會通，現代科學精神與中國傳統道德精神相會通，正是中國學術界此下應努力嚮往之一境，亦是求中國文化進展所必應有之一種努力。此種努力，不僅可使中國文化益臻美滿，並可為人類新文化創闢一大道，對人類和平幸福可有大貢獻。

再次言格天之學。此項學問，應由格心格物之學兩面湊合而逼近之。西方現代科學，本由天文學開始，而轉入物理學。現在格物愈深微，西方科學已進入太空時代，又將轉回到天文學上有新發展。似乎格天之學，乃偏近於自然科學，而西方成績，亦遠超乎中國之上。但若就我上面所講，人類知識總有一限度。依中國人觀念，就其不可知者而歸之天。則西方格天之學，其效用只在把天之不可知之範圍要求縮小，範圍愈縮小，則天人之分際愈分明。此乃屬消極反面者。而中國人向來格心之學，因於認為心即是天，故格心愈深，則對於天之認識亦將隨而深。同時，照中國人意見，物亦是天，則格物愈深，亦即對天之認識益深，此乃屬積極正面者。如是兩方逼進，格天之學自會更有新境界發現。故格天之學，必有賴於格物與格心，而格心之學，則有賴於治史。

而此天與物與心與史四者之融凝合一之一極大理想，則只在中國思想中早有存在。故西方現代科學，實乃對中國傳統理想有充實恢宏之作用，而西方現代科學之傳入中國，專就精神方面言，必具如此認識，乃可以別開生面，更有進展也。

科學家之人文修養

其次有一問題連帶而來，即關於科學家之人文修養之一問題。科學家亦終是一人，而且人的涵義，並非科學家三字之涵義所能盡。因此每一科學家，決不能忽略了他的人文修養。西方科學家，同時亦需在西方社會中做一人，則同時不能不有西方社會中之一套人文修養。所以西方一科學家，往往同時亦信仰宗教。此項事實，看似衝突，而實不衝突。因西方人在人文修養之立場上，不能不信宗教。信宗教之外，尚有一項，厥為奉法律。信宗教，奉法律，乃是西方社會人文修養之兩大項目。而在中國傳統文化中，既不重視宗教，亦不重視法律，因此信教與守法，並不能即成為中國社會中一理想之完人。中國傳統文化，既是一向偏重心性之學之修養與實踐，因此中國社會，最重人格修養，以達到一種人格完成之理想境界。若使將來中國之新科學家，對於中國傳統之人文修養有缺陷，不能到達此境界，則將使中國社會專以功利與實用之見解來重視科學，此實有失科學之精神。而科學之在中國，將終不得其滿意之發展。故將來中國之新科學家，應如何重視人文修養，如何同時到達完成一中國傳統文化中所理想之人格標準，此事十分重要，應加倍注意。

唯我敢深信，中國傳統文化中之道德修養，其精神決不與西方現代科學之探討精神相違背。故一位理想的現代科學家，同時極易成為一位中國傳統文化中所理想之道德完人，而實唯科學與道德之二途會一，始可為將來人類創造新文化。近人多主於科學知識之上，再加以哲學之綜合。但哲學乃一種純理智之推衍，其成績僅在理論方面，與實際人生尚隔一層。因此一哲學家同時不必是一道德完人，而一切哲學亦並不即能成為人類之道德。復有多人主張，以宗教補救科學之偏陷。但宗教與科學間，一時尚難融和。只有道德可與科學相成相足。當知宗教雖亦重視道德，而宗教主要在信仰，信仰究與道德有不同。科學可以國際化，道德亦可以國際化，而宗教信仰之互不相容，卻成為人類當前一大問題。宗教不能統一，同樣有一上帝，或信耶穌，或信謨罕默德，西方宗教上耶回之分，至今不能會合相通。即同信一耶穌，或屬新教，或屬舊教，亦至今不能會合相通。豈惟不能會合相通。宗教流血之慘劇，豈不赫然在人耳目，如前日事？而所以解其結者曰信教自由，信教自由乃屬道德範圍。如純由信仰立場言，在一個虔信者之心中，自不願有異端存在。但在道德立場言，道德建基在人心，人與人對面相殺，終非人心之所安。於是只有信教自由之一道，此一道乃為異信仰之雙方所同能接受，是即道德可以解決宗教信仰問題之一個最具體之好例，其在人類歷史中，亦已有已往可證驗之成績。

心性學有科學基礎

人類道德，不能建基於宗教。若一本宗教信仰，則異信仰者必有互不相容之苦痛。人類道德，亦不能建基於哲學，因哲學思想正貴有百家爭鳴，而人類道德則必求普遍共認。故人類道德，必建基於人類之心性。任何各民族，各社會，決不能沒有道德，但多不著不察。而心性之學，則只有中國，乃達於甚深微妙之境界。在古代，如孔孟與老莊。在中世，如佛法傳入後之臺賢禪三宗。在宋明，如程朱陸王。此皆於心性之學，有甚深窺見，有甚高造詣。縱其相互間，亦有出入異同，然要言之，總不出兩途：一是歷史與人羣事變之曠觀玄覽；一是一己內心之潛修默悟。觀於外，可以證於內。悟於己，可以推於人。中國的心性之學，則確然有其科學基礎，乃及歷史證驗者。

今試再拈一節論之。孔子有言，知之為知之，不知為不知，是知也。故人類知識最正當與最可貴之處，正在其同時知有所不知。知與不知之謹嚴分別，此亦科學精神之主要一項目，而同時為中國傳統精神之所重。　孫中山先生提倡知難行易之說，行易鼓勵人實踐，知難則警戒人謹嚴保留此一知與不知之分寸與界線。最近中國社會，因於太重視科學之故，遂致凡屬己所不知，或所欲排斥者，即一切譏之謂不科學，乃致對中國人向所重視之傳統道德與心性之學，亦斥之謂不科學。不知此不科學一語之本身，却真是不科學。凡屬現實，皆應在科學探討之列，凡所不知，則僅屬我之所不知，卻不能因我之不知，而遂謂其無可探討，與不值得探討。科學精神，決不如是。

精心探討其所不知

故真屬一個有人文修養之科學家，唯當專一精心探討其所不知，卻不應鄙夷其所不知，而以不科學斥之。然人類所不知者，實遠超過於人類之所知。而科學家之探討求知，必貴於專一。如是則天地之大，萬物之繁，科學之分門別類，愈入愈深，愈分愈細，乃至科學部門之間，亦成為互不相知。而綜合一切科學所知，仍遠小於其所不知之範圍，如是則科學知識將成為支離破碎，各有門戶，各有壁壘，其有利於人生者，勢將連帶引生出有害。因此科學家首先當謹守知之為知之，不知為不知之明訓，同時則於其科學範圍之專門探討之外，必具一番人文修養。而人文修養則必可相通共認。如是，始可於同一文化中有相悅而解之樂，亦可於各自探求中，有百川滙海之效。

鄙人於科學乃一門外漢。此番演講，亦恐多有不知以為知之嫌。其用意亦僅在提出此問題，以供關心此問題者之深入研討。有疏謬處，則惟請諸位之原諒。

二八 中國文化與科學(二)

民國六十年

今天所說的問題，乃近百年來中國智識界一老問題。對於這一問題，主要曾討論過者，首為中國文化中是否有科學？

在清末，人似乎都主張中國文化中有科學，他們稱之為格致之學。格致二字，出自「大學」的格物致知。「大學」乃先秦古籍，又為自宋以下一部人人必讀書。據此自知他們主張中國文化中早有科學。

但民初以來的學者並不謂然，他們似乎認定科學乃純屬西洋的外來貨，不以為中國文化中亦有科學，故不再稱科學為格致之學，而必稱之曰賽因斯，以見其絕非中國所固有。

今試問中國傳統文化中若固沒有科學，則接著該問中國文化能否接受西方之科學？

當時的主張，似乎都在否定一面，多認為中國文化殊不能接受科學。因中國文化非但無科學，抑且反科學，於是主張要接受西方科學，自該全盤西化，甚至於廢止漢字，推行羅馬拼音，乃至打倒孔家店。於是由提倡科學而轉移到整個文化問題上。有人說：新文化運動不免為共產主義開門揖盜，此話也有幾分值得討論。到此刻，卻又不再有人認為中國文化中無科學，更不認為中國文化反科學。英國有人寫了一部中國科學史，此刻我們有人正在翻譯，而提倡科學乃成為復興中國文化三要目之一，但在此仍有新問題出現。

即中國文化中本來縱是有科學，卻並不即是指的西方現代科學。則試再問，設若西方現代新科學傳進中國，究竟將在中國文化中起怎樣的作用？現代新科學又當如何在中國文化舊傳統中作貢獻？今天所講，主要則在此問題上。

回過頭來說，西方文化到東方，中國人開始注意者厥有兩事：一為科學，一為宗教。宗教卻是中國文化中所沒有。直到東漢晚年，印度佛教傳來，在中國文化中始有宗教。但各式各樣的宗教，雖是外來，依次傳入，卻都能平平穩穩地在中國自由發展，並為中國文化所包容。

惟宗教不免與科學有衝突。民初之新文化運動，一面提倡科學，一面則有排斥一切宗教之傾向。在此又有一新問題興起，即宗教與科學之衝突是否可以彌縫？以及將來的人類文化中是否可以沒有宗教？我們需要科學，是無問題的，問題乃在要了科學，若又要宗教，其間的衝突不能不為我們所注意。

在西方歷史上，文藝復興，正是象徵著此下科學與宗教之代興。直至今日，科學日盛，宗教日衰，賽因斯進步，而他們的上帝卻迷失不見了。這終將成為西方文化一大隱憂。

在宗教與科學之背後，可寓有天與人，靈與肉，精神與物質的分界。

宗教尊天而抑人。如耶教有原始罪惡論，佛教有造業輪廻論，皆不免有鄙視世俗之傾向。這種終極出世的要義，在我看來，該是宗教一缺點。歐洲自文藝復興之後，由靈還肉，乃是由嚮往天國而轉歸到重視塵世。但一往不返，則又有世俗至上之趨勢，到今日而弊害大顯。用中國的俗話來講，循此以往，將是天理淪喪，人欲橫流。我們今天縱不以宗教的態度自居，但這一趨勢，總該警惕。這是今日人類社會文化一大問題，似乎總不應該容許此世俗至上的趨勢漫衍日盛。

正為有此世俗至上之趨勢，乃牽涉到今天人類社會日益加甚的四大傾向：一為富，二為強，三為爭，四為色。富強皆由比較而來，實無一確切的界線。正為競務富強，於是富而不足，強而不安。在此背後，便生出一爭字。由於好爭，而形成為好鬪、好賭、好殺、好比賽等之一切根源。即如最近一次重量級拳王比賽，每一拳手，可得兩百五十萬美金之巨額收入，正足為今日人類愛好鬪爭一見證。為富，為爭，為好勝，為強，為好鬪，而生出了兩次世界大戰。循此推論，除非人類能設法除去此好富好強好鬪好爭之趨勢，否則第三次世界大戰仍將絕對免不了。

此外復有好色之風。男好女色，女好男色。今日之好色，已非一種好奪取，好佔有，而變為一種純肉欲，一種性發洩。此類性發洩之所謂性，既不能即認為是人類的天性，又更不是一種人文之愛。而人類文化中佔重要地位的夫婦與家庭之關係，則勢將為此全歸於毀滅。

每一宗教，必戒淫、戒殺。但對於今日的社會趨勢，已陷於莫可奈何一籌莫展之勢。而說到科學，則所重只在研尋物理，求能有所發明。有時反而會增長了世俗人欲方面之滋長與罪惡。若求挽此頹趨，科學乃不能勝其任，亦好在科學本身可以不負其咎。主要者，乃在人類文化不能唯科學的，則甚為昭灼。

科學發明，在使人類能駕馭物質。給人種種方法，技術，利用，吾人固無不承認科學在世俗人生方面可以幫大忙，但卻不能決定我們的人生大方向。而過分蔑棄宗教，則同是走向一偏而要不得。

祇有在中國文化傳統中，可以沒有世界各大宗教過分蔑棄世俗之短處。而中國文化雖無宗教，但也看不起世俗。正為此故，我們可以不要宗教，而亦不必排除宗教。中國文化的主要意義，不在超世出俗，而在匡世正俗有其極大的貢獻。因此應更能盡量運用科學發明之長處。使一切科學，只見其利不見其害。正為科學之害，主要在人之利用，而並不在科學之本身。

中國人以天、地、人為三才。天地是一自然，同時亦可謂是一神。人在世俗中，但同時亦可謂是一神。人要能贊天地之化育，達到中國文化中之最高理想，即所謂天人合一。但絕不是要反抗自然，戰勝自然。亦不是要取消世俗，蔑棄世俗。我們所要，乃是要瞭解自然，發展自然，利用自然，而使世俗亦在自然中走上一條恰好的道路。為此，正貴能融宗教與科學而為一。若科學蔑視了宗教，或游離了宗教，則只能做到幫助世俗，卻不能來指導世俗。

中國古人有所謂正德、利用、厚生。此中德字所指，並不只重在個人私德，乃是要上達天德。天地萬物大自然皆有德。天地之大德曰生，利用一切自然來完成人生，乃是上應天德。人之一切私德，則必歸本於天德，奉以為宗主。故又曰：天命之謂性，率性之謂道，修道之謂教。此一性字，也不僅是指人性，亦兼指物性。盡性即是正德，性不盡則德不正。今天的世俗至上，乃是讓人類回到自然，而可以沒有文化。但此只是未盡性。中國文化理想，在能贊天地之化育，主要即在化育此天地所賦予之性。正要做到己性、人性、物性皆得化育，發展到盡頭而能融會合一，如此乃始是正德。可見此德字並非狹義的，而所謂性，亦非一任其自然之性，而在自然科學家則忽略了上述各點。

我們如何能盡人之性，此中大有研究。一切宗教，也未能盡人之性。故在西方，中古時期之後，乃有文藝復興。而宗教在西方，今日已淪於形式化，失去其領導人生之地位。換言之，即是宗教在人生中，已失去了其神的地位，而又不能盡人性。

中國古人的最高理想，徑可謂之是天人合一。西方科學家在今日，則在反宗教的途徑上走上了一套尊人蔑天的傾向。中國「中庸」上說：自誠明，謂之性；自明誠，謂之教。誠，便是指的那天地大自然，明，便是格物致知。人類一切知識，必待格物，格物即是接觸到物，由淺入深，而後始可有知有明。故性在天而教在人。中國傳統中的教育理想，乃是宗教科學合一貫通，不相衝突，由率性而修道，由修道而立教。今天的科學則僅是一種學，不得稱之曰教。其病在蔑棄了宗教，誤以人類自我之當前現實為至高無上，圓滿無缺。而不認人在大自然中，生命甚短暫，地位甚渺小。理想的人類教育，必將使自然與人生合為一體。人生在自然中，不僅應有利用自然之種種方法，更應有發展自然之種種道路。其責任，則全在人之能仁智兼盡。不僅要對天地大自然有認識，還該對天地大自然有感情。若僅是一種純理智的，則絕非中國古人所謂格物致知之知，亦非中國古人所謂自誠明、自明誠之明。明於此義，乃可來解釋中國古人所主張之三大辨：

一、義利之辨：義者利之和，和是天下之達道。若太過講利則必爭，而又陷入於不義。中國商業發展甚早，大都市之存在，較西方既大又多，但沒有走上西方資本主義的路，這乃是注重義利之分之結果。

二、人禽之辨：孟子說：人之異於禽獸者幾希。人與禽獸同是一自然，此乃今天科學上生物學之所研究。但人與禽獸究有不同處，此乃人類文化大本源所在。中國人舉此為教。故中國文化本身無宗教，而亦像各大宗教，一面蓄意培養人類仁愛之德，一面又蓄意培養人類謙恭之德。仁愛與謙恭，正是各大宗教設教之共同點。

三、天理人欲之辨：此亦可謂是天人之辨，或說理欲之辨。若只是一順自然，使人類與禽獸長此無辨，此之謂人欲。人欲並非要不得，但人欲之上還有天理，天理乃從人欲中淨化而見。天理亦只是一自然，並不要違逆人欲，消滅人欲。但天理並非即是人欲，乃是從人欲更進一步，經歷人文陶冶，在人欲之盡處正處始是天理。如說己欲立而立人，己欲達而達人，此非人欲，乃是天理，亦即是王道。

飲食男女，此都是自然，也即是人性。但當知人性尚有發展，不僅止此。如己欲立還欲立人，己欲達還欲達人。頂天立地，立德立功立言之三不朽，皆在此立己立人達己達人之上，而由此以贊天地之化育，此始是天理之大。立達之達是達道。中國古人以智仁勇為三達道。能仁智兼盡便是聖人。中國人立教，乃欲建立起一番人皆可以為堯舜之教。所教只在人世中，不在人世外。要即在人世中見天德王道，絕非是世俗至上。故中國文化理想，正須由科學來充實，但科學亦將以中國文化為規範，為指導。

今天的科學，已成為世界性的，無界限可言。但今天各大宗教，卻不能相融洽成一世界性。如耶教，佛教，回教，印度教等皆是。如此則將來人類所最不能相通合一之處，卻反而在宗教上出了大難題。

中國文化之最高理想與其最高精神，則不僅能容科學，以盡量求其利用，亦能容各大宗教，而使之能漸化以期於合一。

惟今天的中國社會，則並不能代表中國文化。同時，我們為了提倡科學而排斥中國固有文化，亦為近代中國人一大錯誤。一切重心在科學的今天，正該領導我們走上一條真的文化復興之路。除了科學知識外，其餘一概不管，而循至於走上世俗至上，這是最要不得。

人類文化，絕對不是非科學的，亦不能是非宗教的。因沒有了宗教，即成世俗至上。今天西方科學家往往仍信上帝，仍信宗教，還有他們的傳統。我們中國的科學家，則更應注意中國文化，希望能具備一種淵博廣大的文化意識與文化興趣，而兼具一種仁愛謙恭的宗教精神。

所堪遺憾者，乃是今天的時代，將循至於達到一種沒有教而僅有學的時代。淺言之，如家庭不教子弟，送往學校，學校也不教學生，一任其自由，故只能讓學生學而不能與以一種教。同時，科學智識不斷分析，於不同的領域中，將達於一種完全不能相互瞭解的地步，這終是人類之大憂。

中國古人又提出一「止」字。「大學」說止於至善。知止而後能定，定而後能靜，靜而後能安，安而後能慮，慮而後能得。今天我們求新求進，卻不懂得一止字。人類的正確道路，該先從知止起步。能止在這步上，然後再能求進。中國古人稱之曰安身立命。須先知止，乃能安，乃能立。不能止，而一意求進步，將使人類永無安處，永無立處，此亦人生一大苦痛。於是至於吸食大麻，來求精神解放。為了資本主義的儘求進步而反動出共產主義。今天我們的自由社會，豈不也大有毛病存在？

要言之，我們既不該承認世俗至上，也不該承認功利至上。主要在能止於天德王道之上而來研究科學，要把科學來發皇完成天德王道，這是人類一正路。

所以我說，一個理想的中國科學家，應該同時是一個中國傳統文化中所理想的聖賢君子，不當僅以成一科學家自足，乃該完成理想中的中國科學家所應有之大使命。一方面是一科學家，另一方面又是一平平常常，普普通通，自己能立能達而又能立人達人的賢人君子。

諸位今天，都是獻身科學，將來在科學上有大成就之人。故敢奉獻區區之意，敬備諸位作參考。

二九　中國文化體系中之藝術

民國五十二年

中國藝術代表了中國文化的一部分。到底在整個中國文化體系中，藝術的地位和意義是如何，它在什麼地方代表著中國文化呢！

中國文化，簡言之，乃以人文為中心。人文二字，指的是人羣相處的一切現實及理想。中國文化之表現與成就，都圍著這人文精神作中心。故中國文化體系能融通合一，莫不圍繞此中心，而始見其意義與價值。換言之，中國文化亦可說是以「人生作本位」。人生兼指個人的與大羣的，而這兩部分的人生亦自需融通合一，可不詳論。此下我們將根據此講法，來引伸下面所講：同時亦以下面所講，來證明上面這講法。

西方文化，比較與我們有一點不很相同處。人生本在宇宙自然之內，且為宇宙自然中極微小之一部分。西方人好像偏重於先向外去探究自然，在對自然有認識瞭解後，再回頭來衡量和決定人生之意義與價值。宗教科學，莫非先向外，然後再轉到人生方面來。在中國則先看重「人」，再由「人」而擴充到外面去。

古代希臘人，將宇宙分作真、善、美三方面。科學求真，道德求善，藝術則求美。這種三分法，逮至近世如康德，乃至最近，似乎無大改變。中國人看法，與此不同。似乎中國人認為，凡是美的，同時亦兼真和善，而凡是真的善的，同時亦兼美。換言之，在此天地間，並無分別獨立的美，亦即是說，沒有離開真和善而分別獨立的美的一世界。所以在西方，美術可與科學宗教三分鼎立，而各有其專門探討的領域。中國則仍是融通合一，真善美應該同屬一體。這一觀念非常重要。中國人看事物，往往不注重分別觀，而更注重融通觀。凡合乎中國人理想者，都見其相互融通而圓滿具足。要講中國藝術，亦須由這一點入手。即講文學、哲學、乃及其他，亦無不然。

在宋代理學家中，有周濂溪作太極圖「☯」，此圖乃代表宇宙之全體。在一體中包涵絕對相反之兩面，一陰、一陽。而此絕對相反之兩面卻凝成為一體。既屬如此，則真善美並非對立，其在一體中，自可不必強為劃分可知。

宋儒又謂：「萬物一太極，一物一太極」。整個宇宙是一太極，而在此宇宙中之任何一物，亦同為一太極。此謂任一物在宇宙間，其所表現完成者，與整個宇宙之所表現完成，同是完整之一體。在意義與價值上，雖不能相等，卻還是相同。換言之，凡在此宇宙內，不論其是一人、一禽獸、一草木、一水石、一桌椅、一碗碟，乃至一微塵，不論其有生無生，有情無情，同表現在此宇宙之內而達於一完成，即不能相反，而只是相同。倘使此宇宙中之一切表現與完成，均與太極不相同，則何能集合而成為一整體之太極！故說：個人人生即可代表大羣人生；並可代表宇宙大全體。此即是一物一太極，即可代表萬物一太極。宇宙是一大天地，個人是一小天地。大小固不相等，其同屬天地之一體卻不相異。此乃從人本位講。倘若以一禽鳥，一蟲豸，一草一石，乃至一微塵，各可如此講。現代物理學家言，一原子之組織相似於一整個宇宙之組織，亦可謂是一物一太極。此一層，乃是中國人的宇宙觀及其人生觀，亦即是中國人之哲學。這些哲學觀念亦與前講文化體系一般，都是融通合一，即中國人所謂之「天人合一」。

現在依上述兩點來談中國的藝術。我對藝術是門外漢，但不妨從門外來看門內，也不失為是一種看法。其他暫不講，單來講繪畫。也許會講得過於空洞，或過於高遠，但總可為諸位學中國畫者作參考。

說到繪畫，亦有兩方面：一是畫家其「人」，一是所畫是「物」。誰在作畫？畫的是什麼？我之所畫，不即是我，畫家與其所畫應有分別。但依中國人理想，則此二者仍當融通合一。若說「因你能畫，故稱為畫家」此是一說法，但亦可說「因你是一畫家，所以能畫」這兩句話所說意義不同：前一句話的價值偏重「物」、在外面，指所畫言。後一句話的價值偏重「人」、在內面，指畫家言。諸位學畫之目的，究在求為一畫家乎？抑求能畫一幅畫而已乎？此處所謂畫，依佛家說法，則是所畫。能所應合一，而實是能為主而所為從。應是先有能，始有所。若說學畫，重於所字，則在我們，應注意怎樣去學畫的一切技巧與方法。若說成一畫家，重在能字，則試問我們於怎樣學畫之外，如何又有另一條途徑去修養成就為一畫家呢？這道理看似很難講，其實卻是簡單易明。猶如說到一政治家，請問是否一定要跑上政治舞臺，從事政治活動，做大官，才能成就一政治家的呢？當知跑上政治舞臺，從事政治活動，做大官，成大事，並不即是一政治家。而理想的一位政治家，卻可以不上政治舞臺，不從事政治活動，不做大官，不成大事，而人人想望他應是一政治家。此一人跑上政治舞臺，從事政治活動，做了大官，纔始可以有理想的政治事業之表現與完成，因他已先是一政治家了。至於教育家亦然。我們不能說只要從事教育工作的便都是教育家。此中道理，從深處講，似乎不容易；若從淺處講，卻人人可明白。

無論教育、政治、藝術，都是人的事業；事業必有所表現、所成就。而表現、成就的，都在外。在那些表現成就之後面，則必有一個主，主則在內不在外，這即是此人。今試再問，假定此人是一藝術家，他一生畫了千幅名畫，是否把此千幅名畫加在一起，就等於此一人了呢？這裏却就大見有問題。如說孫中山先生和華盛頓，是否將其一生豐功偉業擺在人面前的加起就等於一個孫中山、一個華盛頓了呢？當知此說斷乎不是的。中國傳統文化主要看重人，故謂一位政治家完成絕大政治事業，一位藝術家創造絕大藝術作品，這些只是餘事。所謂餘事，乃是指其完成為一大政治家大藝術家之後，偶然有所表現，而在其人論，則只是些多餘的。因此種表現與成就，是要碰機會的。即是說，須在某種機緣配合之下才可以有此表現和成就。若無此機緣，無此表現與成就，應該仍不失其為此人。如若諸葛亮不遇劉先主三顧草廬，不出來做事，此一諸葛亮之價值應該並不會比出來做事的諸葛亮低了些。而　孫中山、華盛頓投身革命，開創中美共和，依照中國人人本位的文化傳統觀點來看，這些也都不過是餘事。在孫中山與華盛頓，他們平日志趣之內蘊，與其人格之積養，始是主要的。其碰到機會而有所表現與成就，則只能說是餘事了。一位藝術家亦然。所畫是其餘事，此一位畫家平日之志趣內蘊與其人格積養，即說其人之本身則是主。事業之表現成就在其人，而人的圈子比他的事業圈子大得多。中國文化理想重人，以「人」為本位。人之價值不能即以其事業之表現與成就而定，由此遂講到人的品格上。品格有高低，有時與其事業之表現與成就之大小，並不定相稱。

品格由於天賦，但亦由後天修養而來。今只就繪畫論，中國論畫有所謂畫品，如神品、妙品、能品、逸品等。當知畫品正從人品來。反之，卻不能說人品乃從其畫品來。試問其人只是一個鄙俚俗人，他如何能畫出一幅當得上逸品的畫來。此刻諸位初學作畫，只望能像一幅畫，可不懂得什麼叫畫品。但作畫而進入高境界，則不能不論品。而畫品與人品，最後還是相通合一，這一層大家應該特別注意。

中國人論畫，又重「氣韻」。南朝謝赫六法，首言「氣韻生動」。此氣韻生動四字，原本指人物畫而言。下及宋明以來，對山水、翎毛、花卉等亦講究氣韻了。現在我請問諸位，欲求畫中人要有氣韻，而畫家本身其人卻沒有氣韻，這豈能辦到？故此問題，又要回復到畫家「人」的身上了。人生在大自然間，儻使自然只是一塊然大物，並無氣韻，人生其間又何來有氣韻？故知仁者樂山，智者樂水，一山一水，一花一草，都有其活潑生機，亦即都有氣韻。塊然大物有氣韻，一花一草亦有氣韻，此亦所謂萬物一太極，物物一太極。畫家要能了解到此，自然其一筆一墨都能表現出天地間的氣韻生機，而此畫家之胸襟境界以及其人本身之氣韻，也就不問可知了。

以上所論，只說要學藝術，得先要學做人。人的品格是大前提，筆墨巧技乃是餘事。故在超乎講究畫法之外該另有一套修養。玆且舉兩個故事來講（一）莊子載「宋元君欲畫圖，眾史皆至，受揖而立，舐筆和墨，在外者半。一史後至，儃儃然不趨，受揖不立。因之舍。公使人視之，則解衣槃礴贏。君曰，可矣。是真能畫者也。」又（二）北宋孫知微欲在某寺壁畫水石，構思經年，不肯下筆。一日，忽倉皇入寺，索筆墨甚急，奮袂如風，須臾而就。畫成，水勢洶湧，傳為名作。此兩故事，初看若不相同。然同可說明在畫家作畫前必有一番心靈境界，始有所謂神來之筆。用現在心理學名詞簡單粗略地講，前者是「放鬆」，後者似是「緊張」。前者是滿不在乎，後者似是精神集中。其實此兩境界相反相成，只可說是同一境界之兩面。在佛家所謂提得起，放得下。當知此等心靈境界，不是無端忽來的。近人好言「靈感」；靈感也不是人人可有，時時可有的。怎樣才能有才有靈感？怎樣才能下筆如有神？這在講究畫法技巧以外，另是有修養。畫品即是人品，畫的境界，即是人的境界。可知修養成一畫家與畫成一幅畫，其事廣狹深淺大不同。諸位體悟到此，始能深入畫家三昧。

論作畫又有兩途，一「寫生」，一「寫意」。中國自宋元以後，特別喜歡講寫意。現在我替「寫生」和「寫意」這兩個名詞下一解說。寫生是寫外物之形象；而寫意則是寫內心之情趣。倘若作畫，僅知寫生，不知寫意，照中國人看法，只是達到了畫之「技」，而未臻乎畫之「道」。但若僅求寫意，不能寫生，則他可以吟一首詩，或作一篇散文，但不能成一幅畫。故知一位理想的畫家，要能寓意於寫生之中，由寫生來寄意，藉外物形象來表達畫家之內心情趣，使寫生與寫意，即人與物融通合一，這也就不容易。

今試約略闡釋此中門徑。諸位當知在作畫寫生之前，必要先有一番「觀」字工夫。不觀又何能寫。但觀的工夫與寫的工夫卻有大不同。如諸位到郊外去學習寫生，豈不在寫生時即有了觀。此固不錯。但中國人一向對此觀字卻甚為看重。我們須能觀天，觀地、觀人、觀世、觀萬物。宋儒邵康節著觀物內外篇，大有發揮。這不是件易事。諸位須先能觀生，然後才能寫生，而觀生則是一種大學問。包括觀天觀地觀人觀世觀萬物都在內。要能觀其大、觀其全、觀其通、觀其變。孟子說：登東山而小魯，登泰山而小天下；又說觀乎海者難為水。觀山，不限於一邱一壑，觀水，不限於一波一折。而達觀山不可限於山，觀水不可限於水的境界。如是說下，便有無限修養，無限妙境。

因此中國人寫生，不如西方人般站定在一角度上，又拘束在一個時限內去寫。應求能超越時空限制，詳觀其正、反、前、後，多方面去觀了；又須長時期去觀，又須能觀其大、與全、與通、與變。如此成竹在胸，乃始落筆。所以中國畫沒有陰影，陰影必是在某角度某時限中所有。中國人作畫，主張先得其全神貌。然後在全神貌中描出其一情態。此一情態，纔是活潑如生。此亦是萬物一太極，物物一太極。中國人畫山水，決不是站在某一角度去畫，所以在一幅畫上，可以畫出羣山萬壑，可以畫出千波百折。如此卻是畫的真山水。我們不能只看小天地，應放開眼光懂得看大天地。又必放進歷史時間，從悠久變化處去看，如是才能體會深刻。換言之，外面物象，並不易看，須要從多方面及長時間去看。如是始能「超乎象乎，得其環中」，這是說要跳出事物的囿限圈套之外，而後才能默會深察事物內在的神髓。宋人詩云：「道通天地有無外，思入風雲變態中」，這纔是達到了觀大、觀全、觀通、觀變的最高境界。中國人寫字、作畫、吟詩，為文，以至參禪學聖，都是同此一道理。畫家說：「外師造化，內法心源」，這兩句話，要能把內在的心源和外在的造化融通為一，那就是中國畫學理論中之巔峯了。

如是般的由觀而寫，寫生與寫意自可相通合一。正為萬物一太極，一物一太極，所以無論一花一木，一鳥一蟲，鳶飛魚躍，翠竹黃花，道無不在。藝術家筆下的小天地，小花草，卻能令人欣賞到天地之大，草木之繁。縱使是一門外漢，亦能目擊道存，不言而喻。所以在一畫家之專門筆墨技巧方面，可能不容易獲外人欣賞；但在其畫上所表現出的局度氣韻神態生意方面，即是他所能獲得的道通天地、思入風雲的更高境界，卻可以不愁人看不懂。近人又常說，不得不降低自身的畫品，來求迎合俗人的口味；其實，作品真好，則不愁沒有人欣賞！那些一味迎合俗好的畫家，仍見其觀人觀世之不深。

再講，中國畫不重距離，不像西洋畫注意比例透視大小等。此亦其不得已，而亦有其所當然。如畫泰山，若要畫出其全景，則決不能站在一限定的角度去畫。須得縱身而觀，須得聳身凌空，從高處來看其全，如是乃可由山腳畫到山頂。否則眼前一拳石，便把全山視線遮掩了。當知泰山本身本沒有此遠近大小之別，這是畫家在限定的角度下之一種主觀。須把此角度移動，須把此主觀融化，須能從泰山本身來表現這泰山。不然的話，則會徒歎「不見廬山真面目，只緣身在此山中」。

我在羅馬聖彼得教堂，曾看過一幅在文藝復興時代的名畫。那是一幅大壁畫，人物攢聚，濟濟一堂，氣魄宏大，局度恢張。置身畫前，使人亦如神遊其境。但若依照遠近大小比例，則決不能畫出此景象。而此景象，乃是一種真景象，須是淩空高視，始能攝取此一景象之真。此一畫之畫法，卻與中國人畫法不謀而合。我又曾在泰安嶽廟，看過一幅宋真宗封禪圖的壁畫，大殿三面壁上，全是此一幅畫。千人萬騎，全行列至少有數里之長。畫中不僅有人物，並有外景山川樹林道路等等，活像是用電影機連續不斷拍攝下來一般。試問又如何能站定在一角度來畫出其遠近大小之比呢？這正所謂徒見其所見之不廣而已。諸位要成一畫家，至少應能懂得縱身而觀，懂得觀其大，觀其全；又能進而觀其通，觀其變。如此般來觀天地，觀人觀世、觀萬物，再落筆作畫，那就知作畫實僅是一餘事了。

我們從此又知，中國人畫小幅，實是從畫大幅脫化而來。宋人畫冊頁，也是由以前的大幅壁畫演變而出，所謂「尺幅有千里之勢」。又說「咫尺之圖，寫百里之景」。若懂得了此層，又知如元四家倪雲林畫，寥寥幾筆，一土丘、一牛亭、一樹、一石、而自有天地，自有氣象。由大幅可以縮成為小幅，自然可以由繁筆減成為簡筆。落墨不多，而意味無窮。

最後還有幾句話，要說中國畫家稱梅蘭竹菊為四君子。所謂君子，其中自寓有人格修養之意義存在。何以千卉萬草之中，梅蘭竹菊四者，獨得稱為君子？我們畫梅蘭竹菊，當然不僅要畫得它像梅蘭竹菊，還須畫得它像一君子，或說像一高人雅士。人中何以有君子小人之別，何以有高下雅俗之分？此一見識，也就不容易。非有大修養，無法與他討論到此。此中有胸襟、有氣度、有風韻、有格調。諸君試從此參入，也可漸有所窺見。

或許諸位認我上面所講，不是在講作畫，却是在講做人。但我們的理想，並不是只要培養出一些囿於一曲，僅能在藝事上依樣畫葫蘆的畫匠，而是要培養出一些大藝術家來。若真是一個大藝術家，則彼之品格，必然是卓然獨立，與眾不同。此必須有大體會，大修養，不是憑空可以獲得成功的。我盼望諸位以後多下工夫，朝著這條大道去開創中國藝術的新天地，使諸位將來成一畫家，也是中國文化體系中理想一畫家，而其所畫，自然也是代表中國文化理想的藝術品了。

三〇 中國平劇之文學意味

民國五十七年

今天所談的是關於中國的平劇。這題目在我是門外漢，但我很喜歡平劇，現在所講的是「中國平劇之文學意味」。驟看似乎平劇算不得文學，其實平劇中的文學意味極深厚。論其演變過程，戲曲在文學史上佔有地位，由元明兩代始。由戲曲而雜劇，而傳奇，而至崑曲，由崑曲演變出京劇來。但自有京劇，一般文人就不把它放在文學範圍內。這實在有些不公平。

崑曲起自明代，到清乾隆時漸衰落，此後遂產生了地方劇，在當時叫花部。有名的經學家焦循寫了一書，名花部農譚，特別欣賞這些地方戲，亦即土戲。崑曲是雅的，土戲是俗的。乾隆以下到咸豐的一段時間內，土戲又漸漸演變而成京劇。起先地方戲很盛行，有徽調川調等。到咸豐時，有四大戲班到北京，其中之一叫三慶班，最著名的伶人有程長庚、擅長鬚生，京劇到此時纔正式成立。京戲後名平劇，則因北京改名北平之故。

程長庚擅唱工做工，並有文人為之編戲填詞。

平劇之合成，其中十之七八是崑曲，且包括有西皮，二簧，及徽詞。隨程長庚後，著名伶人有譚鑫培、汪桂芬、孫菊仙等，皆為老生。崑曲以小生為主，平劇卻以老生為主。至今卻又以旦角為主。有梅蘭芳、程硯秋兩大派，皆為青衣。這是平劇演變之大概。

據戲考，其中包括有五百餘齣戲，然通常演出的僅一百餘本。若將中國各地全部戲本都收集來，則至少可有一千以上。自咸同光宣至今，已有一百五十年的歷史，平劇在中國社會上有其很大的力量與影響。故平劇縱不算為中國的文學，也確成為一種中國的藝術了。

我在這次講平劇，想仍從文學的觀點出發。我認為文學可分兩種：一為唱的，說的，由唱與說的寫下或演出，即成為戲劇與小說；另一種為寫的，則是詩詞和文章。中國文學亦可分此兩部分：一為寫的文學，流行在上層社會，此當由全部中國文學史來講；一為說與唱的文學，普遍流傳於平民社會。若如此分法，平劇確不當排除在文學範圍以外去。

論平劇之內容，確有一種文學和藝術的意味，那是誰也不能否認的。中國戲劇之特色，可用三句話總括：「動作舞蹈化，語言音樂化，佈景圖案化。」這就是說，中國戲劇乃由舞蹈、音樂、繪畫三者配合而成。此三者之配合，即為人生之藝術化。將人生搬上舞臺，此為中國戲劇之極大宗旨，所謂假戲真做，真戲假做；世界即舞臺，人生即戲劇，也可說平劇比真實的人生更有意義，正為它已把真實人生來藝術化了！

我認為中國戲劇有其特別精神，可用「抽離現實」四字來說明。把戲臺與真實人生之間離開了一層。王國維人間詞話中說：「文學不應有隔」，我想也可有相反的說法。我認為西方戲劇求逼真，說白動作完全要逼近人生。中國戲劇則是游戲三昧，即所謂做戲，主要在求與現實隔一層，要抽離，不貴逼近。又如繪畫，西洋畫求逼真，要寫實，因此有陰影；中國畫卻是抽離現實，得其大意，似是而非，但亦似非而實是，這樣才算上乘作品。因中國畫求神韻，重意境，若僅求逼真，而缺了神韻與意境，則成為畫匠。因此中國人作畫，常自說戲筆。中國平劇亦如作畫般，亦是要抽離，不要逼真，在中國藝術中，可說它已得到了此種共同精神。

西洋宗教是凌空的，抽離現實的，因此有他們的戲劇文學的逼真來調劑。即是說：他們的文學是現實的，宗教則空靈的。中國人自幼即誦孝經四書，所講全是嚴肅的人生道理，全是現實的，因此需要空靈的藝術作調劑。這樣，不論中西，在人生道路上，都有一張一弛。如果說母親是慈祥可愛的，父親是嚴肅可畏的，那麼西方宗教是母親，文學戲劇是父親，中國則儒家思想道德教育是父親，藝術是母親。

平劇為要抽離現實，故把人生來繪畫化，舞蹈化，音樂化。此因中國人對人生太認真，故而有戲劇教人輕鬆，教人解脫。我們不能說中國京劇不及西方的話劇，因其在整個文化體系之配合中，各有其分別的地位與意義。

講到中國劇本，也有很大的價值。五四運動時，一般人提倡西方易卜生的戲劇，說他每本戲中必提出一人生問題來。此在西方戲劇中、也並不盡如此。中國戲劇，卻是每一本戲幾乎總有一人生問題存在。如死生、忠奸、義利、恩怨等，都是人生中極刺激的大問題。即西方劇本，也無如此深刻生動刺激人。猶記我第一次到上海，一天晚上，去看平戲，一連五本。看後想來，忽然得一結論，即當晚所演每一齣戲中，均有一重要的人生問題在刺激我。其中一齣如「大劈棺」，描寫莊子死後，其妻為另愛一男人，而此人有心臟病，要用人心來治，因此其妻想挖取前夫之心，致扮出劈棺一幕。原來莊子卻並未死，他變為蝴蝶飛出了。這件故事的演出，包含了死生、忠奸、義利恩怨等很多問題在內。刺激夠深刻。但莊子變成蝴蝶飛出，卻使全部人生戲劇化了，於重大刺激之後又得輕鬆與解脫。又一齣「四郎探母」，楊四郎被番方所俘，招納為婿，後來其番妻許他回宋營來探視老母與原妻，但見面後仍須回番邦。此時楊四郎的內心是苦痛的，矛盾的，掙扎的。劇情的深刻，極刺激感動人。但戲中所包涵的問題固嚴重，卻因它是是音樂化，圖畫化，舞蹈化了，戲的收尾，又那麼的輕鬆解脫，因此看完戲，仍可叫人安然入睡。嚴重的劇情，正如飛鳥掠空而過，更不留痕迹般，其實是仍在人心中，這可謂是存神過化了。但看西方戲則不然，有時會使你失眠。這因西方戲太逼真，不能化。在他們是戲劇而人生化，中國則是人生而戲劇化。但在中國戲中演出的，忠孝節義死生恩怨，其感人之深，則決不下於西方的，這正是中國藝術之精妙處。

焦循看重花部，他特別舉出其中一齣叫「清風亭」的（平戲中叫「天雷報」）來說明。此戲中敘述一青年人蒙義父母養大，科舉應試中了，得官還鄉，卻忘恩負義，連義父母以傭僕人身份請求收留，亦拒絕了，結果遭天雷擊斃。焦循說：這齣戲，任誰看了，都會感動和興奮得流淚的。如果說中國戲有些地方不合科學，教人迷信，其實它只是把太刺激人的真實人生而加以戲劇化，沖淡了它一些現實味。暫時的沖淡，卻保持了更深的刺激，這是中國文學藝術之最富涵蓄處，實不與科學相關。試問世界上又那裏有科學的文學呢？

西方人講故事要逼真，要有姓有名，要表明其身份，要特別顯出其個性。中國人寫故事，有時只寫某生云云，只有代表性，不見真實性。這是東西雙方文學本質的不同。一方偏在講共相，一方偏在講別相。各有偏擅，難辨是非。中國戲劇有臉譜，其用意亦在表明忠奸：白臉代表冷血無情、詭詐，都是惡人相。紅臉則表示忠心、熱情、坦白、誠實，都是好人相。這也是一種共相的表出。我們一見戲臺上臉譜，其人忠奸立辨，使人易於瞭解。正因戲情明瞭了，纔可讓人細細欣賞其聲音笑貌與種種劇情之展開。因要加強其感動力，因此不得不減輕其用力對劇情之瞭解，此亦有用意，有甚深之藝術技巧。

西方戲劇有時空限制，有特定背景，中國戲劇則不講時空，只是一套共相。不論講過去、現在、未來，時時處處可用。我平常最愛聽的平劇如「女起解」，「三娘教子」等，這種戲，主要在唱工，多在唱工中表達出深刻的情感。如「三娘教子」，在唱訓子時，似乎時間凍結了，一唱三歎，使人迴腸盪氣，情味無窮。在真實的人生中，則不得不受時空限制，因此感到不自由。但中國戲劇則把時空的限制條件解除了。那跪在一旁之子，呆若木雞，不要有表現。在真實人生中，似乎無此境況。在中國戲中，此等如一特寫鏡頭，只讓你留心聽三娘唱，更不去注意那跪在一旁的兒子，這在藝術上是有其充分運用的。在真實人生中，則須有高修養者方能達此境，方得充分表達出人類內心之自由。即如教子，若用話劇，幾句話便訓完了，三娘一番內心仍嫌表達不夠。用中國戲來曲折唱出，便覺情味深厚，而獲得甚深感染。又如女起解，若把行程真在戲臺上佈景真實化，便會妨害了唱做表情。試問人是否定要查究那一段真實的行程呢？還是要欣賞此行程中之一番幽怨心情呢？因此，中國戲劇能純用藝術手段來表現人生，能直入人之內心，如唱工、身段、臉譜、臺步，其一切不落現實處，正是都有用意，值得我們來研究。

西方文學多刺激，中國文學則欣賞意味多過刺激，又富有教訓。其教訓又全是藝術的。又如平劇中的打鑼鼓，在我想來，也有特別意義。戲臺表示出一個空蕩蕩的世界，鑼鼓聲好像表示在此大世界中的一片喧嚷，有時表示悲愴凄楚，有時則表示和諧歡樂，把大背景的一切情調，在簡單的音樂聲中表出了。然後戲中情節，在此喧嚷聲中透出來。因此，中國戲劇的表演，可說是在空蕩蕩的舞臺上，在一片喧嚷中，而表現出人生。空蕩蕩地一片喧嚷，這正是人生背景之大共相。使全不瞭解哲學情味的人，也深浸在哲學的境界中。

有人說，中國戲劇有一個缺點，就是文字太粗鄙了，這層應加以改良。此話也不錯，但未知中國戲劇的主要不在文字，其特點正在唱做表演。若我們把文學分成說的唱的和寫的，便不必在文字上太苛求。而且唱的專在聲，不在辭，試問歡呼痛哭脫口而出，那個再去潤飾辭句呀。

中國的人生理想，一般講來，在中國戲劇中，可說全表演出來了。能欣賞中國的文學與戲劇，就可瞭解到中國的人生哲學。京劇在有規律的嚴肅的表演中，寓有深厚的感情，但看來又覺輕鬆。因為載歌載舞，亦莊亦諧，這種藝術運用，同時也即是中國人的人生哲學了。

這裏所講的平劇，是以中國的文學、藝術、人生理論的三項背景為骨子的。正因為中國人的人生理想是要運用文學和藝術來表達而完成的，中國戲劇遂成為雅俗共賞的最富教育意味的一項成就。因為時間關係，不能詳盡講出，就此停住吧！

中華文化十二講

本書乃賓四先生初定居臺灣期間，在各軍事基地之演講辭，大體討論中國文化問題。中國文化有其特殊之成就、意義與價值，縱使一時受人輕鄙，但就人類生命全體之前途而言，中國文化必有其再見光輝與發揚之一日。

中國歷史研究法

內容分通史、政治史、社會史、經濟史、學術史、歷史人物、歷史地理、文化史等八部分。此下三十年，賓四先生個人有關史學諸著作，大體意見悉本於此，故本書實可謂賓四先生史學見解之本源所在，亦可視為其對中國史學大綱要義之簡要敘述。

國史新論

近百年來，中國面臨前所未有之變局，激起智識分子熱烈革除積弊之心，卻因此對中國政治、社會與文化等面向，產生「中國自古為獨裁政體」或者是「中國自古為封建社會」等見解，錢穆先生探究古史實情，對此逐一提供其精妙見解。

中國史學發微

史籍浩繁，尤其中國二十五史乃及三通九通，數說無窮。但本書屬提綱挈領，探本窮源，所為極簡要極玄通。讀者即係初學，可以由此得其門戶；中人可以得其道路；老成可以得其歸極。人人有得，可各試讀。

中國歷代政治得失

本書提要鉤玄，專就漢、唐、宋、明、清五代治法方面，有關政府組織、百官職權、考試監察、財經賦稅、兵役義務，種種大經大法，敘述其因革演變，指陳其利害得失，將歷史上許多專門知識，簡化為現代國民之普通常識，於近代國人對自己的傳統政治、傳統文化多誤解處，一一具體明白的交代，實為現代知識分子所必讀。

八十憶雙親、師友雜憶（合刊）

本書為《八十憶雙親》、《師友雜憶》二書之合編，皆為賓四先生對自己生平所作的記敘。《八十憶雙親》為先生八旬所誌，概述其成長的家族環境、父親的影響和母親的護恃。《師友雜憶》繼述其生平經歷，以饗並世。不僅補前書之不足，使讀者對賓四先生有更完整、更深刻的認識；亦可藉由先生的回憶，了解其時代背景，追仰前世風範。

中國思想通俗講話

本書以「道理」、「性命」、「德行」、「氣運」四題及補文一篇，共五個部分，拈出目前社會習用的幾許觀念與名詞，由此上溯全部中國思想史，並由淺入深地闡述此諸觀念、諸名詞的內在涵義，及其相互會通之點，藉以描繪出中國傳統思想的大輪廓，均足供讀者作更深入的引申思索。

中國史學名著

本書賓四先生剖析《尚書》之真偽、《春秋》之褒貶、「三傳」之異同，中論《史記》之創新體例、《漢書》之編錄原則、《後漢書》及《三國志》之剪裁考量，比較《高僧傳》、《水經注》以及《世說新語》之時代表現特性、「三通」之內容，闡發《資治通鑑》之得失、《明儒學案》及《宋元學案》之價值、《文史通義》之見解；附論古人為學之真，著史、考史、評史之不易，嘆清末民初學絕道喪。

孔子傳

儒學影響中華文化至深，討論孔子生平言論行事之著作，實繁有徒，說法龐雜，本書為賓四先生以《論語》為中心底本，詳列一生行跡，並針對古今雜說，從文化脈絡推論考辨，以務實的治學態度辨明真偽，力求貼近真實的孔子。

人生十論

本書為賓四先生之講演稿合集，由「人生十論」、「人生三步驟」以及「中國人生哲學」等三編匯集而成。所論人生，雖皆從中國傳統觀念闡發，但主要不在稱述古人，而在求古今之會通和合。讀者淺求之，可得當前個人立身處世之要；深求之，則可由此進窺古籍，乃知中國傳統思想之精深，以及與現代觀念之和合。

國家圖書館出版品預行編目資料

世界局勢與中國文化／錢穆著.——五版一刷.——臺北市：東大，2021
面；　公分.——（錢穆作品精萃）

ISBN 978-957-19-3270-5（平裝）
1. 言論集

078　　　　110005964

世界局勢與中國文化

作　　者	錢　穆
發 行 人	劉仲傑
出 版 者	東大圖書股份有限公司
地　　址	臺北市復興北路 386 號 (復北門市) 臺北市重慶南路一段 61 號 (重南門市)
電　　話	(02)25006600
網　　址	三民網路書店 https://www.sanmin.com.tw
出版日期	初版一刷 1977 年 5 月 五版一刷 2021 年 5 月
書籍編號	E540230
I S B N	978-957-19-3270-5

東大圖書公司